新时代思想政治教育丛书

新时代学校
课程思政建设研究

周达疆 王镭 崔静 王英姿 著

天津出版传媒集团

天津人民出版社

图书在版编目(CIP)数据

新时代学校课程思政建设研究 / 周达疆等著. -- 天
津 : 天津人民出版社, 2022.5
（新时代思想政治教育丛书）
ISBN 978-7-201-18297-1

Ⅰ.①新… Ⅱ.①周… Ⅲ.①高等学校—思想政治教
育—研究—中国 Ⅳ.①G641

中国版本图书馆 CIP 数据核字(2022)第 053663 号

新时代学校课程思政建设研究
XINSHIDAI XUEXIAO KECHENGSIZHENG JIANSHE YANJIU

出　　版	天津人民出版社	
出 版 人	刘　庆	
地　　址	天津市和平区西康路35号康岳大厦	
邮政编码	300051	
邮购电话	(022)23332469	
电子信箱	reader@tjrmcbs.com	

责任编辑	武建臣	
特约编辑	佐　拉	
装帧设计	汤　磊	

印　　刷	天津新华印务有限公司	
经　　销	新华书店	
开　　本	710毫米×1000毫米　1/16	
印　　张	16.25	
插　　页	2	
字　　数	220千字	
版次印次	2022年5月第1版　2022年5月第1次印刷	
定　　价	86.00元	

前　言

　　国无德不信，人无德不立。德对于个人、对于社会都有基础性意义，是整个国家、民族、社会向上向善的力量。习近平总书记在北京大学师生座谈会上指出，立志报效祖国服务人民，这是大德，养大德者，方可成大业。

　　课程思政，是一项系统性工程，要构建"三全育人"理念，要构建大中小学有效衔接的课程思政体系。学校立身之本在于立德树人。人才培养是育人和育才相统一的过程，育人是本。人无德不立，育人的根本在于立德。学校是人才培养的主阵地，尽管经济社会发展赋予学校许多使命和功能，但是最根本的还是培养人才。培养人才一定是育人和育才相统一的过程。要把青年人培养成优秀人才，不仅要抓好知识教育，更要抓好思想品德教育，这个还要从娃娃抓起。习近平总书记指出，基础教育是立德树人的事业，要旗帜鲜明地加强思想政治教育、品德教育，加强社会主义核心价值观教育，引导学生自尊自信自立自强。高校立身之本在于立德树人，要把立德树人融入思想道德教育、文化知识教育、社会实践教育各环节，贯穿基础教育、职业教育、高等教育各领域，把立德树人的成效作为检验学校一切工作的根本标准。我们要构建大中小学有效衔接的德育课程体系和教材体系。同时，要完善学校、家庭、社会三结合的教育网络。引导广大家庭和社会各方面主动配合学校教育，以良好的家庭氛围和社会风气巩固学校教育成果，形成家庭、社会、学校同向同行,携手育人的强大合力。

　　教育是塑造灵魂、塑造生命和塑造人的工作,任何课程教育都内在地具有价值观引领的作用,从价值观角度回答培养什么人、怎样培养人、为谁培养人这个根本问题。习近平总书记明确要求,广大教师要用好课堂讲坛,用好校园阵地,用自己的行动倡导社会主义核心价值观。用自己的知识、学识、阅历、经验,点燃学生对真善美的向往,使社会主义核心价值观润物细无声地浸润学生们的心田,并转化为日常行为,增强学生的价值判断力、价值选择能力、价值塑造能力,引领学生健康成长。形成全员育人、全程育人、全方位育人的格局,课程思政就是一条很好的育人渠道。例如,我们不断强化体育课教学,帮助学生在体育锻炼中享受乐趣、增强体质、健全人格、锤炼意志;加强和改进学校美育,坚持以美育人、以文化人,提高学生的审美和人文素养;加强劳动教育,开设劳动课,弘扬劳动精神教育,引导学生崇尚劳动、尊重劳动,懂得劳动最光荣、劳动最崇高、劳动最伟大、劳动最美丽的道理,通过劳动和创造播种希望、收获果实、磨练意志,长大后能够辛勤劳动、诚实劳动、创造性劳动。

　　习近平总书记强调,要用好课堂教学这个主渠道,思想政治理论课要坚持在改进中加强,提升思想政治教育亲和力和针对性,满足学生的成长发展需求和期待。其他各门课都要守好"一段渠",种好"责任田",使各类课程与思想政治理论课同向同行,形成协同效应。

　　坚持为党育人,为国育才,落实立德树人根本任务,是我们的历史使命。我们要全面深刻领会习近平总书记关于教育的重要论述,全面贯彻落实新时代党的教育方针,积极全面推进课程思政建设,努力培养担当民族复兴大任的时代新人,培养德智体美劳全面发展的社会主义建设者和接班人。

作　者
2020 年 12 月

目录
CONTENTS

第一章 课程思政建设脉络

习近平新时代中国特色社会主义思想内涵十分丰富，涵盖了社会主义建设各个方面的内容，其中文化和教育就是重要组成部分。习近平总书记指出："做好大学生思想政治教育，既要加强和改进思想政治理论课，又要使各类课程与思想政治理论课同向同行，形成协同效应。"并提出"办好中国特色社会主义大学，要坚持立德树人，把培育和践行社会主义核心价值观融入教书育人全过程"。这是对思想政治教育提出的具体要求。同时习总书记还指出，"思想政治工作从根本上说是做人的工作，必须围绕学生、关照学生、服务学生，不断提高学生思想水平、政治觉悟、道德品质、文化素养，让学生成为德才兼备、全面发展的人才"①。习近平总书记在中国共产党第十九次全国代表大会上的报告中提出"伟大梦想""伟大斗争""伟大工程"和"伟大事业"。"四个伟大"是为了实现中华民族伟大复兴，全党努力奋斗的宏大构想，也是新时代思想政治教育的重要遵循。在中国特色社会主义新时代，思想政治教育应该注重与教育的各项要素之间的协同联系，将思想政治教育的外延进

---

① 习近平：《把思想政治工作贯穿教育教学全过程　开创我国高等教育事业发展新局面》，《人民日报》，2016 年 12 月 9 日。

行延伸,将思想政治教育融入教育教学全过程,充分发挥各项课程、学校各级党组织的思想政治教育功能,营造氛围浓郁的思想政治教育环境。

第一节　课程思政建设背景

一、我们党历来高度重视思政课建设

习近平总书记指出:在革命、建设、改革各个历史时期,我们党对思政课建设都作出过重要部署。新民主主义革命时期,我们党在红军大学、苏维埃大学、抗日军政大学、陕北公学等高校开设"党的建设""中国革命运动史""马列主义""辩证唯物主义""科学社会主义"等课程,在列宁小学开设"社会工作"课程,在解放区的小学、陕甘宁边区的中学开设"政治常识"课程。新中国成立后,我们党就把"中国革命常识""共同纲领"列入中学教学计划,在高校开设"中国革命史""马列主义基础""政治经济学""辩证唯物论与历史唯物论"等课程,强调中高等学校政治理论课的任务是用马克思列宁主义、毛泽东思想武装青年,培养坚强的革命接班人。[①]新中国成立后,国民教育体系逐步形成完善,中学的政治课本《做革命的接班人》,关于"立雄心壮志,做革命的接班人""热爱生产劳动,艰苦奋斗,用自己的双手建设富强的社会主义祖国"等,这些学习教育内容,深刻影响了那一代人的人生选择和理想信念。改革开放以来,党中央高度重视青少年思想政治工作,就学校思想政治工作

---

① 参见习近平:《把思想政治工作贯穿教育教学全过程　开创我国高等教育事业发展新局面》,《人民日报》,2016年12月9日。

先后出台 10 多个文件,不断推动思政课改革对加强思政课建设提出明确要求。办好思政课,是培养德智体美劳全面发展的社会主义建设者和接班人的重要保证。习近平总书记指出,办好思政课,要放在世界百年未有之大变局、党和国家事业发展全局中来看待,要从坚持和发展中国特色社会主义、建设社会主义现代化强国、实现中华民族伟大复兴的高度来对待。我们正在为实现"两个一百年"奋斗目标而努力。未来 30 年,我们培养的人才要能够完成"两个一百年"的伟业。这就是教育的历史责任。我们党立志于中华民族千秋伟业,必须培养一代又一代拥护中国共产党领导和社会主义制度、立志为中国特色社会主义事业奋斗终生的有用人才。这就要求我们把下一代教育好、培养好,从学校抓起、从娃娃抓起。在大中小学循序渐进、螺旋上升地开设思政课非常必要,是培养一代又一代社会主义建设者和接班人的重要保障。人的成长、成熟、成才不是一蹴而就的,而是一个渐进的过程,就跟人的生理发育一样,所以要把这几个阶段都铺陈好。

二、新时代高校课程思政建设研究的历史背景

(一)国内因素

随着我国改革开放的不断深入,中国特色社会主义进入新时代。新时代的中国既是经济与社会走向高质量发展的转型阶段, 也是各种矛盾各种问题各种思潮更加纷繁的历史时期。其中,在意识形态领域方面,国际上,当前的西方敌对势力加紧对我国实施西化、分化战略,千方百计与我国争夺青年、争夺群众,两种制度、两种价值观等方面的较量是长期的、复杂的;在国内,四十多年改革开放的持续深入,社会思想多元、多样、多变的客观存在。新时代,意识形态工作具有根本性、战略性和全局性意义,事关党的前途命

运,事关国家的长治久安,事关民族凝聚力和向心力。对于身处这一时代背景的青年大学生来说,面对各种价值观和社会思潮之间的碰撞、冲突、摩擦、交流和交融,以及其中所体现和反映的价值取向,如,不论是在集体主义和个人主义的思想基础方面,还是在坚信社会主义优越或资本主义优越的价值信念方面;也无论是在少数人富裕、多数人贫困和共同富裕的价值目标方面,还是在唯利是图和义利统一方面抑或是以对社会的贡献和以金钱至上的价值标准方面,他们都将无一例外地面临和遭遇诸多选择困惑。

对于置身其中的相当数量的大学生来说,要想正确解决此类问题并非易事,因为他们正处在一个重要的成长阶段,其世界观、人生观、价值观还未稳定成型、自身阅历较浅、文化积淀不够、鉴别和认知能力较弱,当他们面对多种价值观冲突和交锋的时候,在短时间内甚至在相当长的一段时间内都很难辨别清晰,并做出正确选择与取舍。因此在当今世界各种思想文化交流交锋日益频繁之际,如何发挥主流意识形态的正能量,增强主流意识形态对重大理论和现实问题的阐释力,在多元中确立主导,是思想政治教育面临的新挑战;同时,面对各种纷纭的社会思潮和复杂的社会现象,如何运用马克思主义的立场、观点和方法促使学生获得正确价值观念和政治认同,也是思想政治教育接受的新任务。为此,从 2004 年中央 16 号文件[1],到 2014 年中央 59 号文件[2],再到 2016 年中央 31 号文件[3],都大力强调要充分发挥课堂教学在大学生思想政治教育中的主渠道作用,注重挖掘和运用各学科所蕴含的思想政治教育资源。因为思想政治教育是引导大学生树立正确世界观、人生观、价值观的重要途径,是引领大学生深刻认同并积极践行的根本任务。所

---

[1] 《关于进一步加强和改进大学生思想政治教育的意见》,中发〔2004〕16 号。

[2] 《关于进一步加强和改进新形势下高校宣传思想工作的意见》,中发〔2014〕59 号。

[3] 《关于加强和改进新形势下高校思想政治工作的意见》,中发〔2016〕31 号。(参见《人民日报》,2017 年 2 月 28 日）

以,要按照充分体现当代马克思主义最新成果的要求,全面加强高校思想政治教育工作,建立健全学科建设、课程建设、教材建设和教师队伍建设,进一步促成中国特色社会主义理论体系,特别是习近平新时代中国特色社会主义思想最新成果进教材、进课堂、进头脑。同时,"要强化思想理论教育和价值引领"①。持续推进社会主义核心价值观建设,引领高校主流意识形态积极健康向上,深入实施马克思主义理论研究和建设工程。

2016年12月,习近平总书记在全国高校思想政治工作会议上指出,"高校思想政治工作关系高校培养什么样的人、如何培养人以及为谁培养人这个根本问题"②。所以,"做好高校思想政治工作,要因事而化、因时而进、因势而新。要用好课堂教学这个主渠道,思想政治理论课要坚持在改进中加强,提升思想政治教育亲和力和针对性,满足学生成长发展需求和期待,其他各门课都要守好一段渠、种好责任田,使各类课程与思想政治理论课同向同行,形成协同效应"③。为此,在2017年12月,中共教育部党组印发了关于《高校思想政治工作质量提升工程实施纲要》的通知。纲要中明确提出"要坚持育人导向,突出价值引领,建立健全系统化育人长效机制,特别是统筹推进课程育人,以此推动以'课程思政'为目标的课堂教学改革,优化课程设置,修订专业教材,完善课堂教学设计,加强教学管理,充分挖掘和运用各门课程所蕴含的思想政治教育元素和所承载的思想政治教育功能,融入课堂教学各环节,实现思想政治教育与知识体系教育的有机统一"④。但目前高校思想政治教育还存在许多困难和不足,例如教育部在《普通高校思想政治理论课建设体系创新计划》中提到的:"在高校课程考核评价体系中思想政治

---

① 《关于加强和改进新形势下高校思想政治工作的意见》,《人民日报》,2017年2月28日。
②③ 习近平:《在全国高校思想政治工作会议上的重要讲话》,《人民日报》,2016年12月9日。
④ 《高校思想政治工作质量提升工程实施纲要》,教党〔2017〕62号。

理论课的地位和作用不够突出；统筹推进教材修订完善、教师队伍建设、教学方法改革的意识不强，思想政治理论课建设体系尚未完全形成；教师队伍建设不适应思想政治理论课改革发展需求，整体素质亟待提升；改革创新的手段不多，制约思想政治理论课针对性实效性的瓶颈亟待突破；有效整合全社会资源的力度不够，思想政治理论课建设全员全方位全过程育人的格局仍需巩固。"①由此，中央提出的"课程思政"建设，正是在新时代学习贯彻落实习近平总书记重要讲话精神、充分体现全员、全过程、全方位育人发展理念总要求的大背景下，进一步有效提升高校思想政治教育的针对性和实效性而开展的教育教学改革的产物。

（二）国际因素

西方意识形态的渗透，新形势下抵御西方敌对思潮对我国社会主义意识形态的渗透任务艰巨。西方对我国实施的文化渗透以在意识形态领域的渗透为重点。它们有一套完整的以美国为首的对我国实施西化、分化的战略策略，通过理论渗透、思想渗透、文化渗透、宗教渗透等形式来实施。我们要深刻认识意识形态领域斗争的严重性和复杂性，采取有力措施加以防范和应对。西方国家为维护资本主义制度在全球的绝对优势和资本主义的文化安全，一直在不遗余力地以各种手段、方式输出文化价值、政治制度、宗教信仰等。电影、电视、文化产品、网络文化等大举扩张到世界各地，冲击他国文化，构成对他国国家安全和利益的威胁。无论是中国还是其他发展中国家都无一例外地遭受着西方文化的强大威胁和挑战。西方文化渗透包括很多方面，就我国目前的形势来看，西方文化主要以在意识形态领域的渗透为重点。胡锦涛指出："我们必须清醒地看到，国际敌对势力正在加紧对我国实施

---

① 《普通高校思想政治理论课建设体系创新计划》，教社科〔2015〕2号。

西化、分化战略图谋,思想文化领域是他们进行长期渗透的重点领域。我们要深刻认识意识形态领域斗争的严重性和复杂性,警钟长鸣、警惕长存,采取有力措施加以防范和应对。"①西方敌对势力渗透我国社会主义意识形态的策略和表现形式。2008 年 7 月 31 日,美国国防部发表的《国防战略》中写道:"美国将继续对中国施压","要制定一项全面的战略来影响中国的选择"。美国针对中国的全面战略从来没有中断,其对华长期战略就是"围堵压制、分化瓦解、拉拢演变",具体分"三步走":第一步是西化、分化中国,使中国的意识形态西方化,从而失去与美国对抗的可能性;第二步是在第一步失效或成效不大时,对中国进行全面的遏制,并形成对中国战略上的合围,还不时地沿第一岛链等地制造事端;第三步就是在前两步都不能得逞时,支持中国内部民族分裂势力搞地区独立或挑起与中国有重大利益冲突的周边国家与中国发生冲突。

美国"和平演变"总设计师、前中情局局长艾伦·杜勒斯在 20 世纪 50 年代首先提出了对社会主义国家"和平演变"的思想。杜勒斯是美国著名的政治活动家和理论家,他具有坚定的资本主义理想信念,决不允许共产主义在世界上存在。他给中国人民留下的最深刻印象是那句"把和平演变的希望寄托在中国的第三第四代身上"的言论。

对杜勒斯"和平演变"社会主义国家的阴谋计划,1959 年 11 月 12 日,毛泽东在杭州会议上即一针见血地评论说:"和平演变谁呢? 就是转变我们这些国家。搞颠覆活动,内部转到合乎他的那个思想。就是说,杜勒斯那个秩序要维护,不要动,要动我们,用和平演变,腐蚀我们⋯⋯对于这样一个问题,我们必须要有所警惕。'凡事预则立,不预则废'。"并说:"杜勒斯搞'和平演

---

① 胡锦涛:《坚定不移走中国特色社会主义文化发展道路,努力建设社会主义文化强国》,《求是》,2012 年第 1 期。

变'，在社会主义国家内部是有其一定的社会基础的。"①近些年来西方敌对势力对我国进行社会主义意识形态渗透的主要形式表现在以下四个方面：

第一，理论渗透。西方各种理论的渗透是西方国家"西化""分化"和"和平演变"的重要组成部分。以美国为首的西方国家极力推行其所谓权威理论——新自由主义理论。新自由主义理论兴起于 20 世纪 70 年代的美国。其理论在经济上主张"三化"，即自由化、私有化、市场化；在政治上强调"三个否定"，即否定公有制、否定社会主义、否定国家干预；在战略和政策方面，鼓吹全球资本主义化、西方化、美国化。西方国家，特别是美国为了实现其险恶目的，向我国大肆贩卖新自由主义理论。这种思潮在本质上就是要否定社会主义公有制、否定马克思主义，造成人们思想上的极端个人主义和无政府主义。美国企图通过推行其权威理论，以达到削弱中国理论思考和原创力的目的，进而使中国按照他们的理论来指导当前的改革，最后使中国放弃马克思主义为指导的社会主义。当下中国，在理论界，出现个别所谓理论家不是从中国实际出发提出自己的理论，而是一味地引进、阐释西方的理论，甚至拿美国的理论套用中国的情况，认为美国的今天就是中国的明天。这一点毛泽东主席早已提醒我们："'全盘西化'的主张，乃是一种错误的观点。形式主义地吸收外国的东西，在中国过去是吃过大亏的。"②

第二，思想渗透。西方敌对势力对我国进行思想渗透战略图谋从未改变，各种反马克思主义思潮的影响从未减弱。冷战以来，美国历届政府都积极致力于向社会主义国家输出美国的民主和自由价值观。他们抓住中国在发展过程中出现的社会问题，大肆攻击、丑化社会主义制度，攻击现行政权的合法性，试图以此来说明社会主义制度不如资本主义制度，以削弱或消灭人们对社会主义的政治认同。他们竭力标榜和推销西方的社会制度、政治体

① 林克：《回忆毛泽东对杜勒斯和平演变言论的评论》，《党的文献》，1990 年第 6 期。
② 《毛泽东选集》（第二卷），人民出版社，1991 年，第 707 页。

制和价值观念,攻击和诋毁我国的社会主义基本政治制度和党的方针政策,全盘否定社会主义实践的成果。他们不断在所谓人权、民主、自由、民族、宗教问题上开展心理战和宣传战,宣传人权高于主权,淡化中国主权观点,攻击中国的爱国主义精神;同时,不断对马克思主义进行诋毁性解读,对社会主义进行"妖魔化"宣传。

第三,文化渗透。在经济全球化的浪潮中,以美国为首的西方国家利用其经济、军事、科技以及传媒手段上的优势,推行文化霸权主义和文化殖民主义,进行文化渗透。美国人口虽只占世界人口的 5%,但是目前传播于世界大部分地区 80%—90%的新闻,都由美国等西方国家的通讯社垄断。美国等西方国家媒体发布的信息量,是世界其他各国发布的总信息量的 100 倍。目前美国控制了全球 75%的电视节目的生产和制作,美国的影视产品已占全球 75%的市场。美国等西方国家通过新闻、广播、出版、影视、文学、教育和网络等多种途径,极力宣扬资产阶级"自由""民主"等价值观和宣传"金钱至上、自私有理"等理念,瓦解中华民族的道德伦理基础,影响中国的年轻一代,培养他们的享乐主义、个人主义思想,使他们摒弃中华民族传统的爱国主义、集体主义和艰苦奋斗精神,并试图在他们身上寻找变革中国的社会力量。当西方的先进生产方式和现代化的生活方式连同其文化一起输送给中国的时候,不少人崇洋媚外,对西方文化产生亲近感、信任感甚至认同感,部分人开始怀疑自己文化的合理性,以至于有人认为西方的文明代表了世界的前进方向,动摇了自己民族的自尊心、自豪感,不少人信仰西方的自由主义价值观;许多青少年在对一些"歌星""影星"的崇拜中迷失了自己的理想;许多学者认为西方至上,造成了中国文化原创能力的深层弱化。苏联和东欧等社会主义国家发生剧变,重要原因之一就是这些国家对西方的文化渗透丧失了警惕。

第四,宗教渗透。境外势力进行宗教渗透的主要方式有:一是利用广播电台和互联网进行传教。境外几十个中英文电台包括美国远东电台、美国家庭教会电台、环球宗教广播电台、亚洲之声电台等向我国进行空中布道。远东福音广播电台(设空中神学院)每天广播 10 小时,用普通话、粤语和英语几种语言广播,他们的口号是:"用基督占领中国,打开中国的福音大门。"二是建立地下交易转运站,偷运、印刷、散发宗教宣传品。"美国基督教宣教协会""美国基督教复兴教会""敞开的门灵工团"等十多个境外宗教组织以多种方式向我国境内渗透。三是利用讲学或办学进行秘密传教。有的大学外籍教师利用各种方式进行非法传教活动,或是借举办英语培训班之机对学生进行传教渗透,或是利用讲学或捐资办学之机进行传道渗透。四是以办厂为名进行传教活动,发展教徒,培养骨干等。

第二节　课程思政的提出及时代意义

一、课程思政问题的提出

就目前高校思政教育教学的现状来看,长期以来,高校思政课与其他课程协同育人的格局尚未有效形成,高校思政教育仍存在"孤岛化"困境,这主要体现在:"在教育理念上,不能正确认识知识传授与价值引领之间的关系;在队伍建设上,教师育德能力和育德意识有待提升;在人才培养上,各门学科思想政治教育资源没有得到充分挖掘;在管理机制上,多部门合力推进思想政治教育的机制体制有待进一步完善。"[①]归根到底是"全课程、全员育人

---

① 高德毅、宗爱东:《从思政课程到课程思政:从战略高度构建高校思想政治教育课程体系》,《中国高等教育》,2017 年 1 期。

理念"没有完全树立起来。自 2014 年以来,上海高校探索从思政课程到课程思政的转变,逐步推进"课程思政"理念的形成与发展,并选取了部分高校进行试点,着力发掘综合素养课和专业课程蕴含的思想政治教育资源。

2016 年 12 月 7 日,习近平总书记在全国高校思想政治工作会议的讲话中要求,"办好中国特色社会主义大学,要坚持立德树人,把培育和践行社会主义核心价值观融入教书育人全过程"①。2017 年 4 月 7 日,时任中共上海市委书记韩正也于上海高校思想政治工作会议中强调,"要切实把高校思想政治工作各项任务落到实处、见到实效,要突出思想引领,着力把正确的政治方向、价值导向,贯穿到立校办学、育人育才全过程";同时,他还指出在面对上海现有各类在校大学生 66 万人的情况下,各高校要做到"引导大学生正确认识世界和中国发展大势、中国特色和国际比较、时代责任和历史使命、远大抱负和脚踏实地。要抓好课堂育人、实践育人、网络育人的改革创新,推动'思政课程'向'课程思政'转变"。②正是在这样的大环境、大背景下,上海牢牢抓住思政课堂这个主渠道,抓住高校"育人"的本质要求,积极探索在高校构建思想政治理论课程、综合素养课程、专业教育课程三位一体的高校思想政治教育课程体系,着重加强在专业课程教育中根植思政理念,开掘出更多的精神养料,润物无声地将正确的价值追求和理想信念传达给学生。

上海的经验引起了教育部的高度重视,并迅速转化为国家战略。2017 年12 月 4 日,教育部党组发布了切实构建"十大"育人体系的《高校思想政治工作质量提升工程实施纲要》,其中,第一点关于课程育人质量提升体系,首次明确提出,大力推动以"课程思政"为目标的课堂教学改革。2018 年 1 月 9日,中央电视台《焦点访谈》节目专题报道了上海外国语大学和上海其他高校开展课程思政工作的情况。这在中央电视台是首次,引起了全国的关注和

---

① 《全国高校思想政治工作会议 12 月 7 日至 8 日在北京召开》,新华社,2016 年 12 月 8 日。

② 《上海召开高校思想政治工作会议》,《中国教育报》,2017 年 4 月 8 日。

热议。1月16日,为深入贯彻学习党的十九大精神,深入推动习近平新时代中国特色社会主义思想进教材进课堂进头脑,总结2017年高校思想政治理论课教学质量年成果,宣传推广上海加强高校思政课建设、推动"课程思政"取得的明显成效,对加强新时代高校思政课建设、特别是思政课教师队伍建设作出全面部署和安排,教育部专门在上海召开了加强新时代高校思想政治理论课建设现场推进会。2018年5月2日,习近平总书记在北京大学建校120周年之际视察了北大,明确提出了高等教育的"一个根本任务"(培养德智体美劳全面发展的社会主义建设者和接班人)和"两个重要标准"(把立德树人的成效作为检验学校一切工作的根本标准,把师德师风作为评价教师队伍建设的第一标准)。为了贯彻落实习近平总书记5·2讲话精神,2018年6月21日,教育部原部长陈宝生在"新时代全国高等学校本科教育工作会议"的讲话中,特别强调了课程思政、专业思政的问题。据2018高校师生思想政治状况滚动调查结果显示,对大学生成长影响最大的因素便是专业课教师。加强课程思政、专业思政,要提升到中国特色高等教育制度层面来认识。在持续提升思政课质量的基础上,明确所有课程的育人要素和责任,每一位专业课老师开展课程思政教学设计,做到课程门门有思政,教师人人讲育人,推动各门课与思政课同向同行,形成协同效应。2018年8月29日,《人民日报》又以"把思政之'盐'溶入教育之'汤'"为题,专题报道了上海高校开展课程思政的情况。由此可见,通过推进"课程思政"建设,特别是专业思政,构建高校课程思政教育教学体系,发挥所有课程的育人功能,落实所有教师的育人职责,从而把"立德树人"工作贯穿到教育教学全过程,进而形成全员育人、全程育人、全方位育人的"大思政"教育格局,不仅成为进一步深化高校思想政治教育教学的重要路径和有利抓手,而且成为当前全面加强和改进高校思想政治教育工作的一项十分重要而紧迫的任务。

二、高校"课程思政"建设的时代价值

"课程思政"是高校以习近平新时代中国特色社会主义思想为指导,以习近平总书记关于教育工作的重要论述为根本遵循,落实立德树人根本任务的重要举措,是构建德智体美劳全面培养的教育体系和高水平人才培养体系的有效切入,也是完善"三全育人"(全员、全过程、全方位)的重要抓手。教育是国之大计,党之大计。高校肩负着为党和国家培养人才的重任,应高站位认识"课程思政"的时代价值,提升立德树人的针对性和实效性。在近几年的思想政治教育工作相关会议和实践课程中,"课程思政"得到了广泛认同。当代的思政课也必须是反映时代与理论的课程,必须能够回应大学生的期待,更要帮助大学生养成大国国民心态和思考习惯,关键是在专业课程中纳入能够引导学生树立正确价值观和世界观的内容。高等学校各门课程都具有育人功能,在加强和改进思想政治理论课教育教学的同时,促进各类课程与思想政治教育有机融合,发挥育人功能,构建中国特色社会主义大学课程体系。在落实"立德树人"的教育目标下,充分发挥课堂教学在大学生思想政治教育过程中的主导作用和育人功能,"深入发掘各类课程的思想政治教育资源,在传授专业知识过程中加强思想政治教育,使学生在学习科学文化知识过程中,自觉加强思想道德修养,提高政治觉悟"①。同时深入进行树立正确价值观的教育,努力培养德智体美劳全面发展的中国特色社会主义合格建设者和可靠接班人。

---

① 《关于进一步加强和改进大学生思想政治教育的意见》,中发〔2004〕16号。

（一）在高度上，"培养什么人，是教育的首要问题"

与传统教育把思政课作为育人主渠道的观念不同，"课程思政"是将所有课堂作为育人主渠道，旨在将思想政治教育有机融入各门课程的教学与改革，实现知识传授与价值引领的有效结合，实现立德树人的目标，进而实现培养社会主义建设者和接班人，培养一代又一代拥护中国共产党领导和我国社会主义制度、立志为中国特色社会主义奋斗终生的人才的根本任务。因此要按照中国特色社会主义伟大事业兴旺发达、后继有人的要求，从解决"首要问题"的高度，提升深化"课程思政"建设的境界和情怀，落实好立德树人的根本任务。

（二）在深度上，"课程思政"是构建"两个体系"的有效切入点

当前，如何把思想政治工作体系有效贯通高水平人才培养体系是高等教育领域亟待攻关的重大课题。"课程思政"应以课堂教学为切入点，以教师作为思想政治教育工作的最活跃要素，着力优化课程设置，修订专业教材，完善教学设计，把思想政治工作体系贯通学科体系、教学体系、教材体系、管理体系等。"课程思政"建设的逻辑思路充分体现了把思想政治工作贯通人才培养体系的可能与价值。因此要按照加快教育现代化、建设教育强国，办好人民满意的教育的要求，从构建"两个体系"的深度，加大深化"课程思政"建设力度，探索"专业思政""学科思政"建设，全面提高人才培养能力。

（三）在广度上，"课程思政"是完善"三全育人"的重要方面

"课程思政"不是哪一门课或哪一个部门的事情，而是一项为党育人为国育才的系统工程。它强调包括思想政治理论课在内的所有课程都有育人功能，所有教师都有育人职责。推进"课程思政"建设是全体教职工的共同责任,涉及教育教学全过程,纵向需要层层激发动力、形成共识,横向需要多部门协同配合、互相支持,客观上有利于带动"三全育人"格局的形成。因此要按照完善中国特色高等教育制度,实现教育治理体系和治理能力现代化的要求,深化"课程思政"建设,推动完善"三全育人"工作体系和机制。

近年来,各类大学都把习近平新时代中国特色社会主义思想作为"课程思政"建设的源头活水,把"课程思政"作为落实立德树人的根本性举措,全方位行动,持续性推进,实现了思想政治工作从思想政治理论课为主渠道向所有课堂为主渠道的转变,把立德树人纳入党委主体责任,开创了高校教师党支部推进"课程思政"建设的先河,牢牢把握"教育者先受教育"这个难点和思想政治教育元素的"挖掘"与"融入"这个关键点,教师具备了立德树人"三项基本功"。通过"课程思政"建设,爱党、爱国、爱人民、爱社会主义在师生中实现高度统一,"三全育人"格局加速形成,教师党支部站到了立德树人的第一线,提升了"课程思政"建设的质量。

学校"课程思政"建设实践表明,高校只要坚持以习近平新时代中国特色社会主义思想为指导,真学真懂真信真用,坚持把立德树人作为根本任务,坚持以人民为中心发展教育,就一定能实现教育的改革创新。当然,"课程思政"作为一项系统工程,目前仍处于起步阶段,还需不断深入探究"课程思政"教学规律,全面强化体系化、规范化建设,科学实施考核评估与效果评价等,需要高校工作者不忘初心、牢记使命、坚定方向,才能圆满完成党和国家交给的任务,落实好立德树人的根本任务。

第二章　课程思政基本理论概要

《高等学校课程思政建设指导纲要》(本书简称《纲要》)指出:课程思政建设工作要围绕全面提高人才培养能力这个核心点,在全国所有高校、所有学科专业全面推进,促使课程思政的理念形成广泛共识,广大教师开展课程思政建设的意识和能力全面提升,协同推进课程思政建设的体制机制基本健全,高校立德树人成效进一步提高。课程思政建设内容要紧紧围绕坚定学生理想信念,以爱党、爱国、爱社会主义、爱人民、爱集体为主线,围绕政治认同、家国情怀、文化素养、宪法法治意识、道德修养等重点优化课程思政内容供给,系统进行中国特色社会主义和中国梦教育、社会主义核心价值观教育、法治教育、劳动教育、心理健康教育、中华优秀传统文化教育。

第一节　课程设置

学校课程是相对稳定的,具有一定的稳定性。具体而言,影响现代课程的因素是稳定的,如政治制度、教育体制、教育目的等都具有稳定性;课程变革的高成本特征；现代课程标准的制定、方案的研制、内容的选定、课程的实施与评价需要一个较长的周期；现代课程变革极少是颠覆性变革，课程变革一般从局部调整开始，是一个平缓的、从量变到质变的渐进过程，即是从课程目标、课程内容、课程设置、课程结构、课程实施方式和课程评价手段等方面都是稳定的，不会朝令夕改。就此，课程思政建设必须研究课程设置规律。

一、课程概念

在我国，"课程"一词始见于唐宋期间。唐初十八学士之一，经学家孔颖达为《诗经·小雅·巧言》中"奕奕课程表寝庙，君子作之"句作疏："维护课程，必君子监之，乃依法制。"这里课程的含义与我们今天所用之意相去甚远。宋代朱熹在《朱子全书·论学》中多次提及课程，如"宽着期限，紧着课程"，"小立课程，大作工夫"等。虽然他对这里的"课程"没有明确界定，但含义是很清楚的，即指功课及其进程。这里的"课程"仅仅指学习内容的安排次序和规定，没有涉及教学方面的要求，因此称为"课程"更为准确。

到了近代，关于课程的概述，西方具有代表性的有赫尔巴特学派"五段教学法"、凯洛夫教育学思想、"学程派"的英国教育家斯宾塞、"活动学派"的杜威、"经验学派"的泰勒，他们从不同角度分别作了概述。

在《现代汉语词典》中，课程一般是指学校教学的科目和进程。[①]主要包含学科以及规划和设计教育教学的目标、内容、活动方式，还包括教学计划、教学大纲等。基本元素有课本、课标及课程表等。广义的课程，既包括学科内容又包括教育活动进程。狭义的课程，一般仅指某一门学科。

---

① 参见《现代汉语词典》(第六版)，商务印书馆，2014年，第738页。

二、课程的结构和分类

关于课程的结构和分类。主要有美国教育心理学家布鲁纳（Bruner, J.S.）的结构主义课程论、德国教育学家瓦根舍因（Wagenschein, M.）的范例方式课程论、苏联教育学家赞科夫（Bahkob, J.B.）的发展主义课程论、约翰·杜威（John Dewey）的活动课程等，产生了分科课程（称文化课程）与活动课程；核心课程与外围课程；国家课程、地方课程与校本课程；显性课程与隐性课程。总体上，课程主要分为分科课程（称文化课程）、活动课程、实践课程、隐性课程。文化课程，一般是指以学科为中心来编定的课程，要分科设置，分别从相应科学领域中选取知识，根据教育教学需要分科编排课程，进行教学；活动课程包括阳光体育、大型活动、兴趣小组、团学组织、社团等学生团体组织的自主活动、综合实践活动。例如大学生诗社、志愿者服务队、歌剧社、读书角、书画社等；实践课程以经验性和实践性为特点，强调经验、实践、社会需求和问题导向，重在培养学生的观察力、实践力和解决问题的能力。例如一年一度的大学生"三下乡"、新疆高校开展的"两学习一实践"，以及部分学校设置的小学期实习实践活动等；隐性课程，以潜移默化、润物无声为特点，除了上述几类课程外，一切有利于学生发展的资源、环境、学校的文化建设、家校社会一体化等都属于课程的范畴。

关于核心课程和外围课程。核心课程的提出是产生于20世纪二三十年代的社会动荡时期的改造主义者，以"危机时代的哲学"自称的改造主义，宣称社会文明已濒临毁灭，必须加以改造，这种改造既要通过政治行动，更需要通过全面的社会教育，进行一场意义深远的思想变革，统一人们的思想行为，致力于创造一种新的社会秩序，去实现人们共同的生活目标。倡导一种"以未来为中心"的教育纲领，其目的是通过说服而不是强制的办法来实现

"社会改造",以它为核心来构建核心课程,打破原有分科课程的界限。这一思想,对现实社会教育仍然产生重要影响。随着新学科的不断涌现和受教育个体矛盾的特殊性,也就是矛盾的普遍性和特殊性问题,外围课程随之提出。

依据不同的课程开发主体,将课程主要分为国家课程、地方课程与校本课程。所谓的国家课程亦称为"国家统编课程""国家统一课程",由教育部负责统一编制、组织实施和评价。目前,全国大中小学,基本上都在使用"国家统编课程"。例如高校使用的《大学语文》《马克思主义基本原理》《中国近现代史纲要》《艺术概论》等;校本课程一般是由学校按照一定的目标,专门组织教师进行编制、实施和评价的具有一定特色的课程。一般在基础教育中,开设比较广泛。例如,《感受家乡新变化》《生命与安全》《尊老爱幼》《中华优秀文化》《趣味科学》《古典名著》《诚信》等;地方课程是由国家授权,各地方根据本地区经济、社会、文化发展需要开发的课程。目前,一些高校开发的地方传统历史文化资源,涵盖区域历史、地理、经济、民俗等,以地方文化、历史为主题编制地方课程。例如,天水师范学院发起保护和传承陇右文化,挖掘整理陇右文化课程资源,建设《陇右文化》地方课程。在新疆,为帮助大学生深入了解中国历史及新疆地区历史,增强五个认同,铸牢中华民族共同体意识,组织编写《简明新疆地方史教程》等地方课程。乌鲁木齐部分中小学开设《三字经》《书法艺术》《围棋》等校本课程,国家、地方、校本三种课程形式不同。在我国,坚持国家课程为主体,地方课程和校本课程为辅助。

同时,我们在研究课程思政建设时,需要研究在教育教学中存在的显性课程与隐性课程,显性教育与隐性教育。显性课程是学校情境模式中以直接的方式呈现的课程,如课程表中的学科,主要是知识层面。隐性课程一般是以潜在的形式,以间接的内隐的方式呈现的课程。具有非预期性、潜在性、多样性、不易觉察性。使得学生无意识地获得经验、价值观、理想等意识形态内容和文化影响,有利于学生发展的资源、环境、学校的文化建设、家校社会一体化等。

隐性课程与显性课程有三方面的区别:一是在学生学习的结果上,学生在隐性课程中得到的主要是非学术性知识,而在显性课程中获得的主要是学术性知识;二是在计划性上,隐性课程一般是无计划的学习活动,学生在学习过程中大多是无意接受隐含于其中的经验的,而显性课程则是有计划、有组织的学习活动,学生有意参与的成分很大;三是在学习环境上,隐性课程是通过学校的自然环境和社会环境进行的,而显性课程则主要通过课题教学来进行。

隐性课程是学生在学习环境中所学习到的非预期的或非计划的知识、价值观念、规范和态度等。《教育大辞典》定义为:学校政策及课程计划中未明确规定的、非正式和无意识的学校学习经验,与"显性课程"相对。隐性课程的特点主要有:隐性课程的影响具有弥散性、普遍性和持久性;隐性课程的影响既可能是积极的,也可能是消极的;隐性课程的影响是学术性与非学术性的统一;隐性课程对学生的影响是有意识性与无意识性的辩证统一;隐性课程是非预期性与可预期性的统一;隐性课程存在于学校、家庭和社会教育中。正是由于隐性课程的特点,要求在隐性课程的实施过程中,应该注意优化学校的整体育人环境;要特别重视学习过程;通过隐性课程的实施,塑造与完善学生的人格结构。

关于课程的特征及作用。当课程被认识为知识并付诸实践时,一般特点在于:具有科学、逻辑、组织性,体现社会选择和社会意志。它是学校教育的核心,是既定的、先验的、静态的,也是外在于学习者的,并凌驾于学习者之上的。课程的作用:一是教育教学活动的基本依据和介质,是实现教育目标的基本保证;二是对学校进行管理与评价提供标准,为国家检查和监督学校教学工作提供依据;三是师生联系和交往的纽带,是实现教育目的、培养目标的基本保证。正是课程的基本特点和作用,赋予了课程的育人功能,使得课程思政也有了客观依据。

三、课程的编制

一般来说,课程编制主要包括课程的目标、课程内容的选择与组织、课程实施与课程评价等要素。

(一)课程目标

课程目标设定是学校教育工作的最重要部分之一。课程是学校教育的核心,课程的核心是课程目标。课程目标与教育目的又是紧密相连的。关于课程目标的取向,一些教育学家提出了很多形式,例如"行为目标""展开性目标"和"表现性目标"等。一是美国课程教育家博比特的行为目标取向。是将具体的、可操作的行为作为课程所要达成的结果的目标陈述方式,它以课程与教学过程结束后学生所发生的行为变化为指向。具有目标精确、具体、可操作性强的特点;二是英国教育家劳伦斯·斯滕豪斯的展开性目标取向,是指在一定的教育情境中随着教育过程的展开而自然形成的课程目标的描述,注重的是过程。他认为,课程必须建立在对课堂教学研究的基础上,教师应该是研究者。三是美国课程教育家艾斯纳的表现性目标取向,是指学生在从事某种活动后所得到的结果,他关注的是学生在活动中表现出的某种程度上首创性的反应的形式。他主张在设计和评价课程时,应该准备三类课程目标:行为目标→行为活动;解决问题的目标→解决问题的活动;表现性活动→表现性目标。这种取向是开放性的,重点放在课程活动的结果上,这就可以使教师和学生摆脱行为目标的束缚,以便学生有机会去探索发现他们自己特别感兴趣的问题或课题。以上行为性目标、展开性目标、表现性目标,各有自己的特点和优势,是互补的,相辅相成的,在课程思政建设方案中,需要特别考虑的方面。

一般来说,应按照这种顺序去思考因果关系:教育目的,培养目标,课程目标,教学目标。教育目的是社会培养人的总要求,是总体性的、高度概括性的,是教育培养人的总体质量标准与学习的要求,具有抽象性与宏观指导性。正确贯彻落实教育目的,需要实事求是、具体、明确的培养目标;培养目标是根据教育目的和自己学校的性质任务,对培养对象提出的特定要求;课程目标是整个课程编制过程中最关键的指导准则。有助于理清课程编制者的意图,使各门课程能够体现关系到学科的逻辑体系。教学目标是教育家在教学过程中完成某阶段的工作时,希望受教育者达到的要求或产生的结果。

(二)课程内容的选择与组织

"课程内容是指学科中特定的事实、观点、原理和问题以及处理他们的方式"[①],课程目标为课程内容的选择和组织提供了基本的方向。而课程内容是课程目标最直接的体现,是实现课程目标的手段。课程内容有三个不同的取向,即教材、学习活动和学习经验,兼顾了学科体系、学习活动和学习经验的因素。

课程内容选择的准则是:随着人类社会知识的快速增长,人们能够掌握的学科门类以及内容都是有限的,科学合理地选择课程内容则是教育的关键问题。一般要把握课程内容的基础性,贴近生产实践社会生活,与学生和学校教育特点相适应;课程内容组织的准则:一是指直线式地陈述主要课程要素的连续性原则;二是延续,并深入、广泛地研究的逻辑性原则;三是课程之间纵横联系,观点统一,达到知行合一的同一性。

课程组织是课程内容的实际组织方式,主要包括课程内容的类型和课

---

① 《辞海:教育学·心理学分册》,上海辞书出版社,1987年,第1页。

程内容的结构。课程内容的类型是指课程的组织方式或指设计课程的种类。因为课程教育家对课程的理解不相同、学校的具体情况也不同,所以课程类型也会不同,而且人们对课程类别的标准解读也不相同、对课程分类的方式也大不同,只是不同的教育家根据实际情况予以最佳组合的问题;课程的结构主要是理清工具类、知识类、技艺类学科之间的关系以及必修课、选修课、活动课与社会活动之间的关系。一般而言,以必修课为主,侧重基础课程,同时兼顾社会需求和学生特点,开设选修课、第二课堂和社会实践课。作为教育者只有把握好以上诸方面关系,才能很好地实现教育协同,把课程思政基本思想贯穿其中。

(三)课程实施

课程实施是指把课程计划付诸实践的过程, 它是达到预期的课程目标的基本途径。就是说,课程设计得越好,实施起来就越容易,效果也就越好。课程实施就是力图在实践中实现变革, 这就要求课程实施者做出一系列的调整,包括对个人习惯、行为方式、课程重点、学习空间、课程安排等进行一系列的重新组织。我们提倡在课程思政建设中,专业教师与公共文化课教师、马克思主义学院教师集体备课, 一起讨论研究。不同学科的教师参与课程思政建设规划和设计工作, 可以影响到课程设计的结果以及课程实施的进程。一般而言,课程实施主要有四种理念:

一是对变革的认识。认识到需要变革,同时具有实施变革的能力。把课程思政植入课程教学之中,这是理念的变革,需要思想,也需要思政的基本能力去实现。由于要实施新的课程计划,就意味着课程实践会发生一系列变化,比如目标、活动方式、教学手段、资源以及评价机制的变化等。对于"三全教育"方式的识别,是负责课程实施者的一项重要任务,所以在实施新课程计划之前,要让教师清楚了解理念变革的必要性。

二是对教学的认识。教学是课程实施的主要途径。当前主要有四大教学模式:一是信息加工类教学模式。它包括旨在影响学生信息加工过程的各种具体的教学模式。但是人们对学生是如何思维,以及如何有效地影响学生信息加工的过程,存在着不同的理解。有些教学模式把焦点放在信息加工的某一方面,有些模式则旨在影响学生基本的思维方式。二是个性发展类教学模式。它关注的是学生个人的观点,鼓励独立创造,以便使学生增强自我意识。这类模式要达到的目的是:首先,通过改善学生的自我概念、增强自信心和扩大移情作用,使学生心理越来越健康;其次,加强学生的自主性,让学生参与决定学什么和怎样学,从而使学生对自己的学习负起责任来;最后,培养学生个性的某些特定方面,例如创造性思维或个性表达等。教师可以根据实际情况来使用这类模式。它们可以用来调节整个学习环境,关注学生的自我概念,培养积极的情感;可以用来达到特定的目的,如形成班级集体氛围;也可以用来传授学术性学科知识,如阅读教学中的"经验法"便是其中一例。这类模式可以加强学生的自我概念,有助于提高学生的学习能力。三是社会交往类教学模式。它强调要把学习和社会交往结合在一起。合作行为不仅有助于促进学生社交方面的发展,而且有助于理智方面的发展。因此,具有社会相互作用的学习任务能够促进学习。另一方面,学校教育的中心任务是使学生成为社会中合格的成员。研究表明,社会的和学术的目的并不是无法调和的。采用这类教学模式培养出来的学生在各方面并不比用传统方式培养出来学生差。四是行为系统类教学模式。这是以行为理论为基础而设计的各种教学模式的总称。这类模式主要的依据是行为主义理论。行为主义者认为,人的行为是对环境中各种刺激所做出的反应。这些外部力量刺激人们以某种方式行动:或者是显示某种行为;或者是回避某种行为。根据操作性条件作用的原理,人们一旦做出某种反应之后,来自环境的刺激可以加强或削弱这种行为再次发生的可能性。因此行为是有规则可循的,是隶属于环境变量的,教师的任务就是要发现哪些环境变量会以哪些方式影响行为。

三是课程思政的课程实施的取向。课程实施是指把新的课程计划付诸实践的过程。课程实施的研究所关注的焦点是课程计划在实际上所发生的情况,以及影响课程实施的种种因素。在课程实施中,主要有三种课程实施的取向:一是按部就班取向,二是自由性取向,三是维护性取向。按部就班取向:因循守旧,明哲保身,不利于学生发展进步;自由性取向:是发散性的、开放性的、不确定性的取向,不预先设定实施程序,由实施者自己根据具体实际决定;维护性取向:是全面地、忠实地反映课程设计者的意图,以便能达到预定的课程目标。

四是课程思政的课程实施受众多因素影响。一般包括:一是课程计划本身的特性;二是交流与合作;三是课程实施的组织和领导,教育行政部门和学校对课程计划的实施有领导、组织、安排、检查等职责;四是教师的培训,教师是课程实施过程中最直接的参与者,新的课程计划成功与否,教师的素质、态度、适应和提高是一个关键因素;五是各种外部因素的支持。新的课程计划的实施,有些需要一定的政策保障和一定的财力和物力的支持。例如我们在调研中,部分高校建设了3D、5D思想政治教育实验室、红色教育体验基地、综合素质训练基地等,达到授课内容形象逼真、立体生动、意境优美、身临其境的效果,极大地增强了教师和学生学习思想政治理论知识的兴趣、乐趣和体验感,从而丰富思想政治理论教育方式,增强思想政治理论教育实效。

(四)课程评价

课程评价也是课程编制的重要内容之一,是指研究课程价值的过程,在课程中的作用也越来越重要。课程评价的取向主要有:科学主义与人文主义的取向、内部评价与结果评价、形成性评价与总结性评价。在课程思政建设中,注重的是形成性评价与总结性评价。形成性评价是指为改进现行课程计划所从事的评价活动。它是一种过程评价,目的是要提供证据以便确定如何修订课程计划,而不是评定课程计划的优良程度。形成性评价尤其适用于指导课程的设计和微调;总结性评价,是在课程计划实施之后关于其效果的评价。它是一种事后评价,目的是要获得对所编制出来的课程质量有一个整体的看法。它通常是在课程计划完成后,并在一定范围内实施后进行的。它的焦点放在整个课程计划的有效性上,以便就这项课程计划是否有效做出判断。无论是形成性评价还是总结性评价,都是指它们在课程编制过程中的作用。一般而言,形成性评价关注的是课程问题的起因,总结性评价关注的是课程问题的程度;形成性评价的结果主要是为课程编制者改进课程所用,总结性评价的结果主要是为课程决策者提供制定政策的依据;形成性评价关注的是课程计划的改进,总结性评价关注的是评定课程计划的整体效果。

课程思政的课程评价过程中的五个步骤:第一步,把焦点集中在所要研究的课程现象上;第二步,搜集信息;第三步,组织材料;第四步,分析资料;第五步,报告结果。调研中,新疆艺术学院为实施《高校思想政治工作质量提升工程实施纲要》、落实《新疆艺术学院课程思政实施方案》,推进年轻教师树立现代教育思想和育人理念,提高教师队伍整体教学水平,全面落实立德树人根本任务,探究和构建艺术教育课程思政的有效路径和长效机制,开展系列课程思政说课比赛。整个活动的组织积极响应和落实了党中央对高校思想政治教育工作,特别是高校课程思政和实现"三全育人"目标的要求,充分体现了学校党委对课程思政工作的高度重视。作为学校推进课程思政教学改革阶段性成果的展示,说课比赛在教师中产生了积极影响。课程思政是在新时代背景下为提高思政教育实效性的一种新要求,是将思政教育融入课程教学和改革的各环节、各方面,实现立德树人、润物无声的教学效果。它突破了以往思政理论课单一育人的困境,参赛人员达到专任教师的 90%,努力营造一种全方位育人的氛围。廉惠民认为,作为自治区课程思政建设试点和示范校,从参赛选手的说课选题看,都从自己的学科专业特点出发,深入挖掘了课程中蕴含的思想政治教育元素和所承载的思想政治教育功能,使各类课程与思想政治理论课程同向同行,把思想政治教育与知识体系教育融为一体。

四、课程体系

"课程体系"是一个系统性概念,是一组之间存在的多种关系的关联课程,除了最主要的关联之外,课程及内容的选择要根据学校和课程目标进行整体系列化设计,因此课程体系的构建绝不是简单地对课程进行加减法,并强调一个设计优良的课程体系还要在教育教学全过程呈现出整体性特征。作为具有系统性概念的课程体系,其整体性功能的发挥对于体系而言也是至关重要的。

课程结构对课程体系整体功能的发挥十分重要,崔颖从系统科学的角度考察认为,"课程结构是课程目标转化为教育成果的载体和纽带,发挥着承上启下的作用,一个合理优化的课程结构能够形成课程合力,能够最大限度地发挥课程体系的整体功能"[1]。从课程体系构建的角度看,构建好课程体系必须明确课程体系的目标、课程内容的选择以及如何有效组合这些课程资源。杨志成认为,"学校课程体系建设就是要系统解决学科育人与跨学科综合育人的有机联系,构建起课程从整体上发挥育人作用的学校课程体系"[2]。汪明等人则从核心素养的培养角度考察,提出构建基于核心素养的学校课

---

① 崔颖:《高校课程体系的构建研究》,《高教探索》,2009 年第 3 期。
② 杨志成:《论学校课程整合与课程体系建构的一般逻辑》,《课程·教材·教法》,2016 年第 8 期。

程体系会引起课程目标、课程内容、课程实施和课程评价等课程要素的一系列变化,并分别从目标、内容、实施、评价等维度进行了阐释。[①]目前我国关于高校课程体系的理论研究已经较为深入。学校课程体系的构建是一项系统工程,系统性是其最重要的整体特性。因此,课程体系设计要做到目标与课程各要素相互关照,并需要一定的教育价值理念做指导,合理排列组合各要素,使各要素统一指向目标实现系统,课程体系总目标、课程结构目标与具体课程目标应该一致。这也可以为基础教育课程体系的构建提供理论指导。

第二节　思想政治教育

习近平总书记在中国共产党第十九次全国代表大会上的报告中,提出的"伟大梦想""伟大斗争""伟大工程"和"伟大事业"。"四个伟大"是为了实现中华民族伟大复兴全党努力的宏大构想,也是新时代思想政治教育的重要遵循。在中国特色社会主义新时代,思想政治教育应该注重与教育的各项要素间的协同联系,将思想政治教育的外延进行延伸,将思想政治教育融入教育教学全过程,充分发挥各项课程、学校各党建组织机构的思想政治教育功能,营造氛围浓郁的思想政治教育环境。高校是一个小社会,学生思想政治工作是一门富有规律性、实践性的学问,习近平总书记在全国高校思想政治工作会议上的讲话,科学阐述了新形势下高校立德树人工作应遵循的理念、路径和方法。当今社会出现价值多元、信息裂变、新生代成长、新媒体快速融合等新形势,高校要因时而进,立足人才培养,加强顶层设计,增进部门

①　参见解建团、汪明:《基于核心素养的课程体系构建》,《当代教育与文化》,2016 年第 4 期。

协同,建立"大思政"有机宣教体系,培育良好的育人文化生态。思政课与专业课同为育人主阵地,只有牢牢把握专业成才和全人教育的共通点,构建全员、全课程的大思政教育体系,形成"课程思政,全员育人"模式,才能将社会主义核心价值观教育融入每一堂课。

一、我国高校思想政治理论课的设置

(一)我国高校思想政治理论课程体系沿革

高校思想政治理论课教学方法伴随其课程体系的改革和发展,按照时间大体上经历了六个阶段:一是新中国成立初期——提倡理论与实际相结合。1949 年颁布的《中国人民政治协商会议共同纲领》提倡理论与实际相结合的教育方法。1956 年高等教育部颁发的《关于高等学校政治理论课考试评分问题的意见》中,提出考试方法和学习方法都必须贯彻理论联系实际的方针。二是全面建设社会主义时期——注重启发式教学。1964 年颁发的《关于改进高等学校、中等学校政治理论课的意见》中详细规定了启发式教学的教学方法目的在于提升政治理论课的活力,让师生学会独立思考和解决问题,共同提升。三是"文化大革命"十年——重在"革命大批判"和"开门式教学"。四是改革开放到 20 世纪 90 年代初——强调多种教学方法结合。进入改革开放时期,高校思政理论课程体系也逐步回归正道。1984 年教育部颁布了《关于高等学校开设共产主义思想品德课的若干规定》,明确规定了教学要坚持理论联系实际、课堂讲授与教育活动相结合等。1985 年中共中央在《关于改革学校思想品德和政治理论课程的通知》中提出,要改变注入式的教学方法,尽量实行启发式的教学方法等,积极组织学生参加社会实践和社会调查,以培养他们发现、提出和解决理论问题及实际问题的能力。五是 20 世纪

90年代至党的十八大,改革和创新多样化教学方法。积极推进读书、讲课、研讨和实践运用有机结合,大力推动教学内容、教学方法、教学理念改革。六是党的十八大以来,以习近平同志为核心的党中央全面加强党对教育工作的领导,提出了一系列新理念新思想新观点,系统地回答了教育工作的方向性、根本性、全局性、战略性问题。近年来,高校思想政治教育在社会各界的高度重视和高校思政教育工作者及全体学生的共同努力下取得了明显成效。目前,高校思想政治教育取得的成果有:大学生的思想素质不断提升,大学生的政治立场总体坚定,大学生的道德素质得到提高,大学生的成人成才愿望迫切。

随着东欧剧变、苏联解体,世界社会主义运动受到巨大挫折,西方敌对势力瞄向中国,西方反华势力日趋嚣张,意识形态领域斗争日趋激烈。进入21世纪以来,新媒体技术迅速传播,思政教育工作挑战与机遇并存。全国高校积极贯彻落实习近平总书记关于教育思想的重要论述,积极探索新的思政教学模式,将传统的思政教育与专业课程相结合,形成密集型、渗透型、一体化的全新教育模式——"三全育人"的"课程思政"模式。

(二)思想政治理论课的设置

思想政治教育作为社会实践活动,是指一定的阶级、政党、社会群体用一定的思想观念、政治观点、道德规范,对其成员施加有目的、有计划、有组织的影响,使他们形成符合一定社会、一定阶级所需要的思想品德的社会实践活动。[①]改革开放以来,高校思想政治理论课在引导青年大学生坚定马克思主义信仰,增强改革开放的信心等方面,发挥了重要作用。进入新世纪,面对新形势、新任务、新要求,高等学校思想政治理论课教育教学还存在学科

---

① 参见邱伟光、张耀灿:《思想政治教育学原理》,高等教育出版社,1999年,第14页。

建设基础比较薄弱,课程内容重复,教学方式方法比较单一,教学的针对性、实效性不强,以及教师队伍数量不足,优秀中青年学术带头人缺乏等问题。一些学校不同程度地存在认识不足、重视不够、管理不到位的情况。①

2004 年,国务院下发《中共中央国务院关于进一步加强和改进大学生思想政治教育的意见》,2005 年中宣办颁发了《〈中共中央宣传部教育部关于进一步加强和改进高等学校思想政治理论课的意见〉实施方案》,也被称为思政课程体系"05 方案"。按照"05 方案",从 2006 年秋季学期起,全国高校在本科生中开设《马克思主义基本原理概论》《毛泽东思想、邓小平理论和"三个代表"重要思想概论》《中国近现代史纲要》《思想道德修养与法律基础》(现为《思想道德与法治》)四门理论课程,是高校思想政治教育的主渠道。"马克思主义基本原理概论"课程,使大学生能准确理解和把握马克思主义的科学内涵和精神实质,能够运用马克思主义的立场、观点和方法分析和解决实际问题。"毛泽东思想和中国特色社会主义理论体系概论"(原《毛泽东思想、邓小平理论和"三个代表"重要思想概论》)主要是马克思主义中国化的理论成果,使大学生充分认识到中国特色社会主义道路的正确性、理论体系的科学性、制度的优越性,进一步增强"四个自信"。"中国近现代史纲要"主要是进行中国革命、建设和改革开放的历史教育,使大学生深刻领会近现代以来中国人民在抵御外来侵略、争取民族独立、推翻反动统治、实现人民解放和富裕的历史进程中选择了马克思主义、中国共产党、社会主义道路,以及改革开放的正确性和历史必然性。"思想道德修养法律基础"主要是进行社会主义道德观和法治观的教育,使大学生成为具有良好道德品质和遵纪守法的社会主义合格公民。通过运用马克思主义基本原理和中国化的马克思主义来指导大学生成人成才的课程体系,并对学生进行马克思主义理

---

①　参见中宣部、教育部:《〈中共中央宣传部教育部关于进一步加强和改进高等学校思想政治理论课的意见〉实施方案》。

论与实践教育,使广大学生从整体上准确理解和把握马克思主义理论,掌握马克思主义的立场、观点和方法,领会马克思主义是实践的、科学的、人民的、开放的、发展的理论,并自觉将其作为行动的指南。

1.指导思想

(1)用完整准确的马克思主义指导课程设置。它包含着两层含义:一是要始终坚持马克思主义理论的整体性,以完整准确的马克思主义来指导;二是要始终坚持用发展中的马克思主义来指导思想政治教育学科建设,使当代大学生牢固树立马克思主义的人生观、价值观、世界观,用马克思主义、毛泽东思想和中国特色社会主义理论体系教育广大青年学生,培养和造就"四有新人"。

(2)坚持以习近平新时代中国特色社会主义理论体系指导课程设置。从现有的思想政治教育课程来看,思政教育坚持以一脉相承和与时俱进相统一的中国化马克思主义理论指导学科建设。进入新时代,为深入贯彻落实习近平总书记在学校思想政治理论课教师座谈会上的重要讲话精神,深入贯彻落实中共中央办公厅、国务院办公厅印发的《关于深化新时代学校思想政治理论课改革创新的若干意见》精神,用习近平新时代中国特色社会主义思想铸魂育人,解决好培养什么人、怎样培养人、为谁培养人这个根本问题,高质量办好新时代高校思想政治理论课,培养德智体美劳全面发展的社会主义建设者和接班人,教育部党组印发《"新时代高校思想政治理论课创优行动"工作方案》,要聚焦全面推动习近平新时代中国特色社会主义思想进教材进课堂进学生头脑,在坚定理想信念、厚植爱国主义情怀、加强品德修养、增长知识见识、培养奋斗精神、增强综合素质上下功夫,把建设一支高素质的思政课教师队伍作为关键,以高水准教材为遵循,以高水平教学资源为支撑,以高质量示范课堂为抓手,以高效率工作机制为保障,以高标准教学质量为目标,深入推进思政课思路创优、师资创优、教材创优、教法创优、机制创优、环境创优,进一步完善顶层设计、优化工作格局、加大精准施策力度,展现新时代高校思政课新气象新作为新担当,全面提升思政课质量和水平。[①]

2.课程内容

思想政治教育内容是根据一定的教育目的和社会要求,结合受教育者的思想实际,经教育者选择设计后有目的、有计划、有组织地传授给受教育者的具有价值引导功能的思想政治教育。思想政治教育理论课程具体的课程内容是根据思想政治教育的任务、要求及教育对象精神世界的发展和思想实际的多样性确定的。思想政治教育理论课程的各种内容之间按照特定的层次结构互相联系、互相作用,由此构成了思想政治教育理论课程内容体系。这一体系包括世界观教育、政治观教育、人生观教育、法治观教育和道德观教育五部分。世界观教育主要是对学生进行辩证唯物主义、历史唯物主义和马克思主义认识论的教育;政治观教育主要是对学生进行基本国情、党的基本理论、基本路线、基本纲领和基本经验以及民族精神和时代精神的教育;人生观教育主要是对学生进行理想信念、人生价值观和生命价值观的教育;法治观教育指的是对学生进行社会主义民主、社会主义法治和遵守纪律的教育;道德观教育主要是对学生进行集体主义、社会公德、职业道德和家庭美德的教育。

3.教学方法

思想政治教育内容丰富多彩、形式多样,一般有理论教育法、实践锻炼法、榜样示范法、自我教育法、比较鉴别法和咨询辅导法六种,理论教育法又称理论灌输法,是由教育者有目的、有计划地向受教育者传授马克思列宁主义、毛泽东思想和邓小平理论,帮助受教育者逐步树立科学世界观的教育方法;实践锻炼法是指思想政治教育者有目的有计划地组织、引导受教育者参

---

① 参见《"新时代高校思想政治理论课创优行动"工作方案》,《中国教育报》,2019 年 9 月 17 日。

加各种社会实践活动，促使受教育者在实践中形成良好的思想品德和行为习惯的方法；榜样示范法又被称为典型示范法，目的在于引导教育对象提高自身思想认识、规范自身行为，一般通过具有典型意义的人或事来达到榜样示范、警示警戒的作用；自我教育法是指受教育者在思想政治教育者的引导下，进行自我学习、自我修养、自我反思等多种方式，自觉接受符合当今社会和时代要求的社会主义思想观念、价值观点、道德规范，从而提高自身思想道德素质的方法；比较鉴别法，是指在使用该方法的过程中，思想政治教育者对两个及两个以上事物的特性进行对比，通过对比引出正确的结论，在这个过程中提高教育对象的思想和认知水平的方法；咨询辅导法是指思想政治教育者凭借专业的知识和经验，为教育对象提供专业的解答和系统的问题解决方案，侧重于通过专业教师的智力劳动为学生提供有效的问题解决路径，通过语言、文字等形式与受教育者进行沟通交流，对其思想、心理和行为给予帮助、启发和引导的方法。在抓好教法创优上，强调坚持"八个统一"要求，不断增强思政课的思想性、理论性和亲和力、针对性，重点是全面开展高校思政课教师"手拉手"集体备课，深入实施思政课教学方法改革项目择优推广计划。①

4.评价体系

科学评价高校思想政治理论课教学质量是保证高校思想政治理论课深入、可持续发展的重要措施，需要坚持方向性、理论性、实践性和针对性。方向性主要是指在思想政治理论课教学中坚持以马克思主义为指导思想，运用马克思主义理论进行全面系统的教育，引导大学生树立马克思主义"五观"；理论性主要是要注重和善于传授马克思主义基本理论，使大学生正确接受、认同并掌握、内化马克思主义基本原理；践行性主要是大学生能把思

---

① 参见《"新时代高校思想政治理论课创优行动"工作方案》，《中国教育报》，2019年9月17日。

想政治理论课的教学内容转化为思想认识，形成自己思维模式和对世界的基本观点，并化为行为，形成习惯，正确运用马克思主义的原理与方法去观察、分析历史与现实问题；针对性是把思想政治理论课教学目标和针对大学生思想素质的提高、思想和心理问题的解决，这是对思想政治理论课教育者提出的更高的要求。针对性要坚持问题导向，坚持因材施教，反对两张皮，反对"问题是问题""教学是教学"，要遵循心理学的基本原理，贯彻落实"以人为本，科学发展"教育理念的具体实践。

二、思政课是落实立德树人根本任务的关键课程

青少年是祖国的未来、民族的希望。青少年教育最重要的是教给他们正确的思想，引导他们走正确的道路。思政课是落实立德树人根本任务的关键课程，思政课作用不可替代，思政课教师队伍责任重大。办好思政课，最根本的是要全面贯彻党的教育方针，解决好培养什么人、怎样培养人、为谁培养人这个根本问题。办好思政课，就是要开展马克思主义理论教育，用新时代中国特色社会主义思想铸魂育人，引导学生增强中国特色社会主义道路自信、理论自信、制度自信、文化自信，厚植爱国主义情怀，把爱国情、强国志、报国行自觉融入坚持和发展中国特色社会主义、建设社会主义现代化强国、实现中华民族伟大复兴的奋斗之中。

办好思政课，要放在世界百年未有之大变局、党和国家事业发展全局中来看待，要从坚持和发展中国特色社会主义、建设社会主义现代化强国、实现中华民族伟大复兴的高度来对待。我们党立志于中华民族千秋伟业，必须培养一代又一代拥护中国共产党领导和我国社会主义制度，立志为中国特色社会主义事业奋斗终生的有用人才。在大中小学循序渐进、螺旋上升地开设思政课非常必要，是培养一代又一代社会主义建设者和接班人的重要

保障。

　　讲好思政课不容易，它是集思想性、政治性、专业性为一体。"经师易求，人师难得。"办好思想政治理论课关键在教师，关键在发挥教师的积极性、主动性和创造性。思政课教师，要给学生心灵埋下真善美的种子，引导学生扣好人生第一粒扣子。第一，政治要强，要让有信仰的人讲信仰。第二，情怀要深，要有家国情怀、传道情怀、仁爱情怀。第三，思维要新，学会辩证唯物主义和历史唯物主义，创新课堂教学。第四，视野要广，有知识视野、国际视野、历史视野。第五，自律要严，做到课上课下一致、网上网下一致。第六，人格要正，用高尚的人格感染学生、赢得学生。

　　要推动思想政治理论课改革创新，不断增强思政课的思想性、理论性和亲和力、针对性。推动思政课改革创新，要做到以下几个统一：坚持政治性和学理性相统一；坚持价值性和知识性相统一；坚持建设性和批判性相统一；坚持理论性和实践性相统一；坚持统一性和多样性相统一；坚持主导性和主体性相统一；坚持灌输性和启发性相统一；坚持显性教育和隐性教育相统一。

　　要加强党对思想政治理论课建设的领导。我们要把思政课建设摆上重要议程，在工作格局、队伍建设、支持保障等方面采取有效措施。要推动形成全党全社会努力办好思政课、教师认真讲好思政课、学生积极学好思政课的良好氛围。学校党委要坚持把从严管理和科学治理结合起来，学校党委书记、校长要带头走进课堂，带头推动思政课建设，带头联系思政课教师。要把统筹推进大中小学思政课一体化建设作为一项重要工程，推动思政课建设内涵式发展。各地区各部门负责同志要积极到学校去讲思政课。

三、办好思政课关键在教师

思政课是铸魂育人的重要课程,是高校立德树人的关键课程。思政课建设,关键在思政理论课教师。"思政课教师,要给学生心灵埋下真善美的种子,引导学生扣好人生第一粒扣子。"①为师之道,首在师德。好老师要做到学为人师、行为世范,要把师德师风建设摆在首要位置。作为新时代高校思政课教师,我们要发扬黄大年同志的崇高精神,要始终弘扬高尚师德,潜心立德树人,以赤诚之心、奉献之心、仁爱之心投身教育事业,牢固树立"国家至上、民族至上、人民至上"的信条,胸怀至诚报国的爱国情怀和教书育人、敢为人先的敬业精神,身正为范修师德,无私奉献铸师魂,潜心教学练师功,立德树人树师表。

习近平总书记对思政课教师提出了要求:"人格要正,有人格,才有吸引力。亲其师,才能信其道。要有堂堂正正的人格,用高尚的人格感染学生、赢得学生,用真理的力量感召学生,以深厚的理论功底赢得学生,自觉做为学为人的表率,做让学生喜爱的人。"②思想政治理论课教师只有自己信仰坚定,对所讲内容高度认同,做学习和实践马克思主义的典范,才能讲得有底气,讲深讲透,才能有效引导学生真学、真懂、真信、真用。思政课教师对自己的要求要严格,既要遵守教学纪律,也要遵守政治纪律和政治规矩,做到课上课下一致、网上网下一致。思政课教师要有堂堂正正的人格,要用高尚的人格感染学生、赢得学生。思政课教师要自觉"诚意正心""知行合一",自觉做为学、为事、为人的表率,做学生的引路人。

教师是立教之本,兴教之源。办好思政课,离不开一支政治素质过硬,业

----

① ②　《思政课是落实立德树人根本任务的关键课程》,《求是》,2020 年第 17 期。

务能力精湛,育人水平高超的高素质专业化思想政治理论课教师队伍。思想政治理论课建设关键在于思政课教师要不断地在教书育人的实践中发挥出积极性、主动性和创造性。为适应新时代思想政治理论课教学改革需要,思政课教师要及时调整和改变自身的教育教学理念,做到热爱思政学科,练就过硬教育教学本领,以教材创新增强教学内容的生动性。针对思政课教材的重点难点,组织开展思政课教师培训、专题研修,围绕教材的使用,分课程、跨课程组织思政课教师集体备课。结合教学实践,组织思政课教师开展交流研讨,共同探讨思政课一体化教学规律。

随着现代科技的进步和发展、多媒体的广泛应用,出现了不少新兴的教学形式。不少高校已经利用慕课、翻转课堂、讨论式教学以及辩论式教学取得了很好的教学效果,这是高校思政课课堂教学创新建设的一个重要表现。但是思政课的理论教学,仍然要突出"讲得好是硬道理",把握课上的话语主导权,更好地为思政课其他教学活动的开展奠定学理基础。马克思主义的发展就是一个不断创新、不断进步的过程,作为思想政治理论课教师,应该教会学生辨识真理,鼓励学生挑战"权威",帮助学生打破传统"非此即彼"的形而上学思维方式,树立辩证思维的方式,引导学生独立思考,用科学理性的态度审视社会问题,在学生心中塑造起思政课教师的偶像地位。

四、推动思想政治理论课改革创新,不断增强思政课的思想性、理论性和亲和力、针对性

教育是国之大计、党之大计,是民族振兴、社会进步的重要基石,是功在当代、利在千秋的德政工程。积极推进思想政治教育改革创新,是写好中国特色社会主义教育时代新篇章的奋进之笔,更是落实立德树人根本任务的关键一环。其中,思想政治理论课是推进思想政治教育的主渠道,担负着对

学生系统进行马克思主义理论教育的重要任务。习近平总书记在学校思想政治理论课教师座谈会及全国高校思想政治工作会议上发表重要讲话并指出办好思想政治理论课的根本要求、重要基础及路径方法,确立了新时代扎实推进思想政治理论课建设发展的科学方法论与改革创新的行动方略。同时强调要提升思想政治教育的思想性、理论性、亲和力和针对性,满足学生成长发展需求和期待。

思想性决定了思政课的建设高度,发挥着价值引领的根本作用,直接回答了"培养什么人、怎样培养人、为谁培养人"这个根本问题。是思政课最鲜亮的底色、最鲜明的特色、最鲜艳的本色;理论性决定了思政课的建设深度,发挥着价值承载的基本作用,体现了"以透彻的学理分析回应学生,以彻底的思想理论说服学生,用真理的强大力量引导学生"[①]的基本要求。作为对学生进行马克思主义理论系统教育的课程,思政课要凸显理论性和科学性特征,体现出以理服人、以理感人、以理聚人的内在本质。用马克思主义理论教育人、塑造人、鼓舞人,需要寓价值观引导于知识传授之中;亲和力决定了思政课的建设温度,发挥着情感认同的独特作用,思政课要围绕学生、关照学生、服务学生,把握青年学生的思想特点、发展需求和学习状态,抓住学生的兴趣点、触动点和共鸣点,强化师生互动,成为有情有义、有滋有味、有声有色的课程;针对性决定了思政课的建设准度,发挥着效果达成的关键作用,思政课要满足大学生成长发展需求和期待,必然要遵循学生成长规律,因事而化、因时而进、因势而新,紧紧围绕经济社会发展的热点亮点和学生学习的重点难点、思想的困惑点、成长的关注点诉求点,真正做到突出重点、关注要点、化解难点、回应热点,让学生认识到思政课对国家发展有意义、对社会进步有影响、对个人发展有作用,由此达成价值认同和利益共识。

---

① 《思政课是落实立德树人根本任务的关键课程》,《求是》,2020 年第 17 期。

增强思政课的思想性,关键在于教师要深入研究教学内容。缺乏对内容的深入研究,教学时就会照本宣科,就会人云亦云,就会语焉不详,就会浅尝辄止,就会停留在口号和提法上而无法深入问题和思想的层面。有了对教学内容的深入研究,教师就可以在"照着讲"的基础上"接着讲"以至"自己讲",可以在教导学生"知其然"的基础上引导学生"知其所以然",可以在讲授"是什么""有何意义"的基础上讲授"为什么"和"怎么样",可以在古今比较、中西比较、应然实然比较的基础上自然而然地引出科学的结论。通过生动、深入、具体的纵横比较,把一些道理讲明白、讲清楚。

思政课不能只停留在经验、感受、情感的层面,要从思维抽象的高度系统地进行解析问题。思政课教师在教学过程中往往喜欢通过举例、现身说法等方式论证某些观点,这些形象化的方式可以增强说服力,但是还远远不够。真正的说服力不是来自经验和煽情,而是来自理论的科学性和系统性。马克思指出:"理论只要说服人,就能掌握群众;而理论只要彻底,就能说服人。所谓彻底,就是抓住事物的根本。"[①]而要"抓住事物的根本",就必须对事物进行思维抽象,在规律的层面上深入地把握事物。思政课犹如一棵大树,教师不仅要着眼树梢和树冠,更要着眼树干和树根。讲授一个事件,不能只讲这个事件的最终结果,还要讲清楚这个事件的前因后果;讲授一项政策,不能只讲这个政策的条文规定,还要讲清楚这项政策的出台背景、精神实质、实施难点等;讲授一个理论,不能只讲授这个理论的最终样态,还要讲清楚这个理论的来龙去脉,讲清楚其形成和发展的过程,讲清楚其在当前的时代内涵。

习近平总书记在全国高校思想政治工作会议上指出:"思想政治理论课要坚持在改进中加强,提升思想政治教育亲和力和针对性,满足学生成长发

---

① 《马克思恩格斯选集》(第一卷),人民出版社,2012年,第9~10页。

展需求和期待。"①新时代是实现思想政治理论课建设发展的新启程,新时代思政课教师的教学改革,不仅要开展教材文献资料、学术话语、表述方式、呈现形式研究,促进思政课教材的科学性、权威性与针对性、生动性有机结合,而且要不断地以教法改革提升学生的学习积极性,在思政课教学实践中创新教学方法,推动思政课在改进中加强、在创新中提高。

新时代高校思政课改革创新要把握好思想维度和历史维度,把思政课与学习贯彻习近平新时代中国特色社会主义思想结合起来、与新中国 70 多年的发展结合起来。高校思政课不是凭空产生的,是在新中国进行社会主义建设的实践中产生的。一部高校思政课的发展史,就是一部新中国高等教育史,就是一部中国共产党人思想政治工作的奋斗史。习近平指出:"历史是最好的教科书。学习党史、国史,是坚持和发展中国特色社会主义、把党和国家各项事业继续推向前进的必修课。这门功课不仅必修,而且必须修好。"②

习近平新时代中国特色社会主义思想是新时代中国特色社会主义的指导思想,是指引我们实现"两个一百年"奋斗目标和实现中华民族伟大复兴中国梦的精神灵魂。这为新时代高校思政课的改革发展提供了根本遵循、注入了强大动力。当前,高校思政课最重要的教学内容就是要把思政课立德树人的根本任务与学习贯彻习近平新时代中国特色社会主义思想结合起来,要透过一条条精神、一个个思想来深刻理解和把握习近平新时代中国特色社会主义思想,更好地培养出德智体美劳全面发展的社会主义建设者和接班人。

高校思想政治理论课改革创新,是一项具有战略意义的大工程。"八个

---

① 《把思想政治工作贯穿教育教学全过程》,新华网,http://www.xinhuanet.com//politics/2016–12/08/c_1120082577.htm。

② 习近平:《在对历史的深入思考中更好走向未来交发展中国特色社会主义合格答卷》,《人民日报》,2013 年 6 月 27 日。

相统一"重要论述是新时代高校思政课教学改革创新宝贵的经验总结与智慧结晶。坚持"八个相统一",贯彻新时代党的教育方针,用新时代中国特色社会主义思想铸魂育人,恰恰是马克思主义理论课教学改革和创新的最好体现,即培养学生的批判性思维能力,锻炼学生的智力技能,塑造学生的世界观、人生观和价值观,使学生立志作为中国特色社会主义事业奋斗终身的有用人才。无论是理论创新还是实践创新,作为思想政治理论课教师,都要切实加强内涵式发展,提高思政课的质量和水平,努力实现思政课铸魂育人的教育使命,更好地为党育人、为国育才和为民族育苗,为实现"两个一百年"奋斗目标和中华民族伟大复兴中国梦提供更坚实的基础和更有力的支撑。

第三节 课程思政概述

习近平总书记指出,培养什么人,是教育的首要问题。我们办的是社会主义教育,要培养社会主义建设者和接班人,要培养德智体美劳全面发展的、能担负民族复兴大任的"有理想、有本领、有担当"的时代新人,这是我们党围绕"培养什么人、怎样培养人、为谁培养人"这个教育根本问题,对高校人才培养的新定位、新要求、新任务。思想政治教育主要有两种情况,"第一种是旗帜鲜明的直接教化,采用正面、直接的施教方式;第二种是虚以逶迤的间接教化,把教化渗透到丰富多彩的社会生活中"①。坚持"为党育人""为国育才",强调"立德树人"理念,推进"课程思政"实践,正是为实现这一目标所展开的教育教学改革。在上海市教委的领导和积极推动下,上海各高校积

---

① 白显良:《隐性思想政治教育基本理论研究》,人民出版社,2013年,第34页。

极打造"3+1+X"的思政课程体系建设,深入挖掘各类课程中蕴含的思想政治教育资源,挖掘其育人功能,逐步实现由"思政课程"向"课程思政"理念的转变。2016 年,上海经验被吸纳进中央 31 号文件,推进"课程思政"实施;2017年,"课程思政"被纳入中央《关于深化教育体制机制改革的意见》,使"课程思政"从地方实践性探索,转化为国家战略性部署;2018 年,教育部先后印发《高校思想政治工作质量提升工程实施纲要》《关于加强新时代高校"形势与政策"课建设的若干意见》。2020 年 6 月,为深入贯彻落实习近平总书记关于教育的重要论述和全国教育大会精神,贯彻落实中共中央办公厅、国务院办公厅《关于深化新时代学校思想政治理论课改革创新的若干意见》,把思想政治教育贯穿于人才培养体系,全面推进高校课程思政建设,发挥好每门课程的育人作用,提高高校人才培养质量,教育部制定印发《纲要》,全面推进高校课程思政建设。

一、课程思政的内涵

《纲要》指出:"培养什么人、怎样培养人、为谁培养人是教育的根本问题, 立德树人成效是检验高校一切工作的根本标准。落实立德树人根本任务,必须将价值塑造、知识传授和能力培养三者融为一体、不可割裂。"《大学》开篇即讲:"大学之道,在明明德,在亲民,在止于至善。"中国传统教育向来注重教育"成"人功能的实现。这里"成"人的含义是指成为一个有道德的圣人,能够明辨是非,知书达理,以极高的道德要求来要求自己。传统教育学之父赫尔巴特也指出,道德普遍地被认为是人类的最高目的,因此也是教育的最高目的。由此可见,古今中外的教育理念都把育人育德的思想政治教育摆在教育的核心位置。

（一）课程思政的概念

"课程思政"就是在马克思主义基本立场观点方法的指导下，以学校所有课程为育人载体，通过公共基础课、专业课、实践类课程，把思想政治教育贯穿教育教学活动全过程的育人理念和实践活动，即课程承载思政、思政寓于课程。《纲要》指出："全面推进课程思政建设，就是要寓价值观引导于知识传授和能力培养之中，帮助学生塑造正确的世界观、人生观、价值观。""思想政治教育"延伸至"课程思政"，是把课程思政纳入思想政治教育范畴。思想政治教育包含思想、政治、道德等方面的教育，它是社会治理的客观需要，客观地、普遍地存在于一切国家和历史发展中。课程思政作为思想政治教育的特殊形式，一直都客观地、潜在地、隐性地存在着，往往被忽略，或者在不自觉地执行，只是没有被上升到一定地位。在高校思想政治教育课程建设中，可以分为显性课程和隐性课程两个方面，将显性教育和隐性教育相统一。显性课程，主要是思想政治类课程，其基本观点和教学方式方法是旗帜鲜明的、直接的、正面的，是导向性的，具有价值引领性作用；隐性课程主要包含公共基础课、专业课、实践类课程——在知识传授中推进主流价值引领，以强化知识传授与价值引领相结合的方式，"使思想政治理论教育与专业教育协调同步，真正实现在课堂教学主渠道中全方位、全过程、全员立体化育人"[1]。

深入挖掘各类课程的思想政治教育资源，构建思想政治理论课、公共基础课、专业课、实践类课程"四位一体"的思想政治教育课程体系，让所有课程都要发挥思想政治教育作用。推动课程思政体系的发展，离不开专业课程的设计创新，要科学设计课程思政教学体系。要将专业课程作为"课程思政"

---

① 高德毅、宗爱东：《从思政课程到课程思政：从战略高度构建高校思想政治教育课程体系》，《中国高等教育》，2017 年 1 期。

的重要组成部分,立足学科的特殊视野、理论和方法,创新专业课程话语体系,实现专业授课中知识的传授与价值引导的有机统一,达到"以文化人、以文育人"的隐形"课程思政"目的,以扭转目前专业课程教学中重知识传授、轻德行培育的状况,深度发挥课堂主渠道功能,打破原先思政教育和专业教育"两张皮"的困境,真正做到习近平总书记所要求的各门课程"守好一段渠、种好责任田""与思想政治理论课同向同行,形成协同效应"①。

(二)"课程思政"概念界定

对某一事物的认识都是从对此事物的概念认识开始的,以此为基础才能更好地对事物的其他方面展开分析和讨论。所以对课程思政教学发展的研究也不例外,也要从基本概念开始。"课程思政"这一概念最早由上海市提出,其背景是,当时上海市根据当地高等教育的实际,推进全课程育人框架,尝试将传统的思政教育与专业课程、课堂教学相对接,形成密集型与全方位并存,渗透型与一体化互进的全新教育模式——"课程思政"。不过,目前"课程思政"这一概念尚未有官方或是学术上的统一界定。目前比较认可的定义是由上海市教育卫生工作委员会党委副书记高德毅教授提出的,"课程思政指以构建全员、全程、全课程育人格局的形式将各类课程与思想政治理论课同向同行,形成协同效应,把立德树人作为教育的根本任务的一种综合教育理念"②。"课程思政"是一种"大思政"的思想政治教育观,不是一门或一类具体的课程,其思想政治教育功能的实现得益于充分发掘各门课程的思想政治教育资源,通过党政机关、教师以及各科课程来浸润学生,与思想政治理论课同向同行,形成协同效应,以取得期望的立德树人的思想政治教育

---

① 《全国高校思想政治工作会议 12 月 7 日至 8 日在北京召开》,新华社,2016 年 12 月 8 日。

② 高德毅、宗爱东:《从思政课程到课程思政:从战略高度构建高校思想政治教育课程体系》,《中国高等教育》,2017 年第 1 期。

效果。

(三)"课程思政"的构成——"三位一体"

思想政治教育工作在社会主义现代化建设中承担着最重要的责任,也是为实现中华民族伟大复兴中国梦而需要完成的基本工作。思想政治理论课程一直是对学生进行思想政治教育的主渠道,它将马克思主义理论同中国社会主义建设实践紧密结合,将德育工作与中国特色社会主义理论、中华民族优秀传统文化紧密结合,体现了思政教育工作的方向和宗旨。但是仅仅有思想政治理论课还是远远不够的。苏霍姆林斯基曾指出,学生在学校所学习的自然、社会思维方面的知识是世界观和正确道德行为的基础;①苏格拉底和柏拉图指出:善的教授是一种唤起而不是一种直接的教学。这恰恰说明,对学生进行思想政治教育不能仅抓思想政治理论教育课程而忽视其他课程以及校园文化的思政教育功能,健康的、成功的思想政治教育理应各类科目携手并举,共同发挥思想政治教育功能,使其教育功能达到一加一大于二的效果,这才是"课程思政"的意义所在。因此在实际操作中,要把握住"课程思政"与思政课程的协同育人效应,实现"课程思政"中的"专业教育课""综合素养课"和"第二课堂"三位一体育人新模式。

1.专业教育课

专业课程注重以技能知识专业化为主要特征开展育人工作。实现专业课的思想政治教育作用,应该做到以下三点:第一,根据自然科学和哲学社会科学课程的不同特性,分别挖掘两者蕴含的思政教育资源;第二,从教学目标、教学内容和环节、教学策略与方法、教学资源分配等多方面考虑,制定较为完善的试点方案,编写具有相对权威性的教学指南;第三,在试点的基

---

① 参见[苏联]苏霍姆林斯基:《公民的诞生》,黄之瑞译,教育科学出版社,2002年。

础上,从贯穿于教学全过程的各个方面提出带有相关建设性意见的方案。高校专业课涵盖的丰富的思想教育元素是大学生思政教育的重要工具,提高思政教育与专业课程教学的融合程度,以专业教学,特别是以教学实践环节作为重要教育渠道,不仅能对大学生进行更为有效的思政教育,还能够深化教育教学改革,拓宽学科应用范围,最大程度发挥专业课程的育人作用。要做到这一点,必须做好以下四个方面的工作:一是深入挖掘专业学科中蕴含的思政教育内容,精心研究设计课程教学的各个组成部分,有针对性地做好提高学生的思想政治素质,培养向上的心理品质方面的相关准备;二是悉心教授专业知识,建立和完善学生的知识结构体系,让学生明白踏踏实实的专业学习是立足之本,明白将专业知识转化为成果是回报社会的基础,确立人生的前进方向;三是注重培养教师的自我效能感,提高教师在教育教学过程中的自信,要通过向学生传递肯定的信息,强化学生的成就动机,实现培训效果最大化;四是将实践能力考核标准精细化,提高实践能力评价的权重,鼓励和引导大学生重视实践,经受锤炼,为大学生在综合能力方面实现较大突破提供政策支持。

2.综合素养课

作为思想政治教育隐形阵地的综合素养课,主要由通识教育课和公共基础课组成,在对学生进行思政教育应引导和强化其教育作用,在知识传授中重视主流价值的引领作用,着力将思想政治教育贯穿于综合素养课教学的全过程,着力将教书育人内涵落实于课堂教学这一主渠道之中。在课堂教学中,既注重在价值引领中提炼知识内涵,又注重在知识传播中突出价值传播。引导学生不仅提高学习知识的能力,而且熟练掌握运用待人处事的技巧,培养学生良好的品格心性,使课堂教学过程成为引导学生形成系统的知识体系、坚定的意志心志以及优良品性的过程,充分凸显课堂教学在育人方面的成效,实现育人效果最大化。综合素养课程在"课程思政"中的作用在于通过通识教育根植理想信念。坚定"课程思政"的政治方向和思想引领,彰显综合素养课程的意义、使命,以潜移默化的方式将科学的价值观和健康的理想信念有效传导给学生。

3."第二课堂"

"第二课堂"是相对课堂教学而言的。课堂教学是依据教学大纲要求,在规定的学时内由教师给学生传授知识和技能的全过程,而"第二课堂"是指在课堂教学以外的时间进行的相关的教育教学活动。它形式多样、时空范围广,内涵外延和深度广度都是课堂教学所不能比拟的。因此决不能忽视"第二课堂"的思政教育功能。高校在"课程思政"实践过程中,要把"立德树人"作为根本导向,科学设计载体,创新工作举措,将"第二课堂"与课堂思政有机结合,建立立体化思政教育工作体系。高校应该建立"课堂思政"和"第二课堂"思政教育的协同有效运行机制,细化目标管理体制,明确育人责任;同时建立健全"第二课堂"思政的制度和后勤保障,并建立相应的评价系统和激励机制;在此基础上应该依托校园文化和各类学生群团组织,打造"一院一品"文化品牌,搭建主题社会实践活动平台,探索重大事件思政和节日思政,利用好"互联网+"新型媒体等"第二课堂"思政载体,以文化人、以习育人,实现大学生思想道德素质教育内化于心,外化于行。

(四)课程思政的思维理念

大学生价值观的塑造,不只是价值取向问题,而是培养什么人、怎样培养人、为谁培养人的问题。从本质上来讲,价值引领是以某种价值取向,带有明确目的,有针对性地对塑造对象进行价值观念导引的过程。学校是国家培养人才的重要基地,其立身之本是立德树人,所有课堂都有育人功能,要充分挖掘专业课中的思政资源,在知识和能力培养中做好大学生思想引领和价值观的塑造工作,把课程中的文化基因和价值范式转化为弘扬社会主义核心价值观的教学载体,将社会主义核心价值观融入大学生思想政治教育全过程,帮助大学生校准理想信念、价值取向的坐标,自觉克服在价值认知、价值判断、价值选择等方面存在的困惑与偏差,努力增强大学生的"五个认同""四个自信",实现推进大学生的价值观教育与行为内化的双轮驱动,增强青年一代的责任意识和担当精神,提升大学生的思想道德、精神品格和人文素养。在做到全课程育人的同时,全体教师履行育人职责,高校实现各门课程与思想政治理论课同向同行。这就是架构"课程思政"体系的目标与核心理念,在教育教学中将社会主义核心价值观内化于心,外化于行,既注重在价值传播中凝聚知识底蕴,又注重在知识传授中强调主流价值引领,突出显性教育与隐性教育相融通,最终落实立德树人的根本任务。

二、"课程思政"的特点

(一)综合性

"课程思政"充分体现了过程的综合性。办好中国特色社会主义大学,要坚持立德树人,把培育和践行社会主义核心价值观融入教书育人全过程,从国家思想战略的角度出发,从高等教育的本质要求出发,着力将思政教育贯穿于高校教学全过程,同时将教育的内涵融入课堂教学的主渠道。"课程思政"具有内容的综合性。"课程思政"的提出,旨在构建集思想政治教育理论课程、综合素质课程和专业教育课程于一体的立体化课程体系,从而形成全方位、多角度"熔炉式"思政教育课程模式。"课程思政"具有主体的综合性。"课程思政"的开展不仅需要全体教师的投入,还需要高校党委充分重视,打破思想政治教育的"孤岛"困境,真正实现"全员、全过程、全方位"的教育。

（二）创造性

"课程思政"理念的创新特征体现在强化"两个重点"教学模式的创新，即注重知识在价值传播中的凝聚力、注重知识在传播中的价值导向。在从"思政课程"转向"课程思政"的过程中，既要牢牢把握思想政治理论课在社会主义核心价值观教育中的核心地位，以马克思主义和中国特色社会主义理论统领各个学科和各门课程的培养方案、教材编写以及教育教学全过程，又要充分发挥其他课程在思政教育中的教育价值，让思政课在专业课程中得到具体体现，能够贴近学生实际生活，激发学生兴趣，潜移默化地增强思政教育实效，最终从战略高度实现思想政治理论课、综合素养课、专业教育课三者的有机结合，突出显性教育和隐性教育的融合，实现从"思政课程"向"课程思政"的创造性转化。

（三）渗透性

"课程思政"的渗透性主要体现在两方面：首先是在改革思想中有所体现，一是明确高校各门课程具备的育人功能，强调高校党委的主体责任，以及教师承担的育人职责；二是探索各类课程涵盖的思想政治教育资源，逐步制定专业人才培养计划。其次是在改革框架和路线图上有所体现，"课程思政"的目标是构建思想政治理论课、综合素养课、专业教育课的三位体。根据思想政治理论课、综合素养课及专业教育课的功能定位，引导试点高校井然有序、稳扎稳打地进行改革。实施"课程思政"教育，不是要增加课程或活动，而是要将思政教育渗透到整个教学过程中，以潜移默化、润物无声的方式达到培育德育和教育的目的。

三、"课程思政"的功能

在高校开展思政教育工作的过程中,牢牢把握"课程思政"的价值内涵,系统规划"课程思政"的生成路径,对于高校坚持"课程思政"具有重要的现实意义,即坚持社会主义办学方向,全面培养德才兼备的人才。"课程思政"的提出是高校思想政治工作改进和加强的需要,对履行教职工的主要职责,保证全面、全过程、全方位教育要求的实现,以及全面提高高校思政工作的水平和质量具有重要作用。

(一)保证社会主义办学方向

举什么旗,走什么路,办什么样的大学,是高等教育发展的根本性和方向性问题。目前意识形态领域斗争十分激烈,如果不能保证高校的社会主义办学方向,那么很有可能完不成国家对高等教育的任务要求,甚至出现影响中华民族伟大复兴中国梦实现的可怕后果。因此必须确保高校办学的社会主义方向。我国高等教育的发展方向应当与中国特色社会主义建设的方向一致,坚持为人民服务,为人民教育;坚持高等教育为党执政服务,为政府行政服务,确保党对高校的领导,确立马克思主义在高校思想领域的领导地位;坚持高等教育为巩固和发展中国特色社会主义制度服务,增强"四个自信";坚持高等教育为改革开放和社会主义现代化建设服务,培养合格的社会主义建设者和接班人。思想政治教育工作是坚持高等教育的社会主义办学方向的重要保证。"课程思政"是高校思想政治工作的重要组成部分,保证了高校的社会主义办学特色和教育方向。要通过"课程思政"体系的建设,探索各门课程的思政内涵,把教书育人落到实处,确保高校人才培养目标的顺利实现。

(二)体现立德树人的根本要求

习近平总书记在全国高校思想政治工作会议上指出:"要坚持把立德树人作为中心环节,把思想政治工作贯穿教育教学全过程,实现全程育人、全方位育人,努力开创我国高等教育事业发展新局面。"①"立德树人"是高等教育的根本,高校办学应始终围绕集聚、教育、造就人才这一重要任务,立足中国实际,突出中国特色,实现复兴梦想,完成我国从人口大国向人才强国的转变。

当前,高校办学面临着国内外环境的变化、教育对象的变化、各种思想的对峙和多元文化思潮的挑战,这为高校发展带来了机遇,同时也带来了冲击。学生的思想尚不稳定,他们既接受主流思想和社会主义核心价值观熏陶,又受到各种非主流社会思潮的影响。这就要求教师在课堂教学中,将对学生知识和能力的培养与思想引导和价值塑造有机结合起来。高校根据学科分类和课程开放情况设置专业,因此"课程思政"的建设应顺应学科发展和专业培养目标。发挥每门学科精神塑造和价值教育功能,树立社会主义价值自信,培养德才兼备的学生,确保实现高校"立德树人"的根本目标。

(三)确保育人工作贯穿教育教学全过程

教育教学的全过程,就是指围绕育人这一主要目的,把知识导向和价值导向结合起来的过程,高校在履行培养人才的职责时,应始终以育人为核心,为青年学生的成长成才筑牢基础。这就要在教师教育教学过程中充分利用课堂,弘扬中国旋律、发出中国声音、讲述中国故事、传承中华精神,确保育人工作贯穿教育教学全过程。"三全育人"的出发点是培养人,中心在"育",

---

① 《习近平在全国高校思想政治工作会议上的讲话精神》,http://met.nut.edu.cn/2018/0911/c276a33957/page.htm,2018 年 9 月 11 日。

重心在"全"。"课程思政"注重社会主义核心价值观的传递,在其他课程和学科中注重发挥思想政治理论课的主导作用,促进教师教书育人的有机统一。高校思想政治工作要牢牢抓住"课程思政"这个"牛鼻子",充分体现课堂教学的育人作用,重视塑造学生良好的思想品德,使课堂成为引导学生学习知识、锻炼思想、培养品性的重要载体,从而实现"两张皮"向"一张皮"的完美转变,最大限度地发挥教育的作用。

四、"课程思政"理念的转化与发展

从 2004 年中共中央宣传部、教育部颁布《关于进一步加强和改进高等学校思想政治理论课的意见》,[①]到 2015 年中共中央宣传部与教育部联合颁发了《普通高校思想政治理论课建设体系创新计划》,[②]到 2016 年,习近平总书记在全国高校思想政治工作会议上对思想政治理论课提出的改进要求,再到 2019 年,中共中央办公厅、国务院办公厅印发了《关于深化新时代学校思想政治理论课改革创新的若干意见》,党和国家一直高度重视思想政治理论课的发展。2019 年 3 月 18 日,习近平主持召开学校思想政治理论课教师座谈会并发表重要讲话,他强调,办好思想政治理论课,最根本的是要全面贯彻党的教育方针,解决好培养什么人、怎样培养人、为谁培养人这个根本问题。新时代贯彻党的教育方针,要坚持马克思主义指导地位,贯彻新时代中国特色社会主义思想,坚持社会主义办学方向,落实立德树人的根本任务,坚持教育为人民服务、为中国共产党治国理政服务、为巩固和发展中国特色社会主义制度服务、为改革开放和社会主义现代化建设服务,扎根中国大地办教育,同生产劳动和社会实践相结合,加快推进教育现代化、建设教

---

① 《关于进一步加强和改进大学生思想政治教育的意见》,中发〔2004〕16 号。
② 《普通高校思想政治理论课建设体系创新计划》,教社科〔2015〕2 号。

育强国、办好人民满意的教育,努力培养担当民族复兴大任的时代新人,培养德智体美劳全面发展的社会主义建设者和接班人。

思想政治教育是落实立德树人根本任务的重要手段,思政课程和课程思政都是立德树人的重要形式。但两者并非同一概念。思政课程是特指思想政治理论教育的课程体系,而课程思政则是一种课程观和课程设置理念、是含有思想政治教育目标的教学体系,二者不存在取代与被取代的关系。所以课程思政所主张建立的体系,是各类课程既相互独立又相互统一的整体。其中,思想政治理论课是对大学生进行社会主义核心价值观教育中的核心课程,承担开展马克思主义理论教育教学的主要职责;综合素养类课程重在培养大学生人文与科学等方面素养的过程中提升其综合素质;而专业教育课程则注重以专业技能知识为载体开展育人工作。各类课程相辅相成,突出知识传授与价值引领相结合、显性教育和隐性教育相融通,实现从"思政课程"到"课程思政"的创造性转化,形成"大思政"格局。这样的转化也是基于高等教育和高校思想政治教育发展新形势的客观要求。首先,高等教育遵循教育规律,回归人本,以人才培养为核心,以立德树人为根本,形成促进学生德智体美劳全面发展和终身发展的育人制度。具体来说,就是让学生在学习专业知识的同时,多方面接触各类话题、丰富知识,从业务能力和思想素质两方面为学生夯实基础,从而为培养国家所需人才做好准备。而要实现这一目标,就需要高校建立课程思政体系。其次,党的十八大以来,党中央明确提出要打造"大思政"格局,开辟价值引领道路,将思想政治工作贯穿高等教育全过程,将思想价值引领贯穿学校教育教学全过程。习近平总书记在学校思想政治理论课教师座谈会上讲话强调,要坚持显性教育和隐性教育相统一,挖掘其他课程和教学方式中蕴含的思想政治教育资源,实现全员全程全方位育人。高校需要切实贯彻落实党中央的要求,加强思想政治教育教学改革,深入挖掘各类专业课中的思政资源,充分发挥各门课程的思想价值引领育人功能,创新方式方法,实现向课程思政的转化。要建立课程思政教学体系,以推动学科、课程以及专业教师参与思政教育的制度化和常态化,形成多位一体的高校思想政治教育的新模式。

五、课程思政的基本元素建设

《纲要》指出:"要紧紧抓住教师队伍'主力军'、课程建设'主战场'、课堂教学'主渠道',让所有高校、所有教师、所有课程都承担好育人责任,守好一段渠、种好责任田,使各类课程与思政课程同向同行,将显性教育和隐性教育相统一,形成协同效应,构建全员全程全方位育人大格局。"做好高校课程思政的推进工作,实现育人目标,要始终坚持因事而化、因时而进、因势而新,与时俱进地促进课程思政的建设。

(一)教师是关键,大力提升教师的课程思政能力

《纲要》指出:"全面推进课程思政建设,教师是关键。要推动广大教师进一步强化育人意识,找准育人角度,提升育人能力,确保课程思政建设落地落实、见功见效。"教师是学生价值观教育上的引路人,教师的育人意识和育人能力是决定"课程思政"效果的关键因素,只有对专业知识和思政教育有深刻的理解和坚定的认同,才能在课堂教学过程中将知识等内容有效地传递给学生。为此,应着力提升教师的思政意识与结合专业的价值教育执教能力,促使学生能够真正"亲其师,信其道",实现传道与授业的有机统一。习近平总书记勉励广大师生做有理想信念、有道德情操、有扎实学识、有仁爱之心的"四有"好老师。在课程思政建设中,作为教师要把知识传授、能力培养、思想引领教育融入每一门课程中,充分体现育人功能;教师自身要提升课程思政建设能力,注重亲和力和说服力,不能强拉硬扯、牵强附会;学高为师,

身正为范,坚持言传与身教、学术规范与自由相统一,坚持以自身课程知识为基本,并与思想政治教育保持同向同行。

(二)教材是基础,做好教材使用的总体设计

《纲要》指出:"高校课程思政要融入课堂教学建设,作为课程设置、教学大纲核准和教案评价的重要内容,落实到课程目标设计、教学大纲修订、教材编审选用、教案课件编写各方面,贯穿于课堂授课、教学研讨、实验实训、作业论文各环节。"教材是"课程思政"建设的重要依托。高校课程都是按照专业进行设计,特别是专业课程传授的教学内容会直接体现知识的价值导向,因此要集中骨干教师力量,统筹优势资源,深度拓展教学内容,做好教学设计,与时代、国家、学校理念保持一致,激发学生对课程学习的热情与兴趣,形成认真学习、积极实践、广泛讨论、积极思考的良好氛围,实现知识与价值观的认同,在潜移默化中树立正确的价值观。

(三)改进教学方法,创新课堂教学模式

目标、准则确定后,方式方法往往直接决定事务进程的结果。选择科学正确、切合实际的教学方法,方能达到教育的预期效果。《纲要》指出:"要创新课堂教学模式,推进现代信息技术在课程思政教学中的应用,激发学生学习兴趣,引导学生深入思考。要健全高校课堂教学管理体系,改进课堂教学过程管理,提高课程思政内涵融入课堂教学的水平。"教师要深入了解学生的心理和兴趣,增强与学生之间的沟通,避免采用单一的注入式教学方法,从而获取学生的最佳专注力,加强引导学生积极参与课堂活动,进一步深化学生对理论与实践的理解和思考,会达到事半功倍的效果,最终实现教学目的。

(四)加强组织实施和条件保障

构建行之有效的领导机制、管理机制、运行机制和评价机制是高校"课程思政"建设的重要保障。《纲要》指出："课程思政建设是一项系统工程,各地各高校要高度重视,加强顶层设计,全面规划,循序渐进,以点带面,不断提高教学效果。要尊重教育教学规律和人才培养规律,适应不同高校、不同专业、不同课程的特点,强化分类指导,确定统一性和差异性要求。要充分发挥教师的主体作用,切实提高每一位教师参与课程思政建设的积极性和主动性。"高校领导要立足学校的办学定位和办学特色,以马克思主义理论思想为引领,亲自授课、听课,指导"课程思政"建设。高校教务部门,要统筹教育资源,重点把握课程培养方案、教材选定、政治标准等关键教学环节,拟定课程建设规范和思想政治教育课程评价标准。同时,要充分发挥高校马克思主义学院在课程思政建设中的协同引领作用,并为思政课教师与专业课教师提供教学共享平台构架合作机制。人事部门要制定相应的激励机制,在人才引进、师资培养等方面有所体现。总之,只有把每一位老师都动员起来,才能使课程思政建设稳步发展。

第四节 思政课程与课程思政

厘清"思政课程"与"课程思政"之间的关系是研究"课程思政"过程中必然要探讨的问题,同时对"课程思政"的理念认知,也需要处理好二者的关系。思政课程是一类具体的课程,在对高校学生进行思想政治教育的过程中起着引领作用,引领高校思政教学系统开展马克思主义理论教育,在培养人的过程中根植理想信念,也是思想政治教育长期以来一直沿用的途径。重专业,轻思政,当前一些高校思想政治教育往往面临"孤岛"的困境局面,"课程思政"应运而生。

一、"思政课程"与"课程思政"的辩证关系

(一)"思政课程"与"课程思政"的关系定位

在高校进行思想政治教育的过程中,"思政课程"起着主力军和方向标的作用,这是由"思政课程"的内容和性质决定的。"思政课程"往往被认为是"又红又专"的存在,是因为其教授的内容是马克思主义基本原理知识,而这些内容是进行高校思想政治教育的基石,离开马克思主义基本原理的指导,思想政治教育便会被架空,"课程思政"的实施效果便缺少了主渠道。"思政课程"的设置目的在于对广大高校学生进行积极有效的思想引领,但由于其本身内容形式的单一性、理论性和刻板性容易使学生对其学习的积极性不高,甚至产生排斥情绪,因此全员、全方位、全过程育人,各类课程的思政教育作用便成为思想政治教育实现立德树人目标的保证。所以,"课程思政"与"思政课程"二者是相互强化、同向同行共同实现思想政治教育目的、共同服务于高校思想政治教育工作的互促关系。

(二)"课程思政"与"思政课程"点面协同

"课程思政"和"思政课程"的协同要切实开展好课程思政工作还需要厘清两个关系,即专业课程思政和思想政治课程之间的关系,以及专业课程教师和思政课程教师的关系。首先,两种课程之间是互相依赖,紧密联系的。一方面专业课程思政需要思政理论课的指导和引领。专业课程思政是思政理论课在专业领域的延伸和拓展,是思政课一般原理的具体化和实践化。思政

理论课为专业课程思政的构思、设计、开发、实施提供原理性支持,为课程思政的高效运行提供保证。另一方面,两种课程又有明显的区别。思政理论课更注重一般性和普遍性的原理,而专业课程思政具有学科和专业的特殊性。在教学方法上也不同,专业课程思政开展的方式可以更为灵活,也更为具体,而思政理论课形式相对单一,也更为抽象;专业课程思政更注重思政的"点",而思政理论课更注重思政的"面"。其次,两种课程的教师又是相互支持、相互发展的合作互补关系。一方面思政理论课教师帮助专业课教师规划、设计和开发课程思政的知识点,并帮助专业课教师进行思政评价和反思。另一方面专业课教师可以为思政理论课教师提供鲜活的育人素材,帮助思政理论课教师丰富和创新知识体系,拓宽视野,从而提升思政理论课教师的教学和科研素养。因此,我们需要加强专业课和思政课教师之间的交流和研讨,建立两种课程教师的沟通机制。专业在人才培养目标和毕业要求的制定和修订过程中,充分吸收思政课教师的参与,既明确思政课程在人才培养过程中承担的培养任务,也让思政课教师加强对专业课教师在课程思政建设过程中的理论指导,收到了很好的效果,极大地提升了教师的课程思政能力。

(三)"思政课程"与"课程思政"的统一性

加强"思政课程"与"课程思政"工作是新时代改进和加强高校思想政治教育的必然要求。价值指向的一致性、实现方式的差异性、思想政治教育的协同性,体现了"思政课程"与"课程思政"的区别与联系。进一步理顺"思政课程"与"课程思政"的关系,对构建全程、全员、全方位育人体系,促进高校坚持社会主义办学方向、落实立德树人根本任务具有重要的理论和现实意义。

"思政课程"指的是思想政治理论课系列课程,是高校对大学生全面、系统地进行思想政治教育的主要方式。"课程思政"强调的是思想政治理论课之外的各门课程也必须承担思想教育的任务，通过课程教学达到对学生进行思想教育的目的。习近平总书记在全国高校思想政治工作会议、北京大学师生座谈会、全国教育大会、全国学校思想政治理论课师生座谈会等会议上，多次强调坚持社会主义办学方向，落实"立德树人"的根本任务，发挥课堂教学的主渠道作用，打造各门课程与思想政治理论课的协同效应，培养德智体美劳全面发展的社会主义建设者和接班人。①为贯彻落实习近平总书记的讲话精神，全国高校在大力改进和加强"思政课程"建设的同时，积极探索实现"课程思政"的路径方法。由于"课程思政"提出时间较短，以及受传统思维定式影响等原因，高校对"课程思政"的认识和理解还存在不充分、不平衡的矛盾。如何发挥课堂教学的主渠道作用、打造思想政治理论课与其他各门课程的协同效应，成为新时代高校思想政治教育改革创新关注的重点。进一步顺"思政课程"与"课程思政"的关系，对构建"全程、全员、全方位"育人体系具有重要的意义。

1.价值指向的一致性

价值的本质是现实的人同满足其某种需要的客体的属性之间的一种关系，价值指向是人们对客体属性的美好期待与追求。习近平总书记在全国高校思想政治工作会议上指出，"思想政治工作从根本上说是做人的工作，必须围绕学生、关照学生、服务学生，不断提高学生思想水平、政治觉悟、道德品质、文化素养，让学生成为德才兼备、全面发展的人才"。"要用好课堂教学这个主渠道，思想政治理论课要坚持在改进中加强，提升思想政治教育亲和力和针对性，满足学生成长发展需求和期待，使各类课程与思想政治理论课同向同行，形成协同效应"。

---

① 参见习近平:《把思想政治工作贯穿教育教学全过程　开创我国高等教育事业发展新局面》,《人民日报》,2016 年 12 月 9 日。

2.教育教学目标的一致性

培养什么样的人、怎样培养人和为谁培养人，是新时代高等教育的首要问题。无论"思政课程"，还是"课程思政"，都必须服从服务于高校坚持社会主义办学方向，"培养一代又一代拥护中国共产党领导和我国社会主义制度、立志为中国特色社会主义奋斗终身的有用人才"[①]。深刻领会习近平总书记相关讲话精神，必须保持"思政课程"和"课程思政"教育教学目标的一致性。要明确立德树人的根本任务。"立德树人"是以习近平同志为核心的党中央对高等教育提出的根本任务，是新时代高校必须坚守的教育教学原则。教师必须坚持这一基本原则，在搞好课堂教学、进行知识传授中把完成"立德树人"的根本任务放在首位，突出加强学生思想教育工作，努力做到既教书，又育人。要服务意识形态的建设大局。高校是社会主义意识形态建设的重要阵地，这个阵地必须由我们来引领，要抵制反动腐朽的思想文化和价值观念的侵蚀，就需要高校上下共同努力，广大教师要不断强化意识形态建设意识，利用课堂教学的主渠道深入阐述科学理论，大力弘扬社会主义先进文化。伴随现代信息技术的快速发展、国际交流与合作的不断扩大、改革开放的不断深入、多元文化交融交织的态势日趋明显，学生在思想认识上容易产生各种各样的问题，需要"思政课程"和"课程思政"教师积极、主动和正面解答学生思想认识上存在的问题，用先进思想文化引导学生健康发展。

3.承担责任使命的一致性

新时代高校承担着"立德树人"、培养"德智体美劳"全面发展的社会主义建设者和接班人的责任和使命，完成这一使命，需要"思政课程"和"课程思政"教师及广大教育工作者共同努力。新时代营造高校全面重视思想政治工作的良好氛围，提高思想政治教育工作的针对性和实效性，是高校"思政

---

① 习近平：《在全国教育大会上的讲话》，《人民日报》，2018 年 9 月 10 日。

课程"与"课程思政"不可推卸的责任。只有坚持"思政课程"与"课程思政"同向同行，才能促进高校构建全程、全员、全方位育人的大思政工作格局。"思政课程"与"课程思政"要紧紧围绕学生、大力关照学生、积极服务学生，不断提高学生的思想水平、政治觉悟、道德品质和文化素养，让学生成为德才兼备、全面发展的人才。要遵循教育教学规律，遵循思想政治工作规律，遵循教书育人规律，遵循学生成长规律，因事而化、因时而进、因势而新，沿用好办法、改进老办法，探索新办法，不断提高工作能力和水平。要发挥好主渠道作用。用好课堂教学这个主渠道，思想政治理论课要坚持在改进中加强，提升思想政治教育亲和力和针对性，满足学生成长发展需求和期待，使各类课程与思想政治理论课同向同行，形成协同效应。

4.教师品德要求的一致性

良好的道德品质是高校教师开展思想政治教育的前提，"思政课程"与"课程思政"教师神圣使命的一致性决定其道德品质的一致性。习近平总书记在全国学校思想政治理论课教师座谈会上对广大思想政治理论课教师提出的"政治要强""情怀要深""思维要新""视野要广""自律要严""人格要正"等六点要求，是"思政课程"与"课程思政"教师提升自身品德和修养的目标追求。①坚持做到"可信、可敬、可靠"。"思政课程"与"课程思政"教师应当通过不断提升自身道德品质和思想文化素养，努力把自己打造成具有较高的政治觉悟和政治站位，具有现代化的思维和创新理念，具有高尚的人格和高超的教育教学技术，对党和国家及民族有较深的情怀，对学生具有较大影响的优秀教师，成为党和国家信赖、高校师生敬仰、高校思想政治教育可以依靠的主体力量。坚持做到"乐为、敢为、有为"。自觉承担高校思想政治教育的神圣使命、敢于向各种反动腐朽思想文化和价值观念亮剑、在加强大学生思

---

① 参见习近平：《用新时代中国特色社会主义思想铸魂育人 贯彻党的教育方针落实立德树人根本任务》，《人民日报》，2019年3月19日。

想政治教育中有所作为是对高校教师提出的时代要求。只有引导高校教师以乐观的心态、无畏的品格、进取的精神积极开展工作,才能保证"思政课程"与"课程思政"等教育工作取得实效。

(四)实现方式的差异性

妥善处理"思政课程"与"课程思政"的关系,必须在坚持其价值指向一致性的基础上,充分认识其在思想教育内容、教育载体和教育方法等方面的差异性。"思政课程"在教学内容、教育目标、实施过程和教育效果上具有全面性、统一性和直接性等特征,而"课程思政"的局部性、分散性和间接性特征显著;"思政课程"在课程体系建设、教师队伍配备、教学规范管理等方面呈现出专业化的发展态势,而"课程思政"则是在探索中创新发展路径;在传统的思维方法和工作理念中,人们对"思政课程"的认识和重视程度、期待程度高于"课程思政","课程思政"的思想教育地位和影响有待进一步提升。从差异性的视角明确"思政课程"和"课程思政"的重点任务和主攻方向,深入挖掘"课程思政"的独特价值和思想教育功能,在推进高校思想政治教育同质化发展过程中,差异化推进"课程思政"工作。要巩固"思政课程"的地位。"思政课程"是一个科学的学科体系,有着独特的教育教学特点和教育规律,在多年的探索和实践中积累了学科建设和大学生思想政治教育的宝贵经验,为培养社会主义建设者和接班人做出了贡献。

进入新时代,贯彻落实习近平总书记关于改进高校思想政治教育的相关讲话精神,党和国家对"思政课程"的课程设置、教学内容、人员素质要求、达到的目标和教育效果等方面提出更加具体、明确的要求,为新时代高校"思政课程"改革创新指明了方向,高校"思政课程"的地位得到明显提升。高校普遍重视思想政治理论课教育教学工作,成立思想政治理论课改革领导小组,党委书记担任组长,定期召开专题会议分析研究思想政治理论课建设情况。很多高校在优秀教育教学成果奖培育、教师学历提升、职称评定、绩效津贴等方面向思想政治理论课教师倾斜，极大地调动了思想政治理论课教师的积极性。做好新时代高校思想政治工作，必须坚持巩固思想政治理论课的地位，大力改进和加强思想政治理论课的教育教学工作，通过加强队伍建设、深化课程改革、推动课程实践、严格课程考核、促进方法创新、加强经验总结和实现成果转化等形式，不断增强思想政治理论课的吸引力和凝聚力，不断提升思想政治理论课的亲和力与实效性。"课程思政"的重要意义在于强化专业教师的思想政治教育意识，引导他们高度重视和积极参与大学生思想政治教育工作；在于整合和壮大高校思想政治教育力量，吸引专业教师主动参与构建高校学生思想政治教育的"大思政"工作格局；在于提升高校思想政治教育创新效能，激励广大教师努力探索创新高校思想政治教育理念、模式和路径方法；在于营造高校思想政治教育氛围，形成高校人人重视思想政治教育的良好态势。

实现"课程思政"的教育教学目标，要求广大专业课程教师始终坚持教书育人，坚持显性教育和隐性教育相统一，坚持主动与渗透相结合，在潜移默化、润物无声中发挥"课程思政"的作用。一是用自己的言行教育引导学生，保持昂扬向上的精神状态，向学生传递热爱党、热爱祖国和人民，积极推进实现中华民族伟大复兴的中国梦。二是通过课堂教学展现专业教师的敬业精神、渊博知识、思想品德和创新能力，激励和影响学生，给学生树立楷模。三是参与和指导学生活动，以朋友和师长的身份了解学生、关爱学生，解决学生的思想问题。要有组织、有计划地推进"课程思政"工作，通过集中培训、集体备课等形式，提升"课程思政"教师的理论素养、政策水平和大学生思想政治教育能力，保证"课程思政"取得扎实、丰富的成效。

要走出"课程思政"的误区。要科学理解"课程思政"的基本内涵、准确把握"课程思政"的核心要义、积极创新"课程思政"建设载体；要从学理上搞清楚"课程思政"是什么,"课程思政"做什么,"课程思政"怎样做。"课程思政"不是要求所有其他专业课教师都来讲思想政治理论课,而是通过"课程思政",引导其他专业课教师以特有的方式开展大学生思想教育工作,实现思想教育的目标;"课程思政"也不是其他专业课教师都不讲思想政治理论课,其他专业课教师可以结合自身的特长和爱好、资历和经历、能力和水平,以及高校思想政治教育的特殊需要,创造条件讲好思想政治理论课相关内容,达到言传身教的效果;"课程思政"更不是专业课程与"思政课程"的简单叠加,不是课堂上讲一会儿专业课再讲思想政治理论课,而是老师在讲授专业课程中,通过知识传授和形象展示,体现思想教育要求,渗透思想教育内容,达到思想教育效果。

"课程思政"不是简单的口号和可有可无的形式,而是新时代全面加强高校思想政治教育必须坚守的理念和方法,既不能因专业课教师不讲思想政治理论课而淡化、弱化,甚至忽视"课程思政"的作用,也不能因为强调"课程思政"而忽视其他专业课程本身的教育教学要求。①

(五)思想政治教育的统一性

"思政课程"与"课程思政"思想政治教育统一性是指在开展大学生思想政治教育过程中,始终保持"思政课程"与"课程思政"同向同行,形成协同效应,共同推进学生思想政治教育工作。"思政课程"与"课程思政"是相融相济、相互激励和相互促进的关系,统一于新时代高校思想政治教育的理论与实践当中。高校在打造"思政课程"与"课程思政"协同效应过程中,要妥善处理"思政课程"与"课程思政"之间的关系,必须充分认识"思政课程"和"课程思政"的特殊地位和独特价值,在充分发挥课堂教学主渠道作用的基础上,

---

① 参见唐芳云:《发挥"课程思政"培育时代新人的合力作用》,《广西日报》,2019 年 5 月 9 日。

注重发挥"思政课程"的示范引领作用,注重发挥"课程思政"的有益补充作用,突出强调打造"思政课程"与"课程思政"思想政治教育的协同效应。

要发挥"思政课程"的示范引领作用。多年来,我国不断加大高校"思政课程"的建设力度,积极创新"思政课程"教育教学载体和模式,努力提高"思政课程"的教育教学实效。发挥"思政课程"的示范引领作用,就是通过集体备课明确教学内容、制作标准化课件规范教学文件、讲授示范公开课传授教学方法等形式,把思想政治理论课教育教学改革好的经验和做法传递给广大专业课教师,为广大专业课教师树立教学样板,提供教学参考,带动专业课教师和思想政治工作者开展思想政治教育改革创新活动。发挥"思政课程"的示范引领作用,要在强化意识上下功夫,定期组织开展思想政治理论课教师与专业教师交流活动,营造人人重视思想政治教育的良好氛围;要在培育典型上下功夫,培养树立思想政治教育教学先进集体和个人,为"课程思政"提供样板;要在完善机制上下功夫,制度化推进思想政治理论课教师联系学院、联系班级、指导学生工作,积极培育"三全"育人体系;要在改革创新上下功夫,运用现代科技知识,结合时代特点,总结和发现高校思想政治教育的特点和规律。要发挥"课程思政"的有益补充作用。

目前,一些高校面临思想政治理论课教师不足等现实问题,导致思想政治理论课教师多数时间用在教学上,在指导学生课外活动等方面,还显得不平衡、不充分。发挥"课程思政"的有益补充作用,就是大力强化"思政课程"之外的其他专业课教师思想政治教育工作意识,在思想和行动上保持与"思政课程"的一致性,积极做好大学生思想政治教育工作。"课程思政"教师要坚持守好"一块田""一段渠",始终保持课堂教学的政治性、神圣性和教育性,保持指导学生实践活动的思想性、示范性和引领性,始终保持昂扬向上的精神状态。"课程思政"教师要坚持传播主旋律,深入学生中间,及时传播党的路线方针政策,杜绝传播不利于中国特色社会主义建设的消息;坚持弘扬正能量,积极营造健康向上的思想文化氛围,以社会主义思想文化和价值观念教育学生,引领学生自觉抵御反动腐朽思想文化的侵蚀;坚持做到为人师表,以高尚的品德、健康的体魄、文明的行为和较高的修养,在课堂教学和指导学生课外活动中带动和引领学生成长进步。发挥"课程思政"的有益补充作用,需要大力提升专业教师的政治意识和政治素养,提高专业教师的思想政治教育能力和水平,教育和引导教师绝不能将自己置身于高校思想政治教育之外。要发挥"思政体系"的协同创新作用。只有积极构建高校全员、全程和全方位育人的育人模式,形成立体交叉的高校思想政治教育体系,并积极发挥"思政体系"的协同创新作用,才能更好地完成新时代高校立德树人的根本任务。①发挥"思政体系"的协同创新作用,重点强化"思政课程"的改革创新工作。"以提升高校思政课建设质量和水平为基本目标,努力探索新形势下思想政治理论课教学改革路径,实现教学目标、教学理念、教学关照、教学内容、教学方法和考核方式的转化。"②建立高校思想政治理论课教师联系学院制度,选派优秀思想政治理论课教师深入各个学院,参与指导"课程思政"工作;定期组织开展思想政治理论课教师与专业教师交流研讨活动,促进相互了解高校思想教育动态、掌握学生的思想实际、交流思想教育经验;鼓励思想政治理论课教师和专业课教师利用新媒体推进学生思想教育创新工作,占领现代信息传播阵地,在守正创新中形成思想教育优势。

总之,高校"课程思政"与"思政课程"既有联系又有区别,辩证统一于新时代高校"立德树人"根本任务之中。只有在改革创新中增强"思政课程"的吸引力和实效性,在探索实践中丰富"课程思政"的载体和形式,在同向同行中提升"思政课程"与"课程思政"的协同效应,才能不断提高高校思想政治

---

① 参见郑晋鸣、许应田:《"思政课程"与"课程思政"双轮驱动》,《光明日报》,2019 年 4 月 2 日。

② 刘娜、吴纪龙:《提高思想政治理论课实效性应着力实现"六个转化"》,《思想政治教育研究》,2019 年第 3 期。

教育质量。

二、我国历史上的教育具有鲜明的思想政治教育和课程思政融合的性质

（一）中国古代思想政治教育

韩愈的《师说》曰：师者，所以传道授业解惑也。对于老师，不只是简单的教书匠，还要教授学生为人处事的道理与主动学习的可贵品质。"传道"，要求老师言传身教，在传授知识的同时培养学生的人格品质。自古以来，关于文化的定义，也含有"课程思政"的意义。在古代中国，文化的功能重在教化。《辞海》对"文化"的解释，广义上是指人类在社会实践过程中物质、精神的生产能力和创造的物质财富以及精神财富的总和，狭义上是指精神生产能力和精神产品。英国著名人类学家泰勒认为，文化或文明是包括知识、信仰、艺术、道德、法律、习俗，以及包括作为社会成员的个人而获得的其他任何能力、习惯在内的一种综合体。我国文化学者许嘉璐把文化分为表层文化（又称为物质文化）、中层文化（又称为制度文化，包括风俗、礼仪、制度、法律、宗教、艺术）、底层文化（又称为哲学文化）。费孝通先生则把文化分为器物层次（包括生产工具、生产条件等）、组织层次（包括政治组织、生产组织、国家机器等）和精神层次（主要是指价值观念）。马克思主义认为，文化是人类创造的物质文明和精神文明的总和，既包含精神领域内的生产实践和成果，也包括人们在认识世界、改造世界过程中进行的生产实践和所取得的物质财富以及人们进行上述活动所发挥的主观力量。《现代汉语词典》解释为："文化是指人类在社会历史发展过程中所创造的物质财富和精神财富的总和，特

指精神财富,如文学、艺术、教育、科学等。另指,运用文字的能力及一般知识。"①
对于文化的渊源探究,可以看出,我国古代教育的教化之义,教书育人,以文
化人的理念。

1.中国古代思想政治教育的主要特征

中国古代思想政治教育具有鲜明的特征。从宏观上看,中国古代德育思
想具有以下三个基本特征:典型的民族性,具有强烈的"尚道"意识,注重遵
循"天人合一"的整体思维模式,注重培育民族精神;具有鲜明的阶级性,中
国古代无论是奴隶制时代还是封建制时代,都属于阶级统治的时代,因而当
时的思想道德教育无不打上了阶级的烙印;具有可继承性和借鉴性,进步思
想家或进步阶级的德育成果具有继承性和借鉴性,这是因为在思想道德教
育过程中,常有一些进步思想家参与其工作,能从一定角度反映社会进步与
民族发展的要求,乃至从一定程度上表达劳动群众的愿望,因而其思想道德
教育成果具有一定的人民性,并超出本阶级的需要,为其他阶级所借鉴。也
有学者从微观上探讨了中国古代思想政治教育的基本特征,从总体上看,在
道德教育原则上,德育至上,以育人为中心;在内容上,强调目的性和针对
性;在途径上,坚持教书育人,教学相长在方法上,强调教化与修身的统一。
儒家思想道德教育强调人格理想和道德价值的主张,是反映中国传统文化
特色的重要内容。

2.中国古代思想政治教育史的脉络

从文化视野对我国古代思想政治教育进行研究,不仅是丰富思想政治
教育学科发展的需要,也是加强新时代思想政治教育以文化人和以文育人
的需要。在文化历史演进过程中,我国古代思想政治教育呈现出伦理政治型
思想政治教育的特点,经历了伴随文化的发展从自发到自觉的漫长演进、文

---

① 《现代汉语词典》(第六版),商务印书馆,2014 年,第 1363 页。

化形态的多元发展与儒家文化对思想政治教育的奠基、汉代儒家文化的主导化与思想政治教育的一元追求、汉代以后中国文化形态的曲折发展及其与之对应的思想政治教育发展的阶段。以史为鉴,新时代我国思想政治教育应更加注重各类文化形态的意识形态功能、注重思想政治教育的文化育人与文化认同功能、加强思想政治教育的文化理论性。思想政治教育作为一种文化现象和文化实践,它本身就是随着特定社会文化发展而逐渐演进的。世界上任何一个国家和民族的思想政治教育都是对以往思想政治教育的继承,并在继承中创新,在创新中超越。对我国古代思想政治教育的文化历史演进进行研究,并不是简单地梳理我国古代思想政治教育的文化历史,而是以现代视角和理性思维反思我国古代历史上文化发展中的思想政治教育,为我国新时代思想政治教育服务。

(1)思想政治教育伴随文化的发展是自发到自觉的漫长演进

从历史发展来看,从远古到先秦时期,是中国文化逐渐产生和形成时期,从而也是思想政治教育从自发到自觉不断演化的时期。追溯到历史的开端,早在原始社会时期就存在特定的中国文化形态,并在其影响下形成与之相适应的思想政治教育的雏形。从黄帝、尧舜禹到夏商时期,由于当时的生产力水平十分低下,人们在大自然力量面前,深刻感受到强大外力的不可抗拒性,也深刻意识到自己命运的不可预测性,在意识到人类自身渺小的同时,也使人类陷入对外力的极度恐惧中。这时,人们感觉无法与大自然的强大外力抗争,但为了消除自身的恐惧心理,并祈求大自然对自身的庇佑,便开始将大自然的力量合理化。自发地神化大自然的伟力,最终形成了自然崇拜、祖先崇拜、图腾崇拜的文化形态。与这一文化形态相适应,也就形成了这一时期思想政治教育的主要模式:以天命为基础,通过自然崇拜、祖先崇拜、图腾崇拜,将文化价值观念和价值规范传播到日常生产和生活中去,从而实现对人们思想观念的建构。

西周时期的文化形态逐步摆脱了原始时期的文化蒙昧状态，这表现在周朝对"天人关系"的重新思考和定位。周朝对夏商时期遗留下来的天命观进行了批判和质疑，提出了"天命无常"的观念，认为天并不是不变的，同时还提出了"近人而忠""尊礼尚施""天道远，人道迩"等观点，使人的价值开始凸显。虽然这时还不能与天命和鬼神文化观念实施彻底决裂，但已经努力尝试从重神鬼之事向重人事的转换，从而使人们的文化生活焕发出人文色彩，祖先神与上帝神开始分离，尊天帝意识开始淡化而尊祖意识开始强化。相应的，文化形态从神权性向伦理性转换，从而使文化形态实现了一次重大的变革而走向自觉。与这一文化转换相适应，思想政治教育开始从自发走向自觉，这体现在提出并实施"敬德保民"的思想政治教育纲领。与"敬德保民"的理念相匹配，周朝制定了可供实施的"礼乐教化"的思想政治教育体系。正是通过礼的外在规范和乐的熏染作用，最终把人们的思想影响、政治教化、道德感化和心理调适融为一体。

（2）文化形态的多元发展与儒家文化对思想政治教育的奠基

春秋战国时期是我国由奴隶社会向封建社会过渡的大变革时期，形成了"百花齐放、百家争鸣"的思想格局，也形成了不同特色的文化形态，在其引导下也就形成与之相对应的思想政治教育。

首先，道家文化形态及其与之相对应的思想政治教育。在道家文化看来，"道"是天地万物的本原，道无声无形、无边无界，它是单独不变的存在，周行于万物之中又生于万物之先。道作为本原，玄远而奥妙，而"德"就是"道"的衍生物。"道"与"德"都是通过"无为"的方式来发生作用的，并不有意干涉万物的生长，也不做万物的主宰。与这一文化形态相适应，道家以人的"无为"思想境界的形成为目标，并主张统治阶级在思想政治教育中要尊重人们思想道德形成的规律，不能过多地强调灌输和训导。

其次，墨家文化形态及其与之相对应的思想政治教育。墨家文化认为

"不相爱"是当时社会混乱的重要原因。基于此,墨子提出了"兼爱"思想作为其文化形态的主要支撑。在这一文化形态引领下,思想政治教育的主要目的就是要达到统治阶级与民众及民众与民众之间的相互理解、尊重和关爱。

再次,法家、儒家文化形态及其与之相对应的思想政治教育。法家秉承"治世不一道,便国不法古"的变革精神,主张以法来治理"天下"。与此相适应,便形成法家以法为核心、以讲求信用为基础、强调功用为标准、"以法为教、以吏为师"为具体方法的思想政治教育。在春秋战国时期,最为耀眼的一颗文化明珠当属儒家文化。儒家文化以"仁"为核心,构建起了自身的文化体系。"仁"的基本观念首先体现为孝悌。孝是子女对父母之爱,悌是兄弟姐妹之爱,这些都是处理家庭成员关系的价值理念和行为规范。所谓"至德要道"也就是孝,这表明孝是至高无上的美德,也是统治阶级用以治理天下的重要原则。古人云,凡是具有孝悌品质的人,必然是会遵守规则和秩序,从而可以保证社会的协调和稳定。"仁"的观念就是"爱人"。正如樊迟请教孔子"仁"是什么,孔子回答"仁者爱人",也就是要发自内心去尊重别人、爱惜别人。

最后,"礼"是"仁"的外在体现,"礼"作为外在的行为规范,具有激励和表达人类情感和行为方式的作用,所以,"仁"的精神和理念通过"礼"去贯彻和执行。正是以"仁"为基本精神,儒家文化在人与自然关系上主张"天人合一",在人与社会的关系上强调集体本位,在人与人之间的关系上崇尚调和仁爱,在人与自己的关系上推崇克己复礼。在儒家文化引领下,其思想政治教育的目标在于培育正人君子,思想政治教育的内容强调明德修身,思想政治教育的方法主张自省。通过以上分析可以看到,春秋战国时期是我国历史上文化形态最为活跃、传播最为迅速的一个时期。各个文化形态都是针对当时社会的现状,提出了各自治理国家的见解。所以,它们在一定程度上应该说是互补和对话的。与此同时,在诸家文化形态中,儒家文化显示了它的独特个性和强大生命力,并被后来统治阶级所青睐,从而基本上框定了中国古代文化的发展态势及与之对应的思想政治教育的基本走向。

(3)汉代儒家文化的主导化与思想政治

教育的一元追求在秦汉时期,尤其是汉朝,其文化形态开始逐渐趋向一元,并最终确立了儒家文化的主导地位及其与之相对应的思想政治教育。具体表现为,从汉初到汉武帝时期,汉朝的经济从复苏走向富强,大一统的追求开始从夙愿走向现实。要实现"大一统"事业,改变社会中的"师异道、人异论"及民众的不知所从局面,必须要由统一的文化形态对人们进行思想引领。而这时黄老文化的政治软弱性开始显露,在很大程度上不能适应新时期的社会发展需要。而儒家文化经过自身调整后度过了压抑期,加之经过统治阶级内部的权衡,尤其是董仲舒的大力推崇,最终把以孔子为代表的儒家文化确立为全国上下的主导文化形态,以文化的统一实现政治的统一,从而实现天下统一于汉、权力统一于王、文化统一于儒的政治目的。从此儒家文化与政治就结下不解之缘,并开始了漫长的意识形态化之旅。

在把儒家文化确立为社会的主导文化后,在思想政治教育方面也就开始了一场改革,总体来讲,从汉武帝时期开始,独尊儒术的思想政治教育体系开始构建并最终形成。具体来说,其主要包括以下方面:首先,以独尊儒术为主,霸王道杂之的思想政治教育体系。由于要营建大一统帝国,这时候需要思想上的集中从而维护中央集权。因此,汉武帝毅然采纳了董仲舒的建议,把儒术作为思想政治教育的主导思想。同时,汉武帝注意到了不同文化形态的价值,希望不同的文化形态之间可以进行必要的对话和借鉴,从而实行的是外儒内法,霸王道杂之的策略。其次,厘清了当时思想政治教育的主要对象。在董仲舒看来,人之性分为三品,即"圣人之性""中民之性"和"斗筲之性"。他认为,圣人之性是不需要教育的,而斗筲之性的人是再怎么教育都不会有什么成效的,而且这两类人只占全体人民的很少部分。所以,思想政治教育的重点对象是具有中民之性的人。具有中民之性的人身上都具有

"仁"与"贪"两种习性,思想政治教育的主要任务就是要去除中民之性的人身上的贪气,发掘并保持其仁气。最后,三纲五常从理念向规范转换,从而实现了三纲五常的法制化。此时的三纲五常已经从道德理念变成了具有法律效应的具体规范,而且其理论化程度也越来越高。

(4)汉代以后中国文化形态的曲折发展

汉代以后中国文化形态的曲折发展及其与之对应的思想政治教育发展从魏晋南北朝时期到隋唐,王朝政权从分裂割据走向强盛。在此期间,独尊儒术的局面被打破,儒家文化受到各种文化思潮的冲击,总体上呈现出儒、佛、道同时活跃于文化领域的局面。具体而言,在魏晋南北朝时期,由于王朝更迭频繁,割据政权林立,儒家文化并不能完全适应当时社会的发展状况。这时玄学开始兴起,对儒家文化进行了无情的批判。其中最为著名的代表人物为嵇康。嵇康提出"越名教而任自然"的主张。在嵇康看来,儒家文化倡导的规范和礼节对人们天性的发展具有约束和阻碍作用。而人们思想的成长应该具有顺其自然、循性而动、去除虚伪和保存本真的特性。在这一文化主张下,嵇康在思想政治教育中倡导自然主义教育,即思想政治教育应该是一种自然而然的事情,不需要强调和粉饰。

面对玄学文化形态对儒家文化的冲击,裴颜则全力捍卫儒家文化。在裴颜看来,当时社会上盛行的"贵无论"在很大程度上片面夸大了"无"的作用,这样势必造成虚无主义的盛行。继而他认为世界是"有"而不是"无",有社会就有人与人之间关系的存在,就会有贵贱等级和长幼秩序,有各种规范和礼节,这样才能维持人们生活的正常秩序。在这一思想引领下,裴颜呼吁应该用儒家纲常明教来教化民众和治理社会,从而达到国家的大治。面对玄学文化和儒学文化的对峙,郭象提出独化论来调和两者的矛盾。"独化"的特点表现为每一事物的"自生""自化"和"自造"。在独化论看来,仁义礼智等名教规范是植根于人性之中,是人自然而然的生成和发展。既然这些都是自然的,那么关于尊卑贵贱等社会等级秩序也是自然产生的,是不可更改的。独化论在思想政治教育方面的体现就在于"明内圣外王道"的教育理念的提出,即真正有品德的人,内心应该保持一份自然无为的优良品性,但又要积极从事社会活动,也就是说,"外王"和"内圣"是互相交融于一体的。在西汉末年东汉初佛教文化开始传入中国,佛教文化宣称灵魂不死、因果报应等观念,正好满足了战乱时期人们的精神需要。此时佛教文化开始在整个思想政治领域占领一席之地,这在战乱时期确实起到了安抚人心的作用。

到了隋唐,是政治经济大一统时期,在文化领域呈现出儒、释、道并存与交融的局面。这时的统治者致力于恢复和弘扬儒家文化传统,使儒家文化价值观念成为思想政治教育的重要内容,并被人们所再次接受和认同。从宋朝开始到清中叶是中国封建社会的后期。这一时期也是中国的封建文化由兴盛走向衰弱的时期,其标志是理学的形成、发展和衰落。与这一文化发展趋势相呼应,其思想政治教育的发展概括为,在宋元时期,由于工商业快速发展和新型生产关系的出现,思想政治教育必须做出相应的变革以适应时代的改变。思想政治教育出现了事功至上、理性至上和道德至上的改革指向,最终以文化观念的哲理化和体系化手段来强化思想政治教育的社会功能。到了明清时期,封建制度的颓废和衰落已经明显显露,社会矛盾日益尖锐,新旧思想斗争非常激烈。面对这种局面,统治阶级推行以教为先、以刑辅教的思想政治教育模式以企图达到统一人们思想的目的。

(二)我国古代思想政治教育的文化特点及启示

1.我国古代思想政治教育的文化特点

我国古代思想政治教育发展历史就是以文化传播为主,伴随着文化冲突、变迁和整合的历史。在此过程中,不同的统治者和有识之士根据社会发展需要和人们的文化需求,不断地调整思想政治教育内容、目标和手段等。

同时,在不同的历史时期,总有一些落后的文化暂时占据思想政治教育的主阵地,但是最终会被克服和超越。这也显示出中国古代的文化和思想政治教育发展的迂回曲折和跌宕起伏,也符合马克思主义所揭示的事物按照螺旋式方式上升和发展的规律。如果以文化形态对中国思想政治教育发展进行划分的话,可以把我国古代思想政治教育称之为伦理政治型思想政治教育。

在古代,在家国同构的社会结构下,道德与政治是融为一体的,不管统治者和社会精英如何选择文化形态作为思想政治教育的价值基点和内容,他们都强调"修身为本",把加强道德修养以形成"圣贤""君子"等理想人格作为其主要目标和内容。在古代,思想政治教育研究总是围绕人性问题进行,以社会统治阶级所认定的高尚人格为教育内容来开展具体的教育工作。中国哲学的重要特点是强调以道德统率知识,认为"真"和"善"是统一的存在。古代社会将"至真至善"作为高尚人格的最终指向,引导人们将成圣、成贤作为人生追求。

2.我国古代思想政治教育文化历史演进的启示

注重各类文化形态的意识形态功能。从对我国古代思想政治教育的文化历史演进来看,起初,由于其生产力水平低下,人们主要的文化实践是为了满足生存需要。因此,这时人们的文化实践目的较为单一,所产生的文化形态也较为单一。固其意识形态功能还不明显。人类步入阶级社会之后,统治阶级和被统治阶级的划分开始出现。统治阶级为了维护自身的统治合法性,一方面通过武力征服使人们臣服,另一方面进行文化教化来让人们进行意识形态认同。但由于这时的生产力发展水平不发达,阶级和阶层划分相对简单,同时人们生活在一个较为封闭的时空中,这就导致统治阶级可以用较为单一的、但具有浓厚意识形态色彩的文化形态来对人们进行思想统领。随着生产力的逐步发展和科学技术的不断进步,阶级和阶层划分越来越细致,不同的阶级和阶层都有自己的文化诉求,因此会形成不同阶级和阶层的文化形态。而这种不同阶级和阶层的文化形态不单单是对阶级和阶层群体自身思想和行为特征的反映,更是不同阶级和阶层进行政治利益和文化利益争取的重要手段。这就导致多种种类的文化形态其意识形态功能越来越明显。在今天的社会,伴随着全球化的发展,不同文化形态的种类越来越多,不同文化形态之间在对话、交流、碰撞和冲突中,发生的意识形态对话和冲突也越来越明显。这就要求,我国思想政治教育要注重各类文化形态的意识形态功能,一方面我国思想政治教育要在与不同文化形态的对话中丰富和发展自己,另一方面要把握在不同文化形态中的文化领导权。

注重思想政治教育的文化育人与文化认同。从我国古代思想政治教育的文化历史演进来看,思想政治教育始终承担着文化育人和文化认同的功能。思想政治教育本身就是一种文化现象和文化实践,具有文化育人的功能。在古代,不同时期的思想政治教育虽然表现得丰富多彩,但其核心都是价值观念和道德准则。任何形式的思想政治教育都在不同性质上和一定程度上影响着人们的价值观念和道德判断。古代思想政治教育固然带有不同时期的阶级局限性,但其中蕴含的诸如重视"立志教育",注重"修身为本"等先进思想也发挥了文化育人的功能,对人们价值观念的形成发挥了程度不同的正向影响作用。思想政治教育实质上是选择并运用特定文化、依照预定目的的"育人"过程。思想政治教育的文化认同功能一方面表现为思想政治教育承担着对统治阶级的主流文化进行传播、发展和创新的重要职能,以使大众在认同统治阶级的主流文化基础上达到维护统治阶级利益的目标。另一方面表现为思想政治教育承担着对民族文化进行传播、发展和创新的功能,从而增强特定民族的凝聚力和亲和力。正如前面论述所提及,在生产力发展低下的阶段,人们的文化实践处于相对简单的层次,文化之间的对话和冲突也就没有那么激烈,因此思想政治教育承担的对于特定阶级和民族的文化进行认同的功能在很大程度上处于潜在状态。但是随着时代的发展,当今各种不同文化形态之间的对话和冲突非常激烈。面对这一局势,不同的国家、民族和阶级为了夺取文化领导权,就会利用思想政治教育进行文化认同教育,继而思想政治教育的文化认同功能就越来越凸显。

对于新时代的我国而言,经过五千年发展并最终积淀而成的民族文化,以及渊源于中华文化、植根于当代实践的中国特色社会主义文化,是我们中华民族身份的象征,是团结全国人民、建设伟大祖国以实现民族复兴的强大精神力量,也是我国综合国力的重要体现。然而不同的文化形态,尤其是西方文化,利用各种手段对我国的民族文化和中国特色社会主义文化进行诋毁,从而瓦解大众对我国民族文化和中国特色社会主义文化的认同。这就需要我国的思想政治教育加强其文化认同的教育功能。

加强思想政治教育的文化理论性。在不同的历史时期,我国思想政治教育所秉持的理论是不同的。这主要受时代发展状况和人们文化认知水平的限制。在生产力水平低下的时代,思想政治教育所秉持的理论带有朴素的生活气息和神秘色彩。随着人类生产力水平的不断进步,所秉持的理论需要朝向逻辑性和体系化趋势发展。对于我国现在的思想政治教育而言,一方面要根据时代发展趋势和人民大众的需要进行理论创新,从而保证理论的先进性和时代性,另一方面要把先进理论转换成人民大众容易理解和接受的理论内容和形式,从而转换成改造社会、改造世界的物质力量,以投身我国社会主义现代化建设的洪流之中。

(三)中国古代思想政治教育的方法

中国古代思想政治教育理论内涵丰富,方法多样,是古代思想智慧的结晶,也是我国思想政治教育史的重要组成部分。中国古代思想政治教育的学思并重、克己省察、言传身教、因材施教、化民成俗等教育方法,在今天仍值得学习和借鉴。通过对古代思想政治教育方法及其特点进行总结和归纳,有利于我们进一步思考思想政治教育的实质,吸收借鉴其中的优秀文明成果,推进当前思想政治教育工作的开展。

1.中国古代思想政治教育的主要方法

(1)学思并重。学思并重是古代思想政治教育的重要方法,尤其是以孔子为首的儒家学派在进行民众教化的过程中更加注重引导人们学思并重,即一方面要学习知识内容,道德伦理;另一方面要在学习的过程中注重思考,不断深思完善自己的德行。古人重视自我思考的重要性,强调学思结合,不可偏废。在传道授业解惑的同时,鼓励受教育者独立思考、自我反思。在论证两者的关系中,古人认为,学习是进行思考的基础,是培养品德的先决条件,只有先掌握理论知识内容,懂得伦理纲常规矩,才能以此规范自身,进行自我教化;同时要学会思考,将伦理道德与自身实践结合并反思,才能更好地达到自我成长和规范的目的。

(2)克己省察。克己省察是古代自我教化的重要方式,也是培养个人德行的重要手段。克己就是要严格要求自身,严于律己;省察就是自己检查自己,进行自我反思和自我改进。克己省察的教育方法要求个人注重从自身层面进行自我教化,学习伦理规范和社会道德。古代教育者认为只有严肃规范自我,约束并反省自身,才能更好地遵循社会道德规范,符合社会发展要求,并在社会发展中有所成就。不仅是普通百姓,古代统治阶级也非常注重自我反思,如李世民注重克己省察,不仅在处理政务的过程中注意反思个人的决策行为,在日常生活中也注意对自身的严格要求。这种自我教化的思想政治教育方式,使受教育者在日常生活和与人交往中以道德规范要求自身,达到社会规定的道德规范和要求,实现促进自身发展到服务社会发展的价值转变。

(3)言传身教。言传身教的教育方式首先对教育者自身提出严格要求,要求其时刻注意自身的言语行为,身体力行。教育者通过树立典范,身体力行的方式让受教育者掌握社会基本道德规范,首先要求以身作则。如师长在向学生传授知识的过程中,自身要对知识内容加以掌握;在向学生教授所应遵守的社会规范时,自己要做到言行举止符合规矩要求。言传身教的教育方式既直观,又隐性。它让受教育者能直观看到社会应遵守的道德规则是什么样,应以怎样的原则规范要求自身;同时这种自我教育又来自教育者无意识的行为,无形中传递的价值观念,与教育者的个人魅力有很大关系。言传身教的教育方法对教育双方来说都有益处,有利于整个社会道德水平的提升和良好社会风气的形成。

(4)因材施教。因材施教的教育方法要求在教育过程中根据教育对象的具体情况,选择合适的方式和内容进行教化,以达到促进其发展的目的。孔子非常注重因材施教,在其教授学业的过程中,往往结合学徒自身的特点采用不同的教育方式,或严厉或体恤,或旁征博引或以身说法,让受教育者在听取教导的过程中真正有所共鸣和思考,积极反思自身,达到教育目的。因材施教不仅是一种教育方法也是一种教育原则,要求一切从实际出发。放在古代社会中,则是从受教育者所处的环境、自身学识、发展情况等出发,选择教育内容和手段,有所侧重地进行教化。因材施教的教育方法注重把握个人特点,合理选择,这样做有利于受教育者更好地将被动接收变为主动接受,自觉提高自身的思想觉悟和内容知识,严格规范自身,以符合社会的发展要求。

(5)化民成俗。化民成俗是一种经常使用的古代思想政治教育的方式,即通过约定俗成的道德规范和要求教化影响民众,以达到社会教化的目的。古代化民成俗的方式一种是在乡间设立一些教化机构对民众的行为和道德规范进行引导;一种是通过乡规民约等约定俗成的规范,使受教育者自觉接受其中蕴含的价值观念,成为社会共同遵守的道德准则;有通过礼乐等教化民众,通过举行一些仪式感较强的文化活动、传统习俗等来规范社会成员的行为。其中由乡规民约形成的规范要求,由社会成员共同制定,形成习惯,共同遵守,往往更能起到社会约束的作用。化民成俗的思想政治教育方式使受教育者接受来自外在环境的影响,通过外部教化和引导对自身的道德规范做出要求,将无形中受到的道德约束力转化成外在的行为方式。

2.中国古代思想政治教育方法的特点

(1)政治与伦理相结合。中国古代思想政治教育具有政治伦理化的特点,不论是其内容还是方法都注重将政治与伦理相结合。从内容上看,古代思想政治教育作为统治者阶级统治的重要手段,其教育的内容符合统治阶级的意识,其目的是为统治阶级服务的。它宣传的一些社会规范和伦理道德不仅适用于社会平等群体之间,更适用于家国群体的概念中,是一种将政治意识和伦理道德相结合的社会规范。从方法上看,古代思想政治教育既注重自我修养和民间教化,会设置一些专门的政府教化机构进行社会道德的培养,化民成俗。从学在官府到学在民间的转变,可以看出古代思政教育不仅把百姓的自我教育作为社会教化的重要形式,也将政府管理纳入教育模式之中。例如九品中正制的人才选拔模式,是将政治与伦理相结合的重要表现,在人才培养的过程中,伦理规范不单只是作为一种简单的道德要求,同时也成为一种政治规范的要求。

(2)内化与外化相结合。古代思想政治教育方法,不仅注重内化,也注重外化。内化指的是将社会道德规范和要求作为自我要求和约束的内心准则,以此反思要求自身,成为观念中根深蒂固的品德要求;外化指的是将这种道德观念通过身体力行的方式表现出来,真正落实到遵守社会规则,道德规范的实践活动中。如学思并重、克己省察就是实现内化的重要教育方法,这种教育方式使人们从内心肯定某种社会道德,并将这种伦理规范视为约束自身的重要原则,在心中自觉坚守。身体力行、言传身教等方法则是外化的重要形式。伦理道德不仅要内心遵循,更要通过行为表现出来,积极践行,使人们遵守社会道德规范,并通过自身的行为影响身边的其他人,以达到共同遵守社会道德准则的目的。这种内化和外化相结合的特点,增加了古代思想政治教育方法的实效性,更有利于人们道德水平的提高和整个社会行为规范的遵守,有利于个人的进步发展和稳定的社会局面。

(3)灌输与自觉相结合。中国古代思想政治教育在方法上注重将灌输与自觉相结合。社会统治阶级对社会成员进行思想政治教育时,既采用理论教化的方式向社会民间灌输伦理道德规范,也注意发展社会成员的道德自觉,使其自觉严格要求自身,发展自身。如古代封建社会宣扬三纲五常的道德伦理,不仅是官府教化机构在宣传,家庭成员间也彼此灌输这样的理念原则。从一开始的被动接收,将其视为统治者与被统治者的政治规范,到后来家庭成员间也彼此约束,不知不觉使这种伦理规范成为社会成员的普遍自觉。灌输与自觉相结合的方式,有利于人们把被动转变成主动,有利于各种思想道德规范更加根深蒂固,成为人们严格要求自身的自觉意识,将其聚焦于内心,外化于行动中,成为约束社会成员的普遍道德原则。

3.中国古代思想政治教育方法的借鉴

(1)重视自我教育。我国古代思想政治教育注重自我意识的培养,使民众通过学思、反省等方式进行自我教育,这种方式在今天同样值得我们学习和借鉴。自我教育是改变个人思维方式,丰富思想,约束行为的重要途径。通过自我教育,可以使我们更加充分地发挥主观能动性,增进个人自觉,明确当今社会所应遵循的社会规范,用正确的价值观引领自身。自我教育比他人教育更能体现个体自觉性,通过自我规范和自觉做出道德判断与选择,以符合个人发展要求和社会发展要求。在当前的思想政治教育过程中,我们同样应该注意个人主观意识的发挥,鼓励人们进行自我反省、自我反思、自我批评、自我激励,从而对自己的行为深入思考,明确个人价值意义、目标方向,认识到自己的不足,主动弥补不足,从而成为符合社会发展要求的合格人才。

（2）重视道德实践。教育的根本目的在于实践,道德实践是进行思想政治教育的重要内容和方法。掌握社会伦理要求,不仅是一种理论的自觉,更重要的是将它落实到社会实践活动中,通过行动表现出来,外化为社会行为。古代思想政治教育注重道德实践,强调身体力行,当前我们在开展思政工作时,同样要强调实践。道德实践是提高个人道德品质的重要手段,也是提高整个社会道德水平,营造良好社会风气的重要内容。通过开展社会实践活动,如鼓励社会成员参加志愿服务活动,或自觉遵守社会公德,保护环境等,都是一种道德实践的体现。重视道德实践有利于将思想政治教育工作落到实处,也有利于整个社会思想道德水平的提高。

（3）重视榜样示范。榜样示范法是思想政治教育的重要方法,古代人以身作则,身体力行;我们今天树立典型,弘扬榜样的力量,都是榜样示范方法的体现。榜样示范的方法,更容易引起人们心灵的共鸣。大家从榜样的身上感悟精神,汲取力量,并把这种崇拜和敬仰落实到对自身的严格要求中,从而提高自身的思想道德水平。从榜样身上我们能看到凝聚的道德力量,这些道德力量不仅是个人自身发展所需要的,也是维护社会和谐稳定,促进社会发展所需要的。榜样示范的方法让我们看到别人身上的道德力量,也让我们在了解别人、学习别人的过程中丰富自身,从而提高自身的思想道德水平,达到思想政治教育的目的。

（4）重视以人为本。加强思想政治教育应重视以人为本。就思想政治教育本身来说,要从受教育者的思想实际出发,具体问题具体分析,有重点有侧重地进行思想政治教育,提高受教育者的思想觉悟和水平。教育的主体是人,我们在教育过程中要根据人的实际发展情况有的放矢,因材施教。不仅在教育内容和方法上要有针对性, 在整个教育环境和背景中也要体现以人为本。重视以人为本,就是要求我们从人的发展实际出发,以促进人的全面发展为最终目的,尊重主体,尊重个性;就是要求我们不是为教育而教育,而是为实现受教育者自身发展而教育。

(5)重视环境熏陶。环境熏陶对个人思想品德的形成和发展产生重要影响,良好的文化氛围和社会环境有利于个人道德规范的培养和社会整体道德水平的提高。孟母三迁的典故体现了环境影响对个人成长的重要性,古代思想政治教育提倡用礼乐教化、乡规民约等化民成俗的方式进行伦理道德教育。当前我们也应该用社会主义核心价值观引领思潮,营造良好的社会氛围和文化环境,提高思想政治教育实效性。如在高校中,积极开展有利于学生发展的文化活动,营造良好校园氛围;在企业中,发展优秀的企业文化,凝聚共识;在社会中,发展社会主义先进文化,通过环境熏陶,促进个人和社会发展。

中国古代思想政治教育中的许多内容和方法都值得今天的我们反思和借鉴,古代思想政治教育不仅教育人们如何完善自身,也在教导人们如何与人相处,与自然共生。古代思想政治教育蕴含的古人朴素的哲学原理、优秀的价值观念为我们今天价值观的培养提供借鉴,这些思想政治教育内容和方法是古人思想智慧的结晶,也是我国优秀传统文化的重要组成部分。学习并反思中国古代思想政治教育,是一种对传统优秀文明的继承,同时也是结合时代特点对其发展创新。如何正确看待古代的思想政治教育,如何吸收借鉴其中的优秀内涵,如何赋予其时代内涵,使其历久弥新,是新时代学校教育"课程思政建设"的历史渊源和发展基础。

第三章 课程思政一体化建设

2019 年 8 月,中共中央办公厅、国务院办公厅印发了《关于深化新时代学校思想政治理论课改革创新的若干意见》(以下简称《若干意见》)指出:"教育部成立大中小学思政课一体化建设指导委员会,加强对不同类型思政课建设分类指导。有关部门和各地要保证思政课管理人员配备,确保事有人干、责有人负。强化中考、高考、研究生招生考试对学生学习思政课的指挥棒作用,将思政课学习实践情况作为重要内容纳入综合素质评价体系,探索记入本人档案,作为学生评奖评优重要标准,作为加入中国少年先锋队、中国共产主义青年团、中国共产党的重要参考。"

第一节 大中小学思政课课程一体化的价值逻辑和实践路径

大中小学思想政治理论课课程一体化建设在思想政治教育内在规律驱动下运行,是党在当前思想政治理论课(以下简称"思政课")课程建设方面的重要方针政策。推行大中小学思政课课程一体化有助于思政课课程目标体系的协调统一,符合学生的认知规律,有助于思想政治教育实效性的提升。在实践中,要加强党委领导,正确处理实践化和方向性的关系;要统筹课程设置体系,正确处理分段化与整体性的关系;要统筹教师队伍建设,正确处理多元化与集群性的关系。2019 年 3 月 18 日,习近平总书记在学校思想政治理论课教师座谈会上强调:"在大中小学循序渐进、螺旋上升地开设思想政治理论课非常必要,是培养一代又一代社会主义建设者和接班人的重要保障。"为此,"要把统筹推进大中小学思政课一体化建设作为一项重要工程,推动思政课建设内涵式发展"。①推动新时代思政课内涵式发展,需要深刻理解和把握"一体化"建设的内涵要求,树立整体系统思维,协调各方力量,统筹推进大中小学思政课课程一体化建设。

一、大中小学思政课课程一体化建设的价值逻辑

(一)全面贯彻执行党的教育方针的需要

习近平指出:"要把统筹推进大中小学思政课一体化建设作为一项重要工程,坚持问题导向和目标导向相结合,坚持守正和创新相统一,推动思政课建设内涵式发展。"②要针对不同学段,根据思想政治理论教育规律和学生成长规律科学设置具体教学目标,抓好教学目标设计、课程设置、教材编写、教学改革、教师培养、考核评价等环节,既不能揠苗助长、操之过急,又不能刻舟求剑、故步自封。课程设置要相对稳定,坚持大中小学纵向主线贯穿、循

① 习近平:《在全国高校思想政治工作会议上的讲话》,《人民日报》,2016 年 12 月 9 日。

② 习近平:《思政课是落实立德树人根本任务的关键课程》,《求是》,2020 年第 17 期。

序渐进,各类课程横向结构合理、功能互补的原则,确保教材的政治性、科学性、时代性、可读性。教育要培养德智体美劳全面发展的社会主义事业建设者和接班人,为新时代中国特色社会主义道路的健康发展奠定思想基础。但是实践中确实存在课堂教学效果还需提升、教材内容不够鲜活、一体化建设需要深化等问题,影响思政课课程教学效果的充分发挥。为解决此问题,在充分调研的基础上,针对当前思想政治教育发展的关键问题,制定了一系列方针政策。《关于深化新时代学校思想政治理论课改革创新的若干意见》指出:"要遵循学生认知规律设计课程内容,将思想政治教育规律、学生认知发展规律作为一体化建设的前提依据。"

2019年10月,中共中央、国务院印发《新时代公民道德建设实施纲要》,强调"加强思想品德教育,遵循不同年龄阶段的道德认知规律,结合基础教育、职业教育、高等教育的不同特点,把社会主义核心价值观和道德规范有效传授给学生"。11月,中共中央、国务院印发了《新时代爱国主义教育实施纲要》指出:"坚持以立为本、重在建设。爱国主义是中华儿女最自然、最朴素的情感。要坚持从娃娃抓起,着眼固本培元、凝心铸魂,突出思想内涵,强化思想引领,做到润物无声,把基本要求和具体实际结合起来,把全面覆盖和突出重点结合起来,遵循规律、创新发展,注重落细落小落实、日常经常平常,强化教育引导、实践养成、制度保障,推动爱国主义教育融入贯穿国民教育和精神文明建设全过程。"大力推动大中小学思政课课程一体化建设,就是要通过系统化的机制设计,在思政课课程教学过程中根据不同学段学生的特点,有针对性地实现思政课教学目标、内容和方法的循序渐进,从而将党的教育方针政策落到实处,保障党的事业健康发展。

(二)基于思政课课程目标逻辑统一的需要

思政课是一个从小学、中学到大学的前后相继的层次系统,不同学段的课程教学,既有内在的衔接,又彼此相对独立。在总的目标体系下,有着阶段性的目标特点。所谓大中小学思政课课程一体化,就是指各个学段在立德树人的根本目标下,根据各个学段的具体特点和教育教学规律,总体设计教学任务,强调不同学段教学内容的科学布局和有效衔接,各自"守好一段渠",建构有机融合、协调共进的思政课课程教学共同体。大中小学思政课课程教学的目标体系,包括贯穿整个教育过程的总体目标、学段教学目标和年级教学目标三个层次,在教育的过程中有着不同的侧重点,对教学方法的要求也各不相同。总体的思想政治教育教学目标贯穿学校思政课教学的全过程,决定着各个学段和年级的具体教学目标。当前我国学校思政课课程教学的总体目标就是要落实立德树人的根本任务,解决好培养什么人、怎样培养人、为谁培养人这个根本问题,努力培养担当民族复兴大任的时代新人,培养德智体美劳全面发展的社会主义建设者和接班人。与此同时,不同学段、年级的学生,其知识积累和认知能力有较大差异,在其不同的成长阶段需要相应设置不同的思政课课程教学目标。大中小学思政课课程一体化建设就是要将这个总体目标贯穿于各个不同学段、年级的层次目标之中,建设依序递进、衔接流畅的教学目标有机体,引导各个具体学段的教学目标,保障其不偏离总体方向。

(三)基于学生认知规律的教学实效性提升需要

列宁指出:"人的认识不是直线(也就是说,不是沿着直线进行的),而是无限地近似于一串圆圈、近似于螺旋的曲线。"①思政课课程教学同样遵循螺旋式上升的认识规律,犹如登山,翻过一道道山岗,学生在大中小学不同阶段,每一阶段都有一个教学目标。针对不同学段的学生特点,调整教学的侧

---

① 《列宁选集》(第二卷),人民出版社,1995年,第560页。

重点,选择教学对象容易接受的内容作为教学切入点,既有内容的"螺旋",又体现教学层次的"上升",遵循认知的循序渐进规律,彰显知识积累的量变质变规律,讲出不同的教学风格,从而提升思政课课程教学的实效性,让思政课课程教学内容在学生中"内化于心、外化于行"。小学生对理论的理解和分析能力不足,其感性认知能力强,适合形象化的思维方式。教师在教学时要多讲具有感染力的故事,多谈身边的好人好事,带领学生多看革命纪念馆等红色文化遗存,引导学生融入情境,启蒙其道德情感。同时,通过校园志愿活动等培养学生良好的行为习惯,在行动中培养其价值认同。初中生有了一定的知识积累和理论思维能力,但认知总体上依然受情感支配。这个阶段的学生开始思考人生的价值与意义,明确个体与集体的关系。该阶段思政课课程教学依然以感性和形象化的认知和理解方式为主,但要有意识地从感性向理性认知层次上升,引导学生学习相关历史知识,分析现象背后的规律。高中生有了更多的知识积累和更强的理性思维能力,对社会、人生的实践感受也相对丰富,重视认识过程中的主体性和独立性,但面对一些现实问题时缺乏成熟稳定的思考。该阶段的思政课课程教学要承上启下,前面关照义务教育阶段的思政课课程内容,后面衔接大学思政课课程教学,开启政治理论知识的系统学习,重在打牢思想基础。教师要调研学生的思想困惑,不回避社会现实问题,引导学生由具体到抽象、由浅入深地进行分析思考。大学生思想较为成熟,具备较强的理性思考能力。大学思政课课程教学要强调理论学习,用革命的历史观照现实,用严密的逻辑说服学生,用真理的力量感染学生,强化学生投身中国特色社会主义事业建设的使命担当意识。

二、大中小学思政课课程一体化建设的实践路径

（一）加强党委领导，正确处理实践化和方向性的关系

当前，大中小学思政课建设存在课程管理缺乏系统性规划、连贯性不强，各实施部门之间沟通不畅、协调性不足等问题。大中小学思政课课程一体化建设，需要系统整合各部门资源，协调处理好资金、师资、场地等各方面问题，并在实践中坚持正确的发展方向，这些都离不开各级党委的统一领导。思政课要向学生讲授马克思主义的基本理论知识，传播内化社会主义核心价值观，培养学生对中国特色社会主义道路的认同。由于不同学段学生的认知基础和接受能力存在差异，需要跨学段、跨年级对思政课课程进行整体统筹和设计。当前我国高中招生在特定区域内面向不同基础教育阶段学校，大学则在全国范围内进行普遍招生，这就需要协调不同层级、不同地域的各个教育单位的思政课课程教学，实现跨教学单位、跨地域的教学统筹协调。因此，需要加强党委统一的领导和协调，建立专门的组织机构。党委主要负责人作为思想政治教育工作的第一责任人，应当是这个工作领导组织机构的负责人。理论源于实践，在实践中生成，又用于指导实践，在此过程中进一步发展完善。思政课要结合不同学段学生的学习生活实际开展教学，实现理论与实践相结合。在教学中，要通过实践教学带领学生感受马克思主义、毛泽东思想和中国特色社会主义理论体系生成的历史实践情境，要带领学生用学到的理论知识观察与思考身边的现实问题，解决思想困惑。在此过程中，党委要加强领导，做思想导向方面的把控者。要审定各级思政课课程的教材体系，确保课程实施的基本方向正确，同时加强思政课课程教学的过程管理，推动各级各类学校结合自身实际分层教学，以实践教学增强教学实效

性,从而实现大中小学思政课实践化与方向性的统一。

(二)统筹课程设置体系,正确处理分段化与整体性的关系

大中小学思政课在立德树人、培养合格的中国特色社会主义事业建设者和接班人的总目标下,基于各个学段学生的知识基础、接受能力和学习特点,需要循序渐进地对课程目标、课程内容等进行整体性统筹安排。但在实践中,课程目标都以立德树人为总体目标,结合课程特色差异性的具体目标凸显不足,课程教学目标层次性不够清晰;不同学段的课程教学内容由不同部门负责编写并自成体系, 各学段负责部门之间缺乏统一的管理和协调机制,课程内容缺乏整体规划。大学阶段本科五门思政课、高职高专三门思政课,这几门课构成了一个严密的理论思维逻辑。"思想道德与法治"课重在培养学生对人生、对社会的道德和法治体系的基本认识,树立正确的世界观、人生观和价值观。"马克思主义基本原理概论"课强调学生对马克思主义哲学、政治经济学和科学社会主义的认识和理解。"中国近现代史纲要"课重在理解马克思主义中国化的历史原因和中国化马克思主义思想生成的历史背景。"毛泽东思想和中国特色社会主义理论体系概论"课则在学生对马克思主义基本原理和中国近现代历史有初步认识的基础上, 进一步深化对中国化的马克思主义的理解,奠定学生中国特色社会主义道路自信的认识基础。"形势与政策"课贯穿学生整个学习过程,引导学生正确运用理论观察和分析当代世界与中国的实际。但实际上,大中小学思政课不同课程由不同教研室分别安排,相互之间缺乏沟通和协调,许多内容在讲授时存在同一层次上单调重复的情况,降低了学生的学习兴趣。因此,推进大中小学思政课课程一体化建设,必须加强不同阶段、不同课程之间的协同联结。围绕"培养什么人、怎样培养人、为谁培养人"这一根本问题,处理好教学的整体性和不同学段教学规律特殊性的关系,统筹设置大中小学思政课课程及其目标、内容,

设计相应教育教学活动,体现各学段思政课的层次性、差异性、关联性,将社会主义核心价值观教育落细、落小、落实,实现纵向有效衔接、横向精准对接,分层实施、循序渐进、整体推进。

(三)统筹教师队伍建设,正确处理多元化与集群性的关系

大中小学思政课课程一体化建设的顺利推进,需要了解实际情况的一线教师充分发挥积极性、主动性和创造性。根据"可信、可敬、可靠,乐为、敢为、有为"的要求,建立一支专职为主、专兼结合、数量充足、素质优良的思政课教师队伍,是顺利推进大中小学思政课一体化的前提和关键。在党中央的高度重视和大力支持下,当前思政课教师队伍不断壮大,人员结构不断优化,其整体知识和能力水平进一步提升。但就全国整体而言,思政课教师队伍在数量、职称、学历、学科背景等方面还存在一些问题:部分学校对思政课教师入口把关不严,一些缺乏相应教育背景和知识基础的管理干部未经严格考核和培训,直接上岗讲授思政课;个别学校对现有思政课教师的言行缺乏认真监督和考核;大中小学教师之间的沟通交流,也缺乏相应的稳定机制。为此,要统筹教师队伍建设,正确处理多元化与集群性的关系。一是按照"政治要强、情怀要深、思维要新、视野要广、自律要严、人格要正"的要求和标准,加强思政课教师队伍建设,让信仰者讲信仰,做到"信马姓党,在马言马",打造一支真学、真懂、真信、真用、真教马克思主义,传授科学的世界观人生观价值观、传播马克思主义、传递党和国家正面的声音、传达党和政府对青年人的要求、传唱共产党好社会主义好改革开放好的主旋律的思政课教师队伍。二是积极主动地以高标准做好专职教师的选聘工作,补充中青年力量。三是统筹大中小学思政课教师的培养、培训,建立大中小学思政课特聘教授制度,促进大中小学思政课教师交流合作,使思政课教师能够从整体出发,对各个学段的思政课有全面的认识和理解,明确自身所处学段思政课

课程教学的特点和侧重点。四是加强思政课教师与其他专业课程教师的交流与研讨,开展"全校师生同修思想政治理论课"活动,强化专业课教师"课程思政"意识。通过这些举措,充分发挥思政课教师团队的集群效应,针对学生人生各个发展阶段的认知特点,统筹兼顾、循序渐进地践行立德树人的根本任务,培养中国特色社会主义事业的合格建设者和接班人。

第二节　幼儿园课程价值取向隐性特征

一、从知识到意义,幼儿园课程价值取向重心的必要转移

肖川曾对什么是良好的教育做过这样的表述。他说,什么是良好的教育呢?"也许我们很难给予它一个周全的描述,但我们可以非常肯定地说:如果一个人从来没有感受过人性光辉的沐浴,从来没有走进过一个丰富而美好的精神世界;如果一个人从来没有读到一本令他激动不已、百读不厌的读物,从来没有苦苦思索过某个问题;如果一个人从来没有一个令他乐此不疲、废寝忘食的活动领域,从来没有过一次刻骨铭心的经历和体验;如果一个人从来没有对自然界的多样与和谐产生过深深的敬畏,从来没有对人类创造的灿烂文化发出由衷的赞叹……那么,他就没有受过真正的、良好的教育。"[①]如果一个好的教育是能让儿童感受到世界的意义、生存的意义、精神的意义,那么良好的课程也是能让儿童体悟到课程的意义的。在我们的生活中,最为基本的是儿童的生活、精神、价值和意义,然而热衷于功利的课程

---

① 肖川:《我们究竟需要什么样的教育》,《教育参考》,2000 年第 5 期。

却使这个意义世界异化为"物"的世界。因此,课程价值取向的重心需要作一定的转移,要从关注知识、占有知识转移到关注儿童的精神世界、生存意义。

联合国教科文组织所倡导的从"学会认知"到"学会生存""学会关心"主题的转换也意味着当代课程开始了一种自觉的超越,从知识世界转向人的生存世界,提升了个人的意义。"在文明人那里,随着知识的不断增长和积累,一切都颠倒过来了。认识、知识成了第一性东西,欲求和意志则成了认识的仆从。仿佛人一诞生下来他的全部生命就是认识世界,对他来说似乎从来就没有一个生存问题……他们受的教育越多,他们的思想就包裹在一层坚实的知识硬壳之中。"①因此,课程作为影响儿童成长的一个方面,关注的目的不在于他们获取了多少知识,而在于试图更好地促进他们生存、生长,让他们体验到生存的意义和幸福的快乐,这是教育的直接目的,也是课程的直接目的。从此意义上讲,儿童教育的目的是使儿童获得精神的意义、获得生存的意义。

二、新时代高品质幼儿园的基本特征

走向"高品质"是幼儿园改革发展的时代担当。从幼儿园办园的规律和名优幼儿园的经验来看,高品质幼儿园应具有内生发展的文化、多元融合的课程、专业自觉的教师、实践理性的科研、幼儿视野的环境、协同共育的家庭、品质成长的幼儿等七大基本特征。这七大特征互有联系,相辅相成。建设高品质幼儿园必须加强愿景凝练,完善顶层设计,提升队伍素养,鼓励多元参与,实行动态管理。《中共中央国务院关于学前教育深化改革规范发展的若干意见》开篇便指出:学前教育是终生学习的开端,是国民教育体系的重

---

① 俞吾金:《问题域外的问题——现代西方哲学方法论探要》,上海人民出版社,1988年,第16页。

要组成部分,是重要的社会公益事业。办好学前教育、实现幼有所育,是党的十九大作出的重大决策部署,是党和政府为老百姓办实事的重大民生工程,关系亿万儿童健康成长,关系社会和谐稳定,关系党和国家的未来事业。英国有效学前教育项目通过研究证明,上幼儿园的经历能促进幼儿各方面的发展,且幼儿园教育质量的不同对幼儿的影响存在显著差异。建设高品质幼儿园,是为孩子的成长负责,是人才涌现奠基的重要课题。在新时代的背景下,幼儿园更要以高品质为愿景,厘清改革发展中的问题,深化改革,努力提升保教质量,努力实现优质发展。

(一)走向"高品质"是幼儿园改革发展的时代担当

尽管早期教育的思想早在公元前就普遍出现了,柏拉图在《理想国》中也提出过儿童公育制度的设想,然而世界上第一所幼儿园却是1837年才由福禄贝尔创办起来。因而与学前教育思想不断发展的历史相比,幼儿园建设其实是一个相当"年轻"的话题。在上千年的讨论和演化之下,学前教育思想不断走向成熟,其理论逐渐实现了五个转变,分别是从"养"到"育"教育观念的转变,从"成人的附庸"到"完整的人"儿童观念的转变,从"教学"到"游戏"保教方式的转变,从"随意"到"科学"教育内容的转变,从"统一"到"个性、天性"教育目标的转变。但是在今天,且不说普通家长教育孩子容易走入误区,即便是幼儿园的专业保育也仍然有各种陈旧观念甚至是错误认识造成的问题。

新中国成立以来,我国学前教育得到快速发展。改革开放以后,国家致力解决"入园难""入园贵"的问题。2010年,国务院出台了《关于当前发展学前教育的若干意见》,一手抓公共资源建设,一手抓监督管理保障,促进了学前教育的可持续发展。2018年底,中共中央、国务院再次把眼光投向学前教育,为推进改革提供指导意见,发布了《关于学前教育深化改革规范发展的若干意见》，从优化布局、扩大供给、加强队伍、规范发展、科学保教等方面提出了具体要求，给新时代学前教育的发展指明了方向。

幼教前辈卢乐山先生曾说："幼儿园不是婆婆妈妈的事，也不是高级保姆，它是一门科学。"在实践中不断探索幼儿园办园与保教工作的规律，是我们不断提高办园品位和保教质量的使命与担当。但是我们要看到，由于底子薄、欠账多、摊子大，目前学前教育仍然是整个教育体系的短板，不同地区幼儿园之间发展不平衡、不充分的问题比较突出。对国家政策理解不到位、执行不力，办园理念与目标有偏差，教师队伍建设滞后，保教质量有待提高，"小学化"倾向仍然存在，幼儿安全问题时有发生，这些难题一直困扰着幼儿园办园品质的提升，影响着新时代国家学前教育改革目标的实现。

四川省教科院刘涛院长在 2012 年提出"高品质学校"的概念，强调一所学校不能片面追求"质量"，更要注重"品位"。品质是质量、内涵、文化、特色、信誉的集合体。"高品质学校"是"品位"和"质量"都高的学校，同样，"高品质幼儿园"也有其"品位"和"质量"两个方面的要求。幼儿园的"品位"，主要体现在其办园的行动中，是幼儿园落实国家方针政策，遵循学前教育和幼儿成长规律的程度。

2018 年 11 月，中共中央国务院出台《关于学前教育深化改革规范发展的若干意见》，为学前教育新时代的发展指明了方向。近年来，教育部也通过《3~6 岁儿童学习与发展指南》《幼儿园工作规程》等文件对幼儿园的工作提出具体的指导。幼儿园应深刻领会文件的精神，把国家的要求、教育的规律和幼儿的需要放在首位，整体设计幼儿园的改革发展。幼儿园的"质量"，主要体现在其保教的过程中，是幼儿园支持幼儿学习，促进幼儿发展，满足家长和社会对幼儿成长期待的程度。与中小学相比，幼儿园具有特殊性，因此不仅要重视幼儿的学习和成长，更要照顾幼儿的生活需要。在游戏和生活中，让幼儿健康成长、快乐学习，对幼儿园的工作规划和老师的实际操作来说,既是一门"技术",又是一种"艺术"。

在"高品质"的视野下,幼儿园改革发展中的问题多可以归纳为"品位不高"与"质量不实"两个方面;而幼儿园改革发展的主要动力也应主要来自"品位提升"与"质量落实"两个方面。在新时代,为突破发展困境,实现幼有所育、幼有优育,我们必须加强教育规律和园本实际的研究,加强规范办园和科学保教的探索,不断走向"高品质"。

(二)高品质幼儿园的基本特征

以"高品质"的理念观照幼儿园的历史沿革、当下实践和未来展望,从名优幼儿园的改革发展中理解高品质幼儿园的理想样态,可以发现高品质幼儿园的品位与质量具有协调性、可持续性的发展特点,一方面,幼儿园的实践兼具较高的品位和质量,另一方面,品位提升的要求和质量落实的行动互相促进,使幼儿园不断进步。具体而言,高品质幼儿园具有七个方面的典型特征。

1.内生发展的文化

幼儿园文化是幼儿园在自身发展过程中逐渐生成、优化并沉淀形成的相对稳定的存在形式和生存方式,它凝聚了幼儿园教育的价值追求,既内含于心,表现为办园思想、办园目标、行为规范等,也外显于形,表现为幼儿园建筑风格、园所环境、设施设备等,幼儿园文化是内部与外部的统一。李德顺教授指出,文化的本质是"人化"和"化人"。幼儿园文化的本质是师幼生命样态的互相影响,它来自一代又一代教师和孩子共同生活、成长的经历,来自师幼共创的记忆、共享的愿景、共生的力量。

一所幼儿园,其文化无论落在何种载体上,以哪个词汇来表达,只有脉络于本园的历史、根植于本园的场域、沉浸于本园的话语,才是"活"的文化。因而高品质的幼儿园文化必然是由内向外进行建设和发展的,而非从外部购买、借鉴或照搬而来的。同时,内生发展不等同于"闭门造车"。文化是对过去的传承,也是对未来的期许,它不仅具有精神纽带的功能,更有行为引导的作用。文化的背后,是本园师幼一切行动的最高准则和逻辑起点。因而幼儿园的文化主题必须经得起教育规律的检验和政策方针的推敲。高品质幼儿园的文化既是一脉相承的,又是与时俱进的,它随着时代的发展和认识的深化不断调整表达,才能焕发持久的生命力。

成都市第三幼儿园创办于 1914 年,原名"树基儿童学园",始终秉持"树基"文化,坚守"树基"文化中的"三自"办园理念:"尊重人的自然发展,激励人的自信发展,成就人的自主发展",遵循"传承中奠基、研究中崛起"的文化引领,不断探索幼儿园教育的中国化、科学化道路,虽历经百年而初心不变,始终聚焦儿童,以科研推动改革,实现了长久发展。

2.多元融合的课程

幼儿园课程与其他各级各类教育课程的相同之处在于,不管课程的形式如何,它们都反映了社会价值和文化知识,并将这些整合到学习者的经验之中。而其不同之处在于,它更注重幼儿发展的特点。由于幼儿园课程的对象是处于人生发展速度最快时期的 3~6 岁幼儿,其学习能力极大依赖于自身的发展,因此幼儿园课程的建构需要充分考虑每一个幼儿的发展速度和水平。

高品质幼儿园已经逐步凸显在"多元融合"的课程建构与不断发展的特色中,课程应该将玩与学有机融合在一起,让幼儿学习在幼儿喜闻乐见的游戏中悄然发生;课程应该将幼儿的生活和学习融合在一起,课程的开展过程,就是幼儿生活的过程;课程应该既能够符合大部分幼儿身心发展的规律与特性,又能够让不同个性的幼儿都能够成功,将共性与个性融为一体;课程还应该是园所文化的载体,将幼儿园的人文文化、环境文化和制度文化自然融合在一起;课程更应该是生命与生命对话的过程,是多方参与科学动态建构与管理的过程,是教与不教共生、预设与生成共融的过程。

成都市金牛区机关第三幼儿园以"聪慧儿童"为培养目标,梳理了园本的幼儿发展理念,确定了"人与自然、人与工具、人与社会"三大板块的目标内容,形成幼儿发展的自信、自主、勇敢、尚美、合作、善良、创新七大核心素养,继而按照七大素养指导分段目标的确定并以此作为"聪慧课程"课程目标的框架,建构一系列有特色的园本课程,使素养的培育渗透在孩子的游戏和活动中。

3.专业自觉的教师

高品质教师是多元、特色、有创造性的教师,专业自觉是培育高品质教师的必然选择。从长远发展战略来看,教师只有以自觉的姿态面对专业发展,实现从"要我发展"到"我要发展"的蜕变时,教师培育才具备了最深沉、最持久的动力。专业自觉是教师培育潜在的力量和柔性战略的管理手段,为进一步提升教师专业素养提供张力。具体而言,高品质教师的专业自觉体现为五个方面:一是做善于自省的思考者,对"教师"身份有高度的职业认同,对岗位职责有清晰的理解认识,对教育实践有自觉的理性反思;二是做耐心等待的坚守者,相信"人"的学习和发展,相信微小变化带来的积极力量,在学习、思考、实践中不断汲取成长的动力和养分,不断精进教育观念和行为,不断收获幸福感、成就感和荣誉感;三是做积极主动的建构者,基于正确价值观和行为规范,在工作中寄情于幼儿,懂得用发现的眼睛观察孩子;执着于研究,用自信的语言表达想法;着力于发展,用积极的行为践行教育;四是做乐于创新的突破者,突破固化思维和传统方式,通过多角度思考、多方法并举去应对、解决教育实际问题,与时俱进,更新自身的知识结构,扩展知识范围,将新知识、新经验运用于实践;五是做美美与共的合作者,为自己和同伴、幼儿的终生学习与发展创造成长的"土壤",在合作中发展团队,在团队中成就同伴,在同伴中提升自我。

四川省首批省级名师名校长工作室"四川省何云竹名园长工作室"以"协同创新,开放共长"为文化理念,建立成员、青年成员和助理"三级"管理体系,采取线下活动与网络研修相结合,合作学习与支教帮扶相结合,过程建设与课题研究相结合,入园诊断与发展规划相结合的方式,着力提升成员"专业自觉",形成同生共长、持续进步的良好态势。

4.实践理性的科研

说到"教育科研",幼儿教师常常望而生畏,认为教育科研既难搞又神秘,是学者、专家的事情。其实教育科研并不神秘,它常常"低调"地存在于我们身边。高品质的科研是幼儿成长的听诊器、保教行为的诊断仪、课程开发的脚手架、教师专业的成长梯、园所发展的望远镜,可以为我们带来先进的理念,解决实际难题,打造强力团队,推动园所改革。高品质幼儿园建设,需要高品质科研作为理论与实践、理念与行动、理想与现实之间的纽带。天津师范大学教授和学新认为:"所谓实践理性是指人类对自身与世界的关系'应如何'和人'应当怎么做'的观念掌握和解答……是人的观念对自身实践的规范和引导。"对于幼儿教育和幼儿园办园这样的复杂问题,尤其需要以实践理性透视现象,探求规律。

在科研实施的过程中,高品质科研的实践理性体现在三个阶段。选题阶段,须秉持科学性、实用性、可行性、独创性、本土性、时代性等原则,从实践中找到具有研究价值的"真"问题;实施阶段,须凝心聚力、脚踏实地地开展研究,确保研究过程的科学化、常态化,通过多元对话和反复实验,从探索中找到具有现实指向的"实"策略;应用阶段,须着力落实,形成常规,不断检验优化,同时精准表达,注重提炼,挖掘普适性的规律和创新性的认识,从研究中找到具有启发意义的"新"经验。

宜宾市市级机关幼儿园开展自主性游戏已有20年,教师的观察分析和引导支持已经进入瓶颈。幼儿园主动开展调研,发现问题,确立了"幼儿自主性游戏中教师的支持性策略研究"的课题,通过研究文献、专家指导、日常观察、实践反思、定期研讨、经验分享等方式展开全员科研,梳理出具体可实施的观察发现、环境互动、回看轨迹、共同对话、文化构建五大策略,不仅收获了丰富的课题成果,促进了老师的专业成长,更优化了游戏的组织和观察,得到了专家的肯定。

5.幼儿视野的环境

"幼儿园应为幼儿提供健康、丰富的生活与活动环境,满足他们多方面发展的需求,使他们在快乐的童年生活中获得有益于身心发展的经验。"《幼儿园教育指导纲要(试行)》(本节中简称《纲要》)中的表述既对幼儿园愿景创设提出了要求,同时也是环境创设的价值表达。这要求我们必须要把环境创设放到幼儿的视野之下,让环境能够为幼儿所喜爱,给幼儿以便利,促幼儿以成长。高品质的幼儿园顺应幼儿成长发展的天性,以游戏为中心,环境不仅是师幼生活的家园,更要成为师幼游戏的乐园;高品质的幼儿园处处彰显教育的价值与内涵,环境不仅是园本课程的必要组成,更是园本文化重要的外显形式;高品质的幼儿园以"人"为本,一切围绕着"人"的成长和增值展开,环境不仅是园所对外展示交流的窗口,更是全园师幼表达需求、展示成长的大舞台。因而,高品质的幼儿园环境,不仅有美化装饰的功能,更有涵情启智、调节身心、交流互动的功能,需要我们综合考量,用心设计。

乐山市实验幼儿园在区域环境创设中,把幼儿园的教育目标和教育理念融入环境,根据幼儿的活动实际和成长需要进行区域环境的规划和创设。第一,根据幼儿兴趣合理规划区域,如扩大热门的"家庭区"和活动范围大的"积木区";第二,根据生活实际增强环境趣味,如在"建构区"中张贴有本地建筑的图片;第三,根据幼儿的个性选择连通各个区域,让幼儿可以随时穿梭于各个区域之间;第四,收集和投放天然的、原始的、生活中常见的低结构材料,激发幼儿的想象力和创造力。这些做法从区域设置、材料取放的细节出发,力求满足幼儿探索需求,让区域更加迎合幼儿的兴趣点和最近发展区。

6.协同共育的家庭

《纲要》明确指出:"家庭是幼儿园重要的合作伙伴。应本着尊重、平等、合作的原则,争取家长的理解、支持和主动参与,并积极支持、帮助家长提高教育能力。"可以说,《纲要》赋予了家园关系建设新的内涵和特征——服务性、指导性、针对性、丰富性、参与性、主导性,这为实现更为开放的幼儿教育提供了基础,同时也对家园关系建设提出了更高要求,即必须在提高幼儿园与家庭之间的协同性上开展家园关系建设,把"协同"作为家园合作、构建和谐家园关系的基础。这一方面要求幼儿园引领和组合家长的教育力量,充分挖掘家长潜在的各种资源;另一方面扩大了有效影响幼儿的教育力量,包括家长对教师的有效影响,"只要有利于孩子发展",都可以加以利用,在求同存异中获得家园关系最大限度的协同。

成都市第九幼儿园从教育实际问题和生活实际情境出发,进行了"以阅读为纽带,创新家园共育新模式"的探索。全园分层次分步骤推广"爱上阅读"21天行动计划、"阅读点亮生命"60天行动计划以及"阅读幸福人生"90天行动计划等活动,掀起了全园阅读热潮,不仅让更多孩子爱上阅读,更拉近了家园的距离,实现了家园共育的良好局面。

7.品质成长的幼儿

马拉古奇在《不,就是一百种》中赞颂了孩子丰富的想象、创造和成长的无限可能性,也提出了尖锐的批评:"一百又一百,但有人偷走了九十九种。就是学校和文化把他们的身心分离……他们告诉儿童:在已知的世界里探索。"还原儿童的本来样子,把童年还给孩子,把未知的世界和成长的可能还给孩子,是高品质幼儿园的终极追求。

要想成就儿童,就要求我们追随儿童。我们要以儿童的视角贴紧儿童心灵,对准教育调频,蹲下来,看见儿童的风景,听到儿童的乐曲,理解儿童的思想,深入体悟与认识儿童这一处在特殊年龄阶段的人的独特性及其价值。儿童是天然具有好奇心的学习者,我们要相信儿童的成长,要在陪伴中成全幼儿的诗意与幻想,让童心依旧天真;保护幼儿的好奇与好问,让生活充满疑惑;欣赏幼儿的主动与积极,让胜任如影相伴;激发幼儿的执着与坚持,让成功紧密相随;成就幼儿的会玩与热情,让美好润泽心灵;发展幼儿的探究与创造,让学习永不停歇……成都市第十六幼儿园以"童年的院子"为幼儿园发展愿景,将"会玩、勇敢、自信、快乐"作为课程价值,着力培养孩子的"游戏力",让孩子在游戏中玩出智慧、玩出自我、玩出自信、玩出创造。教师通过体验式教研、案例式教研实现专业发展,更好地理解幼儿游戏中的行为特征,更好地支持和引导幼儿的成长。幼儿也通过教师记录的学习故事反思自己的学习经历,加深学习体验,从而提升认识现象、解决问题的能力。

三、建设高品质幼儿园的行动路径

高品质幼儿园在文化、课程、教师、科研、环境、家长、幼儿七个方面的基本特征互有联系,相辅相成。因而要实现幼儿园的高品质发展,必须把办园、保教看作一个整体,综合考量,统筹推进。从发展的规划到实践的落地,有五个环节应发挥关键作用。

(一)愿景先行

愿景是社会组织凝聚力量、推进发展的力量之源和活力之源。在现代管理学的研究和探索中,愿景已成为不可回避的重要概念。彼得·德鲁克、沃伦·本尼斯、彼得·圣吉等知名的管理学家都对愿景理论推崇备至。幼儿园作为一种组织,无论是在师幼为主体的教育活动中,还是在园长、干部和教师为主体的办园行为中,都需要通过共享愿景完成组织力量的聚合。设置愿景的目的在于通过形象化的表达传递组织行动的终极目标、基本价值观、行为范式等方面的要求,使组织中的每个人清晰地理解各自的职责,最大化地贡献自己的价值。因而立体和直观是一个有效愿景的关键特征。好的愿景可以使人"置身其中",得到巨大的精神鼓舞和明确的行动指引。

对于幼儿园而言,"走向高品质"是一个通用的愿景表达,它还很抽象。幼儿园树立愿景一定要进一步做园本的提炼,要做到"抬头看天,低头看路",即一方面应结合国家学前教育方针政策的园本理解具化使命;另一方面也要结合园本实际,根据地方文化、幼儿发展程度、教师能力水平、资源设施配备等情况规划路径。同时,共同愿景也要"与具体的'个人愿景'结缘",才能产生持久的动力。

(二)自我发展

上文所举出七个方面的高品质特征,在实践中需要统筹考虑,整体推进。2015年发布的《幼儿园园长专业标准》明确提出,"园长作为幼儿园改革与发展的带头人,担负引领幼儿园和教师发展的重任",并将"规划幼儿园发展"列为幼儿园园长首要的专业职责。有了明确的愿景,进行系统规划关键在于协调,具体表现为两个方面:一是细化权责,协调好人与人、人与事之间的关系,避免"有人没事做,有事没人管"或"令出多门""越级管理"等混乱问题;二是明确要求,协调好事与事、事与时之间的关系,要统一工作标准,提高工作衔接的效率,有序推进工作的开展。同时,规划不是园长一个人的事情。干部、教师除了落实全园规划外,也要注重自我规划,要认清自己的职责,梳理好自己与同伴的关系,认清自己的能力,梳理好业务与发展的关系,在工作中贡献自我价值,实现自我发展。

（三）素养提升

美好的愿景和周密的规划指向幼儿园发展的品位，然而高品位还需要高质量的行动来实现，园长、干部和教师的素养是其中的核心要素。较高的素养不仅是提升保育质量的基本条件，还在于同等水平的素养才能使不同的人处于同一思想场域和话语体系之内，愿景才能实现共享，规划才能得到落实，团队才能实现合力。否则，素养的缺失导致愿景理解进入误区，或规划执行出现偏差，我们要面对的就不仅是效率低下的问题，还可能遭受错误行为的伤害。例如，"小学化"的教学行为不仅存在于某些急功近利的民办园中，也可能出自怀有仁爱但对教育理念理解不透彻的园长和老师。提升队伍素养最主要的途径是园本研修。

开展园本研修，一方面应该聚焦实践中的问题，共享探索经验，寻求破解之策，从而提升教学机智与保育水平；另一方面，幼儿园须着力加强政策研究与理论学习，尤其要深入研究《指南》《规程》《纲要》等对幼儿园具有直接指导意义的文件，深刻理解学前教育理论中保育、游戏、课程等基础概念，熟悉幼儿身心发展规律，要对幼儿园的改革发展和常规的保育工作有科学的框架性认识，为理念的更新和优化奠定坚实的基础。

（四）多元参与

高品质的幼儿园不是某人以一己之力建成的。从历史的发展中我们不难看出，幼儿园作为一种社会组织机构，功能在不断地丰富，专业性越来越强，所涉及的专业门类和利益相关方也越来越复杂。幼儿园不能只是看管孩子的"托儿所"，也不能只是为升学做准备的"学前班"。除了促进幼儿身心发展的核心任务之外，其传承社会文化、普及早教知识等方面的作用也逐渐广为人们看重。为了内部的和谐发展和外部的功能实现，幼儿园必须"打开大门""广开言路",面向更多元的需求,调用更丰富的资源,听取更广泛的意见,优化办园行为。

幼儿园改革发展的多元参与可以分为几个层次。第一层是幼儿园行为主体的全员参与,即园长要给管理干部和教师赋权、赋能,建立民主且高效的管理机制;第二层是幼儿园物理空间之内的集体参与,即幼儿园要尊重儿童发展的需要,给儿童创造参与幼儿园文化建设、环境创设、活动开展的机会;第三层是幼儿园利益相关方的共同治理,包括幼儿园应保持与政府各部门的积极沟通,应组建好家委会并切实发挥其作用;第四层是幼儿园专业相关方的配合支持,包括幼儿园应积极寻求家长、社区的参与,积极用好各类场馆公共资源,丰富办园的资源,优化保教工作。

(五)动态管理

高品质幼儿园的建设也并非一蹴而就、一成不变的。时代在发展,环境在变化,人才在流动,孩子在成长,幼儿园改革发展中的大事小情都须与时俱进、因地制宜、因人而异。对于个人来说,审时度势,反思自我,从而调整做事的心态和策略,靠的是个人的素养;对于组织来说,发现问题,诊断原因,从而做出应对和改进,则需要依靠建立健全质量监测机制。虽然对于一所幼儿园来说,建设完善的质量监测机制成本太大、困难很多,但在走向高品质的道路上,幼儿园至少需要以七大基本特征为观测点,设置定期审视反思的机制,在改革中保持自觉,在发展中保持清醒。

总的来说,高品质幼儿园建设是一个复杂的工程,要实现高品质的发展,既要树立科学的愿景,也要进行系统的设计;既要全面提升教师的素养,也要注重家长和社会的参与。走向高品质,要"三思而行"。同时我们也要看到,有很多幼儿园长期坚守教育规律,紧随时代发展,始终保持良好的发展态势,其中也有一些已经堪称"高品质幼儿园"。

走向高品质的道路是宽广的，是通畅的。只要我们心怀儿童、心怀事业、着眼现实、着眼未来，在我们共同的努力下，一定能够实现更大的发展，给孩子们守护更美好的童年。

第三节 小学课程思政实施

习近平指出，少年儿童是祖国的未来，是中华民族的希望。[①]基础教育是"立德树人的事业"，是"提高民族素质的奠基工程"，并强调"各类课程与思想政治理论课同向同行，形成协同效应"。[②]小学属于基础教育开端，小学实施课程思政对整个教育发展立足立德树人的目标至关重要。教育部在2021年印发了《革命传统进中小学教学指南》，形成了以统编三科为主、艺术学科重点纳入、其他学科有机渗透的"3+1+N"结构。印发《中华优秀传统文化进中小学课程教材指南》，重点解决中华优秀传统文化进小学课程教材"进什么、进多少、如何进"的问题，这"两个指南"为小学各类课程实施课程思政提供政策指导和引领示范。

推进小学课程思政的实施，重点要从顶层设计、完善参与人员、创新教学方法、推进思政元素分类协同、营造校园文化、促进融合发展这六个方面入手，结合思政元素和学科教学大纲的要求，实现小学阶段课程思政的"梯度"建设目标：第一阶段重点是明确意识；第二阶段重点是掌握技能；第三阶段重点是注重体验。最终目标是将爱生命、爱生活、重实践、勇创新、担责任、

---

① 参见习近平：《在北京市海淀区民族小学主持召开座谈会时的讲话》，《人民日报》，2014年5月31日。

② 习近平：《在全国思想政治工作会议上的重要讲话》，《人民日报》，2016年12月9日。

提技能贯穿全过程,通过将"做人做事的基本道理、把社会主义核心价值观的要求、把实现民族复兴的理想和责任融入各类课程教学之中"①的内容,以课程落实为主,加强教师引导、管理辅助。在课程方面,结合纵向和横向双重思维方式,在纵向上,各学科在划分学段的基础上,关注课程内容上的递进性,加强对学生目标层次升级;在横向上,各学科之间要避免重复性,合理安排、整合优化,按照课程内容进行,将内容和形式有效结合。在教师引导和管理两个方面,做到有核心、有主次、勤沟通、多交流,力求将小学课程思政的目标落实到每一堂课上、每一位教职工身上。

一、小学课程思政的内涵、要求及意义

(一)小学课程思政的内涵

小学阶段,坚持立德树人的教育教学目标,结合阶段特色,采取嵌入式、支撑式、补充式等方式来挖掘各类课程中的思政元素,建立管理自发、教师自觉、学生主动、课程协同的课程思政建设体系。小学阶段实施课程思政,基本元素主要有:理想信念、品德修养、爱国主义、科学精神、劳动精神、追求真理、奋斗精神、克服困难、创新思维、健康乐观。另外,在实施路径中,嵌入式适用于综合实践课等相关课程;支撑式适用于数学课、科学课等相关课程;补充式适用于语文课、国学课等相关课程。同时,小学教师的思政素养则是关键所在。

---

① 习近平:《在全国思想政治工作会议上的重要讲话》,《人民日报》,2016年12月9日。

(二)小学课程思政的要求

小学实施课程思政，因学生自身发展规律的特殊性和育人发展的长足性，综合各方因素形成合力，共同提升实施效果。习近平总书记指出，世界上没有两片完全相同的叶子，老师面对的是一个个性格爱好、脾气秉性、兴趣特长、家庭情况、学习状况不一的学生，必须精心加以引导和培育。[①]目前，小学各类学科基于教学目标，能够符合情感态度和价值观的要求，关注现实需要，实现育人目标。但是在系统性和实效性方面还存在一定差距，就此需要做到以下四点：第一，营造环境氛围，在硬件和软件上都要加强育人氛围烘托。例如，链接红色教育基地，建立课程思政展示园，加强校风、班风育人目标的建设；第二，协同管理，形成合力。管理者肩负着管理育人，起着实施者和监督者作用，通过管理和服务过程传递给学生，同时还能监督教师实施课程思政的效果；第三，亲其师、信其道，做一个榜样教师。课程思政的实施主要在教师，树立教师榜样，利于相互借鉴，利于课程思政教学的示范，又利于言传身教；第四，系统化、规范化，实现综合成果效应。小学是青少年正式进入学校教育的第一阶段，是实现德智体美劳全面发展的关键时期、基础时期，激发孩子的潜能种类繁多，提高小学课程思政的实施效果，以实现小学阶段课程思政的"梯度"目标。

(三)小学实施课程思政的意义

教育是立德树人的事业。习近平总书记指出："为了中华民族的今天和明天，我们要教育引导广大少年儿童树立远大志向、培育美好心灵，让少年

---

① 参见习近平：《同北京师范大学师生代表座谈时的讲话》，《人民日报》，2014 年 9 月 9 日。

儿童成长得更好。"①小学阶段,在教育性质上属于基础教育,在学生发展上属于智力水平和思维水平发展的关键时期,在教学目标上是习惯养成和行为规范的主要形成期。立德树人就是将中华优秀传统文化、革命文化和社会主义先进文化中的"德",与培养社会主义事业的建设者和接班人相结合,共同发展推动目标实现。立德树人,要从娃娃抓起,扣好人生第一粒扣子,要避免在大学期间投入大量的精力去补"课",去补"养成教育"期间落下的"课",避免小学阶段唯分数、唯成绩。

习近平总书记在 2018 年 5 月给陕西照金北梁红军小学学生的回信中,嘱咐他们多了解中国革命、建设、改革的历史知识,多向英雄模范人物学习,热爱党、热爱祖国、热爱人民,用实际行动把红色基因一代代传下去。②习近平总书记还指出,少年儿童不可能像大人那样为社会做很多事,但可以从小做起,每天都可以想一想,对祖国热爱吗?对集体热爱吗?学习努力吗?对同学关心吗?对老师尊敬吗?在家孝敬父母吗?在社会上遵守社会公德吗?对好人好事有敬佩感吗?对坏人坏事有义愤感吗?这样多想一想,就会促使自己多做一做,日积月累,自己身上的好思想、好品德就会越来越多了。③新时代,赋予立德树人的新高度,在基础教育,尤其是小学阶段养成教育关键期,做好思政工作,结合幼儿成长阶段特殊时期,做好低年级时期的课程思政尤为重要。

---

① 《习近平治国理政》(第一卷),外文出版社,2018 年,第 182 页。

② 参见《习近平总书记教育重要论述讲义》(第一版),高等教育出版社,2020 年,第 53 页。

③ 参见习近平:《在北京市海淀区民族小学主持召开座谈会时的讲话》,《人民日报》,2014 年 5 月 31 日。

二、切实做好小学阶段课程思政建设

（一）加强顶层设计，体现在规划、目标、效果方面，保障小学课程思政的系统性、科学性

一要建立成效管理机制。可以采取：调动教师工作的积极性，引进职薪绩效机制；强化榜样力量，建构激励机制；不断更新教育和管理的理念、方法，推进培训学习机制；践行"一校一特色"的制度，发扬学校特色机制。以上机制进行系统管理，有利于总结经验、扩大成效，推进后续工作可持续性。二要建立目标管理机制。小学阶段的思想道德教育是递进的，具有"多向性"和"梯度性"目标。分学段实现明确意识、掌握技能、注重体验的目标，所有课程所要讲述的内容要"把做人做事的基本道理、把社会主义核心价值观的要求、把实现民族复兴的理想和责任融入各类课程教学之中"①，最终实现同向同行、协同育人的效果。小学阶段，要遵循爱模仿、好表达的小学生特点，以课程落实为主，加强教师引导、管理辅助，实现热爱生命、热爱生活，重实践、勇创新、担责任、提技能的目标。三要建立要求管理机制。小学阶段是教育体系极其重要的阶段，是实现从"要我干"到"我要干"的重要转变时期，实施课程思政有助于推进转变的实现。四要建立探索管理机制。探索课程思政的教学规律，在探索中寻找办法、遵循规律。课程思政的教学规律应把握"遵循思想政治工作规律，遵循教书育人规律，遵循学生成长规律"②，要做到"沿用好办法，改进老办法，探索新办法"③。紧密结合小学的独特性和学校自身发展的特色，积极借鉴已取得的经验，在一个合力的氛围当中，推进小学课程思

①②③　习近平：《全国思想政治工作会议上的重要讲话》，《人民日报》，2016年12月9日。

政的探索管理机制。

(二)建立完善全员参与实施课程思政机制

习近平总书记指出,少年儿童的心灵都是敏感的,准备接受一切美好的东西。①小学阶段,课程思政的实施需要学校全员参与其中,坚持管理者、教师和学生三位一体,充分调动合力作用,形成同向合力支持,共同提升小学课程思政的实施效果。

一是提高全员实施课程思政的协同能力。要做到:明确同向合力目标,指引协同方向;尊重差异,共同进步;亲自实践,人人参与,在实践中锻炼、提升、改造;善于总结,做到积极因素强化巩固、消极因素及时调整,实现相互学习、共同进步,在实践中提升思政素养的协同能力。

二是培育课程思政的组织和骨干。小学实施课程思政,要建构组织和骨干。组织的建立能够促进规范化管理,便于监督。例如,建立"课程思政工作坊""课程思政微课堂""课程思政大舞台"等。同时,要培育课程思政骨干,有专业人员的参与带头引领,如在小学的《道德与法治》《科学》《语文》《数学》等课程教师的引导下,培育课程思政的带头人,积极培育课程思政骨干团队,及时把握政策、集体备课、调整方案,便于目标设立、过程评价和监督落实。

三是创新教学方法,把思政元素融于课堂或实践教学之中。小学阶段,创新教学方法必须关注学生特点,通过课堂互动与反馈、课堂内外联动等方法实现教学目标。小学生乐于表达、善于沟通、听从教师,可以采取继承和发扬传统的问答法,注重达到"道理不用我说,你自己在活动中悟出的效果"。

---

① 参见习近平:《在北京市海淀区民族小学主持召开座谈会时的讲话》,《人民日报》,2014年5月31日。

体验式教学,积极使用新技术吸引学生的注意力,丰富眼界,增强思考,实现体验中教育的目标;各类课程特色不同,在采用嵌入式和支撑式的思政元素教学外,积极参加研讨小组,定期交流沟通,进行勘探—挖掘—冶炼—加工,让课堂"活"起来,将生活搬到教室,让教室走进生活,相互融合、共同发展。

四是凝练学校精神,加强校园文化建设,达到环境育人。习近平总书记强调,要"开展形式多样、健康向上、格调高雅的校园文化活动"[①]。小学阶段,校园文化同样要做好校园物质文化、精神文化和制度文化的建设。

五是通过互联网推进课堂内外联动。互联网快速发展,革命性地推进了多媒体技术在教学过程的运用。实施课程思政,可采用划分专题方式、直接互动方式尤其是在线交流方式。学生通过多种方式的学习交流,不仅能够了解相关的基本知识,而且开拓了学生视野,提高了学生整体文化素养,及时调整教学方法和内容,使得实施课程思政更加高效。

(三)课程思政在小学学科分类中的实施特性

学科类别不同在实施课程思政时也有所不同,体力类、智力类、社会类,以思政元素为基础,为实现系统的目标要结合各类学科的特点,进行专业的协同指导,方可达到预期效果。

一是体力类学科重在实践。坚持"三贴近"原则。贴近实际,结合学生实际制定目标,结合学校发展要求制定衡量标准;贴近生活,坚持以生活为老师,开阔眼界,促使学生对生活的思考、追问和探索;贴近群众,坚持以学生为中心。

二是智力类学科重在引导和自教。引导性是智力类学科的核心特征。在

―――――

① 习近平:《把思想政治工作贯穿教育教学全过程　开创我国高等教育事业发展新局面》,《人民日报》,2016 年 12 月 10 日。

教师教的部分,教师要做到正面引导和偏差引导。学生教的部分,主要在于学生的自我教育和自主建构。智力类学科将引导和自教结合,激发学生潜力,纠正偏差,为学生指引正确方向。

三是社会化类学科重在面对热点问题。社会化类学科当中的热点,主要包含生活中的热点和学生个体的热点,在热点的教育中将学生自我规范与社会规范相统一,也是一个自律与他律结合的过程。

习近平总书记指出,少年儿童如何培育和践行社会主义核心价值观,主要是要做到记住要求、心有榜样、从小事做起和接受帮助,[①]这也是小学阶段课程思政达到的基本要求。推进小学阶段课程思政的常态化发展,要紧密结合学校特色,在指导思想和原则不变的前提下,及时调整规划,规划的发展就是要因时而变、随事而制,要始终坚持融合发展,这既符合课程思政的要求,也符合促进人的全面发展要求。

第四节　初中阶段思政教育与课程思政

初中学生是祖国的未来,是我国社会主义事业的接班人,是国家和民族的希望。"少年强则国强,少年富则国富",中学生的思想政治教育与国家的发展息息相关。对青少年加强思想政治教育,是中小学坚持社会主义办学方向、培养社会主义建设者和接班人的中心任务,历来得到党和国家各级领导的重视。在日常的教育教学活动中,教师必须及时掌握学生的思想状况,查找、分析工作中存在的问题,积极探索中学生思想政治教育工作的新方法、

---

① 参见习近平:《在北京市海淀区民族小学主持召开座谈会时的讲话》,《人民日报》,2014 年 5 月 31 日。

新途径,与时俱进,做好领路人。

一、课程思政与初中思政教育

(一)党和国家高度重视青少年的思想政治教育

1949 年, 新中国成立后, 青少年的思想政治教育在我国越来越受到重视。毛泽东主席等党的历届领导人,都高度重视全民族思想道德建设,高度关注青少年思想政治教育, 甚至上升到能不能保持国家长期稳定的高度去认识。党的十八大以来,党中央高度重视青少年学生的思想政治教育,密切关注他们的成长状况。习近平总书记于 2018 年 8 月 21 日至 22 日在北京召开的全国宣传思想工作会议上指出:教育新人,就是要通过以文化人,坚持把品德教育放在重要位置,加强精神文明的建设、培育和实践社会主义的核心价值观,提高人民群众的思想觉悟、道德水平、文明素质,培养新时代下能够担当民族复兴大任的新人。在青少年价值观形成的关键时期,我们必须加强引导,扣好他们人生的第一粒扣子。

党和国家领导人的殷切希望, 充分体现了党和国家对青少年身心发展的关心和希望,体现出国家对青少年的重视。1994 年,中共中央提出了加强学校思想道德教育的意见。2004 年,国务院对未成年人的思想道德建设提出了改进和加强的意见。2012 年,教育部对学校的德育体系进行整体规划。这些意见和规划使我国青少年的思想道德素质和科学文化素质不断提升,青少年思想政治教育工作取得长足的进步。

(二)初中生思想动态

在我国,初中生同样处于社会、家庭、学校三方合力育人的教育模式,在调研中发现,初中生的思想政治状况良好,积极进取,乐观向上,努力学习,尊敬师长,遵纪守法;富有爱心,勇于担当,对未来充满信心;他们热爱祖国,热爱家乡,拥护中国共产党的领导,是积极、健康、向上的一代。进入 21 世纪,电脑、智能手机、虚拟网络进入我们的生活世界。多元化发展的社会环境和信息繁杂的网络环境给初中生提供了广阔的舞台,开阔了他们的视野,促进了他们的发展。然而初中生的思想还不够成熟,正处在人生观、价值观、事业观形成的关键期。这些新技术、新思想给初中生的思想政治教育带来了新的挑战。面对现代社会的各种诱惑,不可否认,初中生思想状况也存在一些消极现象,主要表现为:学习缺乏目标与动力、迷恋网络、感恩意识淡薄、叛逆意识强烈。

初中生思想政治状况的不良现象,反映了我们在初中生思想政治教育中确实存在的不足。作为一名初中教师,必须冷静面对现实,客观分析初中思想政治教育中存在的问题。目前,问题集中表现在以下方面:重智育,轻德育、思想政治教育深入性不够、思想政治教育内容与时代明显脱节等问题。

二、初中课程思政实践的关键问题

(一)初中课程思政实践的必要性

培养什么样的人,是教育的首要问题。古今中外,每个国家都是按照自己的政治要求来培养人、教育人、引导人。青少年,特别是初中生处在人生观、世界观、价值观形成期,处于思想政治教育的关键时期。有句话:先入为主,对症下药。需要采取切实可行的、符合青少年规律的科学的教育手段、教育方式和教育方法。在这个人生观、价值观形成的关键时期,把大水灌输式与潜移默化式结合起来,把马克思主义的基本常识、基本要义,辩证唯物主义的思想灌输好,把社会主义核心价值观、科学的精神灌输进去,这样才能堵住宗教的、唯心的、迷信的、封建的思想侵入。

当然,要因材施教,有的放矢。关于初中生,要把握教育教学规律,不能过多地采取理论性灌输,要采取课程思政的方式,把理论和民族精神融入初中的语文、数学、体育等课程之中。所以,为了在学生群体中实现社会主义核心价值观的培育和践行,在初中整个教育体系中有机地融入社会主义核心价值观,思想政治教育必须全面融汇到学校教育教学的全过程,渗透在学校的日常管理之中,因此思想政治教育需要抓实、抓细。把课程思政理念引入课堂,在传授文化知识的同时,渗透对学生的思想政治教育是新时代全民思想政治建设的有力举措。

(二)初中课程思政实践的可行性

思想政治教育是素质教育的核心。今天我们大力提倡素质教育,父母让孩子学习书画、音乐、编程、围棋,参加各种体育锻炼;学校配备教师,提供场地,开设多种课程;社区邀请学者做科普报告,组织大量的社会实践活动等,都是为了提高青少年的综合素质。这些大环境也为思想政治教育提供了有利条件。

课程思政的实施首先在大学逐步展开,初中生面对中考和高考的压力,学习任务重,课余时间不多,因此更加需要实施课程思政。初中课程和课时安排经过优化设置,精心布置具备开展课程思政的条件。例如,在初中英语教学中实施课程思政。课程思政的实施以初中英语课程的教学活动为载体,在时间安排、教学素材、活动组织等各方面统筹考虑,具备可行性。从课程内容来看,初中英语教材选题丰富,紧跟时代潮流,包含了体育、政治、科技、军事等各方面的内容,能满足不同阶段不同兴趣爱好学生的认知水平,而且贴近学生的现实生活,结合教材内容引导学生的思想政治教育顺理成章;从组织形式来看,英语教学中组织的各类活动,阅读比赛、演讲比赛、学唱英文歌、经典影片欣赏等活动为思想政治教育活动提供了广阔的平台;从时间安排来看,课程思政的实施不占用大量的课余时间,在教学活动中穿插思政教育,教师与学生互动,答疑解惑,也为师生的思想交流提供了良好的契机。

（三）初中课程思政实践的主要原则

1.坚持正确的思想政治教育方向

教育就是为了培养人才。教育为人民服务、教育为社会主义现代化服务,教育与生产劳动和社会实践相结合,培养德智体美劳全面发展的社会主义建设者和接班人。面对政治局势变化莫测的国际社会,学校必须坚持正确的思想政治教育方向。当代青年面临着一个深刻变化的社会、丰富多彩的生活、多样化的思潮,他们更需要在理想和信念上得到强而有力的指导。随着时代的发展,新媒体下学生获取信息的方式更加快捷和多元化,论坛、微博、微信、QQ、邮箱成为了解世界的窗口。正确认识世界和中国的发展趋势,了解和把握人类历史发展的必然性,理解和把握中国特色社会主义历史发展的必然性,坚定为中国特色社会主义理想奋斗的信心,树立为共产主义远大理想奋斗的信念;正确地了解与对待中国和国际差异,全面客观地认清当代中国、对待国际问题;正确认识时代赋予我们的责任和历史给予我们的使命,用中国梦激发青少年学生的青春梦想,为他们点亮理想的灯光、照亮前进的征途,鼓舞和激励青少年学生有意识地将个人理想融入国家和民族的伟大事业中,勇敢地站在时代前列;正确理解远大抱负和脚踏实地的辩证关系,把远大的抱负脚踏实地的付诸实践,把努力学习和增长本领作为青少年学生的内生动力。

2.遵循初中生的成长规律

不同阶段的学生有不同的特点,思想政治教育和各种教学实践都应该遵循初中生成长的客观规律。在国家颁布的《2010—2020 年的教育改革和发展规划纲要》中提出了"三个坚持""四个学会"和"三个注重",清楚地回答了中国基础教育的培养目标、关注点及培养模式。"三个坚持"是指:坚持把德育放在第一位、坚持把能力放在重要地位、坚持人的全面发展。"四个学会"是指:学会知识和技能、动手及动脑、生存与生活、做人和做事。"三个注重"是指:注重学思结合、知行统一、因材施教。这从国家层面、基础教育的方向上指明了遵循学生成长规律、德育为先、全面发展的教育目标。

思想政治教育实质上是老师与学生之间的心灵对话。做好思想政治教育工作,就必须要建设一支高水平、高素质的教师队伍。做一名好教师,要有理想、有道德、有学识、有爱心。在课程思政实践过程中,教师必须把握初中生青春期的特点,遵循思想政治工作部门的相应政策;学校领导应为教师的教育和教学活动保驾护航,提供资源和保障。

3.加强教师队伍建设,深化课程思政教学设计

要实现"课程思政"的教育功能,教师应该有意识地加强本门课程教学的教育意识和教育性,树立所有课程都具有教育功能的理念。教师要不断学习,努力提高自身的专业素质和思想道德品质,在本门课程的教学活动设计中挖掘课程思政的教育资源,坚持实施"课程思政"。在教学内容上,依托教科书,利用网络资源优化教学效果;在教学方法上,改变传统的教学方式,激发学生积极参与教学活动,并要求学生交流经验。

4.因课制宜,深挖课程思政的教育资源

课程思政的实施不能把各科课程与思想政治教育生硬地联系到一起,要优化课程思政教育内容。不同的课程有不同的课程思政教育资源,各科教师应该深刻理解本门课程知识,坚持以人为本的价值观引导,深挖课程思政的教育资源。自然科学有它的力量之美;社会科学有它的人文之美;文学有价值观教育;医学有生命观教育。中学各科目也可挖掘到独特的课程思政教

育资源,各门课程都能制定具体的思政教育目标。因课制宜,深挖各科课程的思政教育内涵,就能发挥课程思政的教育功能。

5.完善考评机制,赏罚分明

完善"课程思政"的实施细则,建立行之有效的考评机制,是实施"课程思政"的有力措施。将课程思政教育实践纳入常规的教育教学考核,建立和完善有利于教师进行课程思政实践的规章制度。通过教师的学科思想政治教学设计,课堂反馈,教学反思,教师的自我评价,教师相互评价与学生评价等,把课程思政的教育功能由抽象转化为具体。建立明确的奖惩机制,对于工作突出、成效显著的教师要大力表彰奖励,推广经验;对于工作不到位的教师要提出批评,促其改进。总之,初中"课程思政"的实践是一项长期而艰巨的任务,只有不断建立和完善相关制度,从思想上重视"课程思政"的实践活动,深入挖掘各门科目的课程思政教育资源,才能在潜移默化中完成教书育人的历史使命。

(四)初中课程思政实践的基本方法

1.达成共识,教育部门、学校领导和教师齐头并进

教师是课程思政实践活动的主力军。"教书育人"是全体教师的共同责任和历史使命,教学的目标是育人,育人功能的实现不能脱离教学,育人指导教学,二者形成了教师的责任和要求。每门课程在实现育人功能方面有不同的定位。在教学理念上达成共识,深入贯彻思想政治教育一体化的课程思政理念,实现思想政治课程转换成"课程思政"的思政教育模式。

初中生生活的环境以及社区对初中生的思想政治教育影响巨大。"昔孟母,择邻处",为了孟子能有一个好的学习环境,孟母曾三次搬家。我们的社会也要优化社会实践辅助教学的环境,承担起思想政治教育的职责。各级政府应该扫黑除恶,加强对网吧、书店、音像市场的监管,净化初中生成长的社

会环境。社区应尽可能开展一些适合初中生参加的志愿者活动,创建校外初中生思想政治教育平台,搭建学校、家庭、社会合力育人的桥梁,实现"三位一体"全方位育人的宏伟愿景。

２.思想政治教育要循序渐进

思想政治教育工作是一项长期工程,不能急于求成,要循序渐进,慢工出细活。思政教育内容与学段对应,根据初中阶段思政课程的内容设置,各学段完成对应的教育内容,环环相扣,稳步推进。七年级的思政教育要以认识自我,培养个人的生活习惯,遵纪守法为主要内容;八年级的思政教育要以培养集体主义意识,培养社会责任,提高辨别力为主要内容;九年级的思政教育要以培养公民意识,培养健全人格为主要内容。思政教育的内容根据学生的年龄段进行梯度设置,教育工作要按部就班,循规蹈矩。

三、初中课程思政的实践

(一)初中课程思政机制

时代在前进,思想政治教育工作应当紧跟时代步伐。当前中学生思想政治教育主要通过思想政治课来实现。为把思想政治教育工作做到实处,落到细处,把社会主义核心价值观植入人心,思想教育工作者需要统一思想,统一认识:教育要从娃娃抓起,实现大中小学思想政治一体化教育。在新时代背景下,各门课程都要肩负起教书育人的责任,各学科老师都要学会在教授本学科知识中融入思想政治教育。思政课程和课程思政要同向同行,合力向前。

１.引领机制——优化思想政治教育环境

初中阶段是青少年成长关键期,全社会都应该积极行动起来,营造良好的社会、学校、家庭三位一体的立体式教育环境。孩子出生后最先接触的是家庭。家长的一言一行，待人接物的态度以及处事方式都潜移默化地影响着孩子。我国著名教育学家陶行知说"生活即教育"，家长要善于抓住生活中的点点滴滴，用正确的思想，正确的行动和正确的方法教育孩子，切忌急于求成，从小培养孩子明确的是非观，学会辨是非，识美丑。

学校是德育工作实施的重要载体，教师是学校落实德育工作的主要承担者。学校德育工作要摒弃思政教育与学生实际行动脱节的教育模式，把思想政治教育融入教育教学的全过程。各学校要建立符合本校实际情况的思想政治教育顶层设计，遵循"以人为本"的教育原则，建立"以学生终生发展为目标"的长远规划，制定详细的、操控性强的规律，并遵循教学规律，遵循学生的成长规律。思想政治教育要讲究方式方法，讲究说话艺术，才能让学生听进去，做出来。

2.长效机制——健全规章，严爱相济

叶圣陶先生曾经说过："教是为了不教。"为了达到这个目标，教师就要在日常管理中，采取每日宣誓、读励志书籍、抄录名人名言等方法，让学生做到"每日三省吾身"，强化培养大家的自我教育意识，让他们具备终生学习的能力，潜移默化地把思想政治教育融入他们的日常生活中。初中生思想政治教育必须严格要求，淬火才能锻造出钢。但是在教育中，面对十多岁的初中生，也不能缺少厚爱，要刚柔相济。纯正思想动机的种子在学生的脑子里生根发芽，要想茁壮成长，就要经常不断地得到雨水的滋润、阳光的普照、肥料的补给，受到老师的培育。当然思想政治教育不可能一蹴而就，思想政治教育工作是个长期的事情，绝不是一朝一夕便可达到，要保持思想政治教育的连续性，要驰而不息，锲而不舍地抓下去。

3.课堂教学机制——教材内容的革新

课堂教学是课程思政的根本，教材内容是课堂教学的关键。为解决思政教育教材内容滞后、脱离时代的问题，义务教育阶段政治教科书也需要常态化修订。初高中思想政治教科书分别为《道德与法治》《思想政治》，各年级对应相应的教学内容。初中思想政治教育结合时代需求，主要内容包括学习观、生命思考、遵守规则、承担责任、国家利益、公平正义、中华文化、核心素养、社会主义核心价值观。教材内容的更新及时解决了思想政治教育内容过时老化的问题，同时对教师的专业素养和教学能力提出了更高要求。这就要求教师与时俱进，紧跟时代步伐，及时了解党的方针政策，了解时事，革新教学方式，讲求教学艺术和教育智慧。思想政治教育内容不能只局限于教科书，应将教育战场拓宽到课堂之外，组织学生参加社会实践，户外研学，定期开展志愿者服务，开展主题班会，参加升国旗仪式，让学生走进社会，通过各种活动体验、感悟思想政治教育的内涵，引领价值观的形成。

4.理论与实践结合机制——课程思政进生活

长期以来，学校思政教育采取传统的填鸭式灌输教学模式，主要依靠思政课堂来完成。处于青春期、叛逆期的初中生对于这种纯粹的说教不感兴趣，因此思想政治教育的效果并不好，有时还适得其反。课程思政与思政课程相呼应，实现了思政教育的完美结合。拓展课程思政的实践广度，让课程思政走进生活。思政教育不只在课堂上，更在生活中。教育工作者要有足够的耐心，走出课堂，走进学生的生活，寓教于乐，对学生进行启发式教育，时时地鼓励他们。"人在事上练，刀在石上磨"，学生要成长，必须经过磨炼。实干兴邦，实践出真知。1845 年，马克思在《关于费尔巴哈的提纲》中指出："实践可以证明人类思维的真理性。"[1]实践是检验真理的唯一标准，瑞士的一名心理学家皮亚杰鼓励学生参与自我评价，作为教师要鼓励学生参与对自己的实践成果作自我评价，提升自我认知、评定和判断能力。社会、学校可以建立

---

① 《马列主义经典著作选编》，中共中央党校出版社，2011 年，第 8 页。

社会实践辅助教学环境,鼓励初中生积极参与到社会实践活动中,才能让他们学会运用理论,积累经验,总结规律。课程思政是新时代下,顺应国家思想政治教育指导思想而产生的教育理念,思想政治教育要审时度势,与时俱进,不断改进教育内容、教育方法,适应新形势,才能培养出合格的建设者。

(二)初中课程思政中的主体

初中课程思政的主体是人本身,包括教师和学生。建设一支政治素质过硬、业务能力精湛、育人水平高超的高素质教师队伍,是中学生思想政治建设的基础性工作。课程思政的成功实施离不开理论支撑、机制保障和实践创新。教师是课程思政的灵魂。为保障课程思政顺利展开,教师必须具备广博的专业知识,还要具备一定的思想政治知识和能力,要具有与时俱进和终生学习的理念,还要给学生起到身先士卒的示范作用。

古人说:"师者,人之模范也。"学高为师,身正为范。教师的思想政治状况具有极强的示范性。作为教师,自己的言行举止就是对学生潜移默化的教育。在课程思政的实施过程中,教师应将守时、自律、诚信、合作等优良品质以实际行动给学生率先垂范,以身作则实现对学生的思想教育。与此同时,充分挖掘教材相关内容,组织丰富的教学活动,对学生加强社会主义核心价值观的教育:"富强,民主,文明,和谐;自由,平等,公正,法制;爱国,敬业,诚实,友善";不断提高自己的专业理论知识和思想道德素质,让学生"亲其道,信其师"。在课程思政实践过程中,还必须考虑初中学生的特点,以人为本,组织丰富多彩的活动,实现教学和思想政治教育的融合,寓教于乐。

(三)初中各科教学中的课程思政

初中思想政治教育不只是学校行政管理部门、班主任、政治教师的责任,各科任课教师都要结合课程思政,把思想政治教育引入课堂,积极探索新时代背景下与时俱进的中学思想政治教育方法。课程思政是实现思政教育的强有力途径之一。在全国高校踊跃开展课程思政研究与实践的大背景下,尝试把课程思政理念引入初中阶段各学科教学之中,从以往教学设计上突出对学生情感态度的教育,过渡到在教学理念上自然地把思政教育融入各学科日常教学中,使思政教育"润物细无声",以此丰富和拓宽中学生思想政治教育的渠道,加强思想政治教育的有效性,真正实现"立德树人"。

初中阶段的主要课程为语文、数学、外语、物理、化学、生物、政治、历史,地理,同时开设音乐、美术、体育、信息、通用等通识课程。语文课本中有很多经典诗词、名家名篇,是对学生进行思想政治教育的示范;数学教学中向学生讲述蕴含在数学理论和原理背后的伟人故事,激发学生发奋学习,报效祖国;英语教学中有很多英文阅读文本,在学习英语基础知识的同时,可以让学生了解西方世界的文化、历史、景观及价值观的同时对比我国五千年的悠久历史和文化底蕴,激发出他们的民族自豪感和爱国主义情感,利用课本中的英文故事对学生进行生命观和价值观教育;地理教学中,带领学生学地理,看祖国大好河山,爱祖国每一寸土地;历史教学中,学习中华民族的灿烂文化史,讲述中华儿女忍辱负重,百折不挠的奋斗史,激发他们担负起实现中华民族伟大复兴的重担;体育教学中,培养学生顽强拼搏的体育精神,增强体质,为建设祖国贡献力量。

初中阶段各学科都能够传授知识,寓德育人,创建"思政教育"与"课程思政"融合的教育模式,开展课程思政,把思想政治教育贯穿到教育教学的各个角落,为祖国社会主义事业培养德智体美劳全面发展的接班人。

第五节　高中阶段思想政治教育与课程思政

一、人生观教育的内涵及高中阶段人生观教育的特殊性

在实现中国梦的历史征程中,青少年人生观教育有着丰富的内涵,科学的人生观教育更有突出的个体意义和社会意义。同时,高中阶段是人生观趋于定性和定型的重要阶段,这时候对其进行科学的人生观教育是极为必要的。

(一)人生观教育的内涵及意义

1.人生观教育的内涵

什么是人生观? 为什么要进行人生观教育? 人们在日常生活中不断地进行总结和思考,展望自己人生未来的发展,以理想中的人生为参考点,在现实生活中以自己对人生的思考为动力一步一个脚印朝着美好人生前行,从未停歇。在前进的道路上,人们一直在思考人活着的意义到底在哪里,接下来的人生应该往哪前行,人应该以怎样的方式活着等问题,渐渐地形成了对人生的认识。马克思主义认为,"人生观的形成,不是来自人们对上帝的信仰,也不是由于人性的自我要求,而是人们所处的一定历史条件和社会关系的产物"①。同时,人生观在阶级社会中存在阶级性,其原因是阶级关系不仅决定着个体的社会地位与生活状况,也决定着一个人的人生目的与人生命

---

① 孝宜、李萍:《人生观通论》,高等教育出版社,2001 年,第 25 页。

运,但这并不排除有些人在选择自己人生观时存在主动性。

那么我们可以对人生观下一个简单的定义,人生观是人们在生活实践中对人生意义不断思考总结逐渐形成的相对稳定的人生观念。人生观是一个人走向未来发展的指路明灯。因此,人们接受人生观教育极为必要。那么何为人生观教育,其内涵可表述为:"以现时代的社会发展、人的发展为基础,以追求人生的整体和谐发展为目的,引导人们确立正确的人生目的、人生态度、实践有价值的人生。"①正确的人生观教育能坚定人们的科学理想和信念,引导人们为了美好未来而奋斗不止,在实现自我价值的同时,把个人命运与国家命运结合在一起,在实现中国梦的生动实践中书写人生华章。

每个人都是独一无二的个体,每个人的人生经历都不相同,所以每个人的生命经历都是不一样的,这使得人们对人生的认识也不一样。回顾人类历史人生观的基本流派可以归纳为以下五种:①自然主义人生观。代表人物有中国的老子、庄子,法国的卢梭。自然主义人生观讲求服从自然,不要过分追求金钱名声,有基本满足生活需要的物资就可以了。②功利主义人生观。代表人物有战国时期的墨子,澳大利亚的斯玛特,美国的布兰特等人。功利主义人生观的基本特征是注重实际利益和效果,过分强调功利性,把功利性作为人生价值判断与追求的标尺。③德性主义人生观。代表人物有中国的孔子、孟子等。德性主义人生观的基本特征是注重品德修养,在人的一生中践行良好的思想品德。④宗教人生观。它把宗教看得很重,生活上的很多事情都倾向宗教,把宗教组织当成另一个家,特别信服宗教信条,做事做人以宗教要求为基准。⑤科学人生观。科学人生观的基本特征是客观性、发展性、实践性,是对一定历史时期人生规律的正确反映。科学的人生观真正揭示了人的发展规律。现阶段,我们公认的科学人生观的先进形式是共产主义人生

---

① 孝宜、李萍:《人生观通论》,高等教育出版社,2001年,第3页。

观。它把消灭资本主义、建设社会主义、实现共产主义、为人民谋幸福看作人生的最高目标和最大价值。[①]我们对多种人生观进行仔细研究,会发现它们的普遍特征:

第一,时代性。每一个时代的人们受当时社会现实和生产力发展状况的制约,对人生观问题的理解和回答都不相同,从而使人生观存在差异性,可以说每一种人生观都深深烙印着时代的痕迹。面对人生观问题人们已经进行过无数思考,但先前的探索只是新的更进一步认识的起点,绝不会是认识的终结。

第二,相对独立性。人从未停止思考,各种人生观流派的出现就是一个很好的证明。人们对于人生问题的思考,不再是单一的理解回答,而是在原有的、先前的回答归纳的基础上,进行独立思考。一个人人生观的确立受多种因素影响,一旦确立,即使周围存在其他流派的人生观的影响,也不会轻易改变。所以根据人生观的特性以及社会健康发展的需要,对人们进行科学的、正确的人生观教育是极为必要的。

2.人生观教育的意义

(1)人生观教育的社会意义。从社会角度看,在新时代的今天,全国各族人民正在为实现中国梦而不懈奋斗,而人生观教育在这一过程中体现着其独特的价值。

首先,人生观教育是促进我国社会和经济发展不可或缺的精神动力。在今天,社会大众以昂扬的斗志为祖国的建设做着贡献,使得我国经济发展步入了新的阶段,但区域与区域之间,区域内部之间经济发展依旧不平衡,实体经济水平发展不高等问题依然严峻,我党秉持初心,坚持解放和发展生产力,努力建设社会主义现代化经济体系,推动我国经济持续健康发展,人生

---

① 参见李春秋:《人生观与世界观》,青岛出版社,1997年。

观教育有利于凝结大家的力量,共同面对困难,共同克服。众所周知,中华民族的伟大复兴绝不是一蹴而就的,它需要全党全国各族人民发扬艰苦奋斗、自强不息、知难而进的精神,持之以恒的付出、艰苦的努力方能实现。科学人生观不仅是社会凝聚力、精神动力的催化剂,也是我国社会强有力的思想保障。

其次,人生观教育是提高人思想境界的积极因素。青年是民族的希望,国家的未来,科学的、积极的人生观教育有助于青年理解生命的真正含义,明白自身价值该如何正确体现,从而把握正确的人生方向,严格要求自己,以更高的道德标准要求自己,约束自己,进而在人生奋斗的道路中提升思想道德素质。社会大众接受科学的、积极的人生观教育,有助于营造乐观向上的社会氛围,良好的社会氛围会促使社会成员主动向正确的是非观、人生观靠拢,并积极实践。

最后,人生观教育是社会人才培养的必要手段。人才是实现民族振兴、赢得国际竞争主动的战略资源。[1]个人素质的提高、能力的发展,是社会进步的关键。换言之,人是社会发展的过程中最珍贵的资产,而高素质人才更为珍贵。国家的人才是用来建设国家的,倘若人才变成危害社会稳定的毒瘤,后果将不堪设想。人生观教育可以端正人们的思想,引导人们实践有价值的人生,把人才尽可能地集中在一起建设祖国,所以社会人才的培养一定要先育德,再成才,而人生观教育在这一过程中有着不可估量的作用。

(2)人生观教育的个体意义。从个体角度看,每个人都有着不同的人生经历,每个人都在朝着美好生活前行,但并非每个人都可以把握生活,度过有意义的人生。一个人要想无悔地度过自己的一生,从小就要明确自己将来

---

① 参见习近平:《决胜全面建成小康社会　夺取新时代中国特色社会主义伟大胜利——在中国共产党第十九次全国代表大会上的报告》,人民出版社,2017年。

想要什么,想成为什么样的人,该朝哪个方向持之以恒地努力,确立远大志向,并且这个理想是通过自身长期努力可以实现的,人生观教育在这期间将发挥难以估量的作用。

首先,人生观教育是个体生存发展的必然选择。每个人生活在世间都会留下自己的足迹,由于个体存在差异性,每个人用特定的行为和方式,书写着属于自己独一无二的历史。虽然每个人的生活经历都不一样,但有一点是相同的,那就是人的一生只有一次,人生的旅途只能前进,不能后退,人生的每一步都是一个新的开始,这使得每一次的人生选择都具有非凡的意义。

其次,人生观教育是个体潜能开发的有效手段。个体在生活实践中朝着人生和谐发展的目标前进,一定会遇到困难,令人迷失方向,这时候,科学的人生观教育作为人生黑暗路途中的灯塔,发挥着指引作用。在科学的、积极的人生观指引下,个体会尽可能地认清现实形式,扬长避短,自强不息,尽自己最大努力挖掘自己潜能,并朝着心中目标前行,最终实现有价值的人生。

最后,人生观教育是个体适应现实复杂环境,并在复杂环境中生存下来的需要。随着科技的高速发展,人们的思维和生活也不断发生着改变,尤其是在网络时代,人们面临各种机会的同时,也面临着更多的诱惑。这是对理性的考验。有的人顺应时代的发展,抓住机遇,实现自己的追求。有些人失去了机会,一事无成。

综上所述,个体活动的范围是有限的又是多向的,科学的人生观,可以引导个体正确认识社会和历史的发展走向,顺应时代潮流,积极发挥自身优势,完美地实现自身的追求。

（二）高中阶段人生观教育的特殊性

1.高中阶段人生观教育的不同

从年龄特征、心理特征来看,高中阶段是人生观趋于定性和定型的重要阶段。人的发展具有顺序性、阶段性、整体性、不平衡性和个别差异性的特点。中小学阶段,人们处在对世界懵懂认识的阶段,刚刚开始接触新事物,还没有能力进行独立地深层次的思考,因此在教育过程中以知识教育为主。教师在日常授课时,考虑到学生智力因素,所以较少地提问与人生观相关的问题。根据埃里克森八阶段理论认为高中阶段属于青春期阶段,这一阶段的基本冲突是自我同一性和角色混乱。高中生经历过初中时期的认识自己、分析自己、评价自己的阶段后对自我的认识更自觉、更深刻。相对于中小学阶段,他们开始更倾向于关注自我意识的发展状况, 时不时地关心思考与自己有关的各种问题, 很想知道自己到底是个什么样的人。头脑里常常出现诸如"我长得怎样?""我究竟是个什么样的人?""我的才能如何?""别人是怎样看我的?""我的人生应该怎样度过"等问题。高中生平常思考的这些问题正是其人生观确立的雏形。

一个人的人生观在很大程度上是在高中阶段确立的,高中阶段以后,人们会有自己明确的人生目标,并积极实行。这一时期,高中生如久旱的春苗,急需人生观教育这场春雨的滋润。一般而言,高中阶段学生对理论教育的学习和理解能力是人一生中最强的阶段。这时候,对高中生进行科学的人生观教育,在一定程度上很容易理解和认同正确的人生观教育理论,并以此为今后人生实践的理论进行指导。所以在高中阶段对高中生进行正确的人生观教育是极其必要的,也是极为有成效的阶段。同时,现代社会是以工业文明为基础的社会形态,其主要特征是:都市社会,机械化、自动化与专业化程度高,非生物性能源的广泛使用,经济持续增长,职业分化复杂等①。尤其是网络的发展,扩大了高中生的交际范围,使其对人生有着更深层次的思考。传统社会在相当大的程度上限制着个体的交往范围,这使得青春期的人们只能从长辈的人生经验中汲取人生问题的答案,接受的是经验性的人生观教育。根据高中生的发展特征对比传统社会的人生观教育,可以得出我国高中阶段人生观教育具有以下两个突出特性。

第一,高中阶段的人生观教育更加突出了马克思主义人生观指导下的统一价值取向的要求。人生观具有多样性的特征,因此高中阶段人生观教育要让学生在人生价值选择中,学会分辨善恶,从理性角度选择正确的人生观。随着互联网时代的发展,高中生更多地接触外面的世界,从而身处于多种人生观、价值观的漩涡中,这是不可避免的现实,鉴于此,高中阶段人生观教育更加突出对学生个体人生观的正面引导,端正人生态度,激发学生个体的积极性,抵制不良的、低下的人生观的侵扰,实现对生活的合理选择。

第二,高中生人生观教育不仅是一种精神教育,更是具有突出能力与价值教育相统一的特征。科技的发展不断改变着人们的生活方式、生产方式,在要求人们树立正确人生观的同时,提高自身的各项技能,如劳动技能、搜索处理信息的技能等,以便更好地适应复杂多变的社会环境。所以现阶段高中生的人生观教育不能仅仅是单一的传统性的精神教育,而要和价值与能力教育相结合,这样才能实现学生个体人生发展的目的。综上所述,高中阶段人生观教育的教育对象和教育方式都有着特殊性和重要性。

2.高中阶段人生观教育的意义

人生观是个体理想、信念的反映。一个人的理想、信念是同人生观相一致的,并最终通过其人生价值选择反映出来。高中生处在人发展阶段最为璀

---

① 参见罗荣渠:《现代化新论》,商务印书馆,2014年。

璨的时期,是可塑性较强的时期,对未来充满理想。坚持不懈和努力学习是必须的。正确的人生观能凝聚人民的意志,调动人民的力量,集中人民的智慧,夺取新时代中国特色社会主义的伟大胜利。高中生树立了正确的人生观,就会自觉地把个人利益和人民利益、个人爱好和社会需要、个人前途和祖国命运正确结合起来,斗志昂扬,为未来理想的实现奋斗不息。高中生接受正确的人生观教育,会以严格的道德标准要求自己、约束自己,提升自身思想道德素质。同时在日益发展的网络时代,为实现自身理想,高中生会尽最大可能挖掘自身潜能,顺应时代发展,积极发挥自身优势,追求和实现有价值的人生。

高中阶段是人生最为美好,最为充实的时期。高中阶段是知识储备量极为丰富的阶段, 每天畅游在知识的海洋中, 如同海绵般孜孜不倦地吸收知识。高中阶段是最富青春幻想的阶段,每天洋溢着朝气,对未来都抱有希望,暗暗地在心中给自己定下发展的目标,是走向美好生活的开始,也是人生扬帆启航的起点。绝大多数高中生朝气蓬勃,满怀理想,有着明确的人生发展方向,但也存在少部分高中生没有抵制不良诱惑,开始走向歧途。若在高中阶段,教师对学生进行正确的人生观教育,对学生的未来提出理想规划,并提出相应要求,使学生看到积极的未来,同时对存在问题的学生进行恰当的人生观教育,使其主动认识自身的错误,明确未来发展的方向,这样就可以很大程度上减少学生误入歧途的概率。高中生人生观的形成将在很大程度上决定其以后的行为方式和思想认识高度。所以高中生接受科学、积极的人生观对其未来的良好发展是极为必要的。

二、高中阶段课程思政治建设

在高中实际教学的过程中,面临高考的压力,埋头于题海、课本之中,思想政治的教育时间是极其有限的。当然,回过头来看,在整个义务教育过程中,家庭、父母、学校关注的还是学习成绩,到了高中尤为突出。所以高中德育功能的挖掘与利用不能仅仅局限在思想政治课程中, 更需要我们在其他课程中进行推广研究,例如在体育、地理、历史、语文、物理等课程。因此,我们推崇和实施课程思政的教育理念。通观高中阶段的所有课程,历史课是很好的课程思政建设课程,应该尤为重视。可以以高中历史课程的人生观教育为视角,研究高中课程思政,坚持高中历史课程与思想政治理论课程同向同行,在教学实践中贯彻落实课程思政的教育理念。历史学科相对其他学科更能凸显人生观教育,历史人物的勤劳勇敢、爱国情怀、百折不挠的优秀品质无不在学生心中留下深深的烙印。波澜壮阔的历史发展,开拓学生的历史视野。历史课本身就是一本很好的课程思政教材,所以我们以历史课程为例。

(一)高中历史课程的定位

党的十九大报告明确指出:"要全面贯彻党的教育方针,落实立德树人根本任务,发展素质教育,推进教育公平,培养德智体美劳全面发展的社会主义建设者和接班人。"《普通高中历史课程标准》课程标准明确规定了历史课程的基本要求。第一,历史课程应以立德树人作为自己的根本任务。第二,历史课程必须坚持正确的价值判断和思想取向。第三,培养学生思考历史。课程的性质明确规定,高中生通过历史课程学习后,做到拓展自己的历史视野,学会从历史的角度看待问题。

(二)高中历史课程的人生观教育功能

高中历史课程蕴含着丰富的人生观教育素材,笔者从历史人物和历史事件的角度来阐述其人生观的教育功能,希望能引起读者的关注和共鸣。

1.历史人物的人生观教育功能

当我们翻开史卷,细细品读,总能被里面的英雄人物事迹所吸引,午后时光在不经意间悄然而去。合上史书,历史人物的优良品格和气质在我们内心如浪潮般跌宕起伏久久不能平息。高中历史课程描述了古今中外五十六位历史人物,涉及文学、艺术、教育、科技等多个社会领域,通过对教科书中历史人物的研究,有助于提高学生的整体素质,继承和提升中华文明的优秀品质。

通过对教材中历史人物的认识,学生会自觉地以历史名人为榜样,增强民族认同感,激发爱国主义情怀。爱国主义是中华文明在漫长历史更迭中经久不衰的重要思想保证,凝聚和鼓舞了一代代中华儿女为祖国的兴盛奉献自己的青春以及生命。同时,爱国主义教育是高中历史课程的重要组成部分,教材中有着丰富的爱国主义教育的人文素材。如鸦片战争后,民族危机不断加深,时代赋予中华儿女救国图强的历史使命,1911 年,中国民主革命的伟大先驱孙中山领导了辛亥革命,推翻了封建帝制;中国共产党人带领全国各族人民创"四个伟大成就"。孔子提出的"忠君爱国""和为贵"的主张;墨子提出的"兼爱""尚贤"思想主张;毛泽东提出的实事求是的思想等。

在授课时,历史教师要寓教于史,结合教材,生动地展现人物的爱国事迹和言论,使学生在内心得到共鸣。通过对教材中历史人物的学习,培养学生的社会责任感和良好品德,使其认识到中华文明没有湮灭在历史长河中是因为中华民族崇尚科学、崇尚真理、自强不息。这些先贤的品德和志向是学生应该学习和效仿的。苏格拉底认为社会中的人应该具有美德,美德来自知识,人们内心深处的道德知识是最高的知识,鼓励人们拥有良好的美德。这些人物的事迹让学生明白人要成才必须立志勤学。

高中生在成长阶段会遇到许多认识问题,教师身兼传道授业解惑的使命,有责任帮助学生解决问题,在历史人物授课过程中,结合课堂交给学生一些基本观点和做人准则,以便从根本上解决学生的部分认识疑惑。在课堂教学时,教师必须结合历史先贤的辛勤劳动,使学生明白有意义的生活必须是实现理想的持久奋斗。历史的发展是可以追溯的,有自己的规律。人们可以从历史中得出自己未来发展的方向,从历史先贤中汲取营养来充实自己。同时个人的发展要符合历史发展规律。"今天,我们比历史上任何时期都更接近、更有信心和能力实现中华民族伟大复兴的目标。"①在学习历史先贤优良品质的同时,朝着这个大目标奔跑。

2.历史事件的人生观教育功能

历史悠久的中华民族素有修史、信史,以史为鉴、资政育人的史学传统。高中历史课程展示了丰富的历史文化遗产和众多的历史事件,有着独到的人生观教育功能。

中国思想文化的演进、发展和理论成就包含着人的解放精神和对真理的追求、坚持。源远流长、蓄积深厚的中国思想文化是我们的宝贵财富,其中渗透在中国社会每一个角落的儒家思想是主流思想,在中国有着难以磨灭的影响力。春秋时期,各种思想和哲学流派互相斗争。中国传统文化体系逐步形成。直到汉武帝时期,儒家思想得到了更广泛的关注,但后期也遭受过其他学派的挑战。唐代儒家学者韩愈后来又提出复兴儒学思想。直到北宋,程朱理学家的出现使儒学再次坚定正统。明末清初,李贽认为思想应当根据时代的变化,改变对与错的标准,大胆挑战正统的意识形态,肯定人类基本物质生活的重要性。顾炎武提倡从课本学到的知识要用到实践中去,学习对实践有帮助的知识,认为知识的最终作用是回归生活实践,同时提出一个国家的兴亡,生活在其中的每一个普通人都有爱国的责任。教师在高中历史课

---

① 习近平:《决胜全面建成小康社会 夺取新时代中国特色社会主义伟大胜利——在中国共产党第十九次全国代表大会上的报告》,人民出版社,2017年,第15页。

程的教学时,要以饱满的激情和自豪讲授,让学生在内心认同中华文化。同时培养学生追求和坚持真理的精神,在以后的人生道路上,脚踏实地,坚定自我,积极地实践有意义的人生。

在古代中国最具代表性的科技成果是四大发明——火药、指南针、活字印刷、造纸术。我国古代医术发达,从古到今,《黄帝内经》《伤寒杂病论》《本草纲目》等医学著作在医学领域发挥着无法估量的作用。蒸汽机、发电机和电子计算机的成功发展,深刻改变了人们对世界的认识及对人类自身的认识。科学技术的进步,是一代代人共同奋斗的结果,每一种科技成果的出现都彰显着人类拼搏进取、自强不息的精神。先贤为了人类的幸福生活贡献着自己的力量,只有在他们的基础上接力奋斗,才有了我们的今天。

教师在高中历史课程的科技史教学时,要引导学生养成自强不息、拼搏进取的精神,敦促学生不懈努力。

(三)历史使命教育与个人理想教育相结合

每个时代都会赋予在这个时代生活着的人的历史使命。如从鸦片战争到新中国的成立,时代赋予中华儿女救国图强,振兴中华的使命;16世纪欧洲处在宗教的黑暗统治,时代赋予人们解放思想、发展和传播人文主义的时代使命。马克思曾指出:"作为确定的人、现实的人,你就有规定,就有使命,就有任务。至于你是否意识到这一点,那都是无所谓的。这个任务是由你的需要及其与现存世界的联系而产生的。"[①]党的十九大报告指出:"中国梦是历史的、现实的,也是未来的……广大青年要坚定理想信念,志存高远,脚踏实地,勇做时代的弄潮儿,在实现中国梦的生动实践中放飞青春梦想,在为

---

① 王殿卿主编:《人生哲理》,北京师范学院出版社,1987年,第117页。

人民利益的不懈奋斗中书写人生华章！"①这是新时代的历史使命，所以历史教师一定要抓住中国梦的教育，在进行历史教学时，让学生学习和掌握中国历史，尤其是近现代史，使学生了解中国灿烂辉煌的过去，帮助学生了解中国的国情现状，明白使命的含义，从而使学生认识到能够处在新时代是多么自豪的一件事。

高中生在思考人生观问题时，会时不时地思考自己的未来。历史教师在进行历史教育时不仅要求学生自觉认识人类在自然界的位置与人际关系，更要认识人类自身，包括每个人的价值以及如何正确地实现它，学生应该了解人民作为历史创造者的重要性，以及正确认识个人价值，换言之，要让学生认真地审视自己，明白自身的优势，确立远大的可以实现的理想，同时个人理想要与中国梦的发展方向相一致，激励学生在生活中积极实践自己的理想。在历史教学中坚持历史使命教育与个人理想教育相结合的原则。

从宏观上讲，有助于学生尊重他人，珍惜前人创造的物质和精神成果，继承和发展前人创造的事业，激发学生的民族自豪感和爱国主义精神。从微观上看，有助于学生处理好个人与群体、社会与私人之间的社会伦理道德关系，正确合理地整合个人理想和中国梦，积极正确地实现自己的价值观和历史使命。

人生观教育是促进我国社会发展不可或缺的精神动力，是提高人的思想境界的积极因素，是社会人才培养的必经之路。就个人而言，人生观教育是个体潜能开发的有效手段，是个体生存发展的必然选择，是适应和把握现实复杂环境的需要。在人的一生中，高中阶段是人的思想认识逐渐成形阶段，高中生开始思考有关人生观的问题，在积极追求和实现理想中的自我。科学的人生观的确立，无论对高中生个体的健康发展还是中国特色社会主

---

① 习近平：《决胜全面建成小康社会 夺取新时代中国特色社会主义伟大胜利——在中国共产党第十九次全国代表大会上的报告》，人民出版社，2017年，第70页。

义的发展,都具有重大的理论与实践意义。

第六节　高校课程思政建设概述

《纲要》指出:高等学校人才培养是育人和育才相统一的过程。建设高水平人才培养体系,必须将思想政治工作体系贯通其中,必须抓好课程思政建设,解决好专业教育和思政教育"两张皮"问题。要牢固确立人才培养的中心地位,围绕构建高水平人才培养体系,不断完善课程思政工作体系、教学体系和内容体系。要切实把教育教学作为最基础、最根本的工作,深入挖掘各类课程和教学方式中蕴含的思想政治教育资源,让学生通过学习,掌握事物发展规律,丰富学识,增长见识,塑造品格,努力成为德智体美劳全面发展的社会主义事业建设者和接班人。

一、高校"课程思政"对学生的影响机制

高校课程按其表现形态一般分为显性课程与隐性课程。显性课程是指教学计划中包含的学科课程和活动课程,隐性课程则是与之相对应的一种潜在课程,它存在于教学计划之外,隐藏在非正式课程中。显、隐性课程构成完整的课程体系,在学校的教育教学活动中扮演着重要的角色。显性课程与隐性课程相互联结,并以合力的方式影响着受教育者。高校"课程思政"的有效开展,取决于思想政治教育显、隐性课程的协同相互作用,促使思想政治教育达到预期效果。在对思想政治教育进行研究的过程中,机制具体是指思想政治教育各要素的基本规律和相互作用方式,以达到特定的目标。研究高校"课程思政"对高校学生的影响机制有利于对学生进行思想政治教育。

（一）"课程思政"教育中显性课程对学生产生影响的机制分析

在高校对学生进行思政教育的过程中,显性课程主要指长期居于主导地位的思想教育理论课程,即《马克思主义基本原理概论》《毛泽东思想、邓小平理论和"三个代表"重要思想概论》《中国近现代史纲要》《思想道德与法治》四门理论课程。这四门课程发挥着对高校学生进行思政教育的主体作用,对学生产生直接的教育影响,并指引着明确的方向。一般而言,思想政治教育显性课程是通过知识传授、促进学生学习和教学评价的方式来影响学生。

1.知识传授

思想政治教育的内容体现着思想政治教育的性质,而知识传授是"课程思政"教育中显性课程对学生产生影响的具体化机制,是显性课程对学生影响的外在表现。目前,学术界对思想政治教育要素研究多样,比较流行的是"四元论"和"五元论"。"四元论"包括思想教育、政治教育、道德教育、心理教育。"五元论"比"四元论"多一个"法纪教育"。这两种理论并没有本质区别,"五元论"中的"法治教育"已经融入"四元论"中的其他要素中,特别是在"政治教育"中。①知识传授是"课程思政"教育影响学生的主要机制,侧重于世界观和方法论的教育,着重解决主观和客观一致性的问题。主要包括"科学的世界观、人生观、价值观教育;艰苦奋斗精神教育;马克思主义唯物论、无神论教育;辩证思维方式教育、科学精神教育和创新精神教育等"。

2.促进学生学习过程

就学生的接受机制而言,可以分为有意和无意两种。对显性课程来说,学生总是明确自己在学什么、要去哪里,具有强烈的目的性,一般来说,他们

---

① 参见邵献平:《思想政治教育中介论》,中国社会科学出版社,2007年。

会有意识地进行自我控制,不断进行自我调节,以实现获取经验效果的最大化。就教师的表现而言,在显性课程中,教师主要采用直接、明确的方式去传达教育内容。所谓直接是指教师把教育内容直截了当地传授给学生,清楚明确地告诉他们要学什么、达到什么样的目标,会有什么样的结果等等。所谓明确是指教师与学生对自己教书与学习的角色明了,教育过程的痕迹明显清晰。"课程思政"教育过程中显性课程对于学生学习过程的促进作用正是通过这样的方式来体现。

3.评价导向

在对学生进行"课程思政"教育的过程中,传授给学生的不仅仅是相关的理论知识,还有社会对新一代青年的要求和期望,培养的是有理想、有道德、有文化、有纪律的"四有青年";对学生进行教育的不仅仅是思想政治教育理论课程的教师,更是"全员育人"的最大限度发挥;教育效果的衡量标准绝不单纯是学生的理论课程成绩,而是思想品质和行为方式的总体呈现。对学生进行"课程思政"教育能够有效评估思想政治教育系统的科学性,从而使思想政治教育培养的人才适应社会主义现代化国家发展的新要求。

(二)"课程思政"教育中隐性课程对学生产生影响的机制分析

"课程思政"理念中思想政治教育的隐性课程主要是指显性课程以外的其他课程对于学生进行思想政治教育的作用,主要是综合素养课和专业课中发掘的思想政治教育资源。与思想政治教育的显性课程不同的是,思想政治教育的隐性课程对学生的教育产生着微妙、间接性的影响,因而有其独特的教学机制。具体来看,思想政治教育的隐性教学机制主要是通过暗示、感染、模仿、认同等方式来影响学生的。

1.高校思政隐性课程开发过程中的施教机制

(1)暗示。高校思想政治教育中的隐性课程,通过各种情境和氛围,使学生自觉地接受教育。在学校教育活动中,多种教学活动和教师的言行举止都可以提示学生,使其接收信息,产生心理体验。诚如洛扎诺夫所说:"我们是被我们生活的环境教学和教育的,也就为了它才受教学和教育的。"高校思想政治教育中的隐性课程对学生的影响取决于多种因素,例如学校环境的氛围,师资力量的综合素质和道德修养,教学过程中方式方法的选择和学生整体接受水平及主观意愿等因素。也正因如此,对高校思想政治教育中的隐性课程设计和实施的科学性、艺术性提出了很高的现实要求。

(2)感染。目前,以提高思政课程的实效性为切入点,全国各高校充分利用地方历史文化资源优势,积极开展实践教学活动,大学生在思政课程与社会现实性相结合的过程中受到感染。比如,一些高校充分利用当地丰富的历史文化资源开展教育。大连市的一些高校通过组织学生参观旅顺历史博物馆、鸡冠山等地,加深当代大学生对中国近代屈辱历史的教育,激发学生的爱国热情;湖南组织学生参观毛泽东纪念馆、刘少奇纪念馆等革命前辈故居地,重温红色历史,加强革命传统教育。还有一些高校在暑期组织优秀学生到全国各地进行社会实践调查活动,引领广大学生走进社会大课堂,在实践中受教育。例如,武汉大学组织 1.5 万余名学生上山下田、走村入户,开展"不忘初心、牢记使命"十九大主题宣讲,"创行黔行、助力扶贫"等实践活动;重庆大学设立学生社会实践服务中心,统筹校级、院级、各学生社团的社会实践工作,实行社会实践"全员参与"的工作模式。在这样的实践育人活动中,学生浸润在其中,自然而然会受到感染和教育;新疆艺术学院联合中央美术学院、自治区社科联等组织大学生深入南北疆基层开展主题性文艺展演、艺术采风、艺术培训等活动。

(3)认同。认同作为影响心理的重要机制,也成为思政隐性课程影响学生心理的重要机制,在理论与实践中得到了广泛的应用。人们自觉遵守和认同社会规范往往是受社会舆论的驱使。社会舆论是指社会公众的想法与观点,是社会广大人民群众的共同信仰,也可以认为是信息交流之后人与人之间产生的共鸣与碰撞。学校环境中的舆论通过认同影响学生,群体规范应运而生,以其一致性的压力驱使人们认同或者遵守群体规范。

(4)模仿。心理学家班杜拉的"社会学习理论"对于解释思政隐性课程如何教育学生具有很强的启发性。他认为:"模仿或观察性学习是观察他人行为、形成观察行为及其结果的概念,并运用这些概念作为编码信息以指导其未来行为的过程,人们表现出来的大多数行为都是通过经意或不经意的模仿来学习的。模仿使人们能够从示例中学习到他们在尝试某种特定行动之前应该做什么,从而减少因直接尝试带来的负担和风险。"

2.高校思政隐性课程的学生接受机制分析

接受是指接受主体出于某种需要对接受客体的反映、择取、理解、解释、整合、内化以及外化践行的过程。接受过程则是接受主体和接受客体双向建构、双向发展的过程,既是内化整合的过程,又是外化践行的过程。学生通过其独特的接受机制在暗默中对思政隐性课程信息进行掌握,而不是像掌握思政显性课程信息那样通过教师直接讲授进行。

(1)主体接受机制。思政隐性课程对学生的影响依赖于学生的主体活动。学生会同时被动接受思政隐性课程影响和主动选择、加工课程传递的信息。正如马克思所说:"环境的改变和人的活动的一致,只能被看作是并合理地理解为变革的实践。"①思政隐性课程信息作为一种客体,学生作为认识主体,思政隐性课程的主体接受机制就是一个由接受主体对思政隐性课程信息进行内化整合,又外化实践的特殊认识过程。由此可见,思政隐性课程的接受过程不是简单的刺激—反应过程,学生在接受思政隐性课程教育影响的过程也绝不是消极被动的,忽视学生主观能动性的发挥,影响教育的实效,

---

① 《马克思恩格斯选集》(第一卷),人民出版社,1995年,第59页。

不利于思政整体功能的发挥。当然在实践过程中，也可能出现各种复杂的情况。

（2）影响主体接受的因素分析。思政隐性课程是一种隐含在其他载体中的课程，其具有不明显性。影响因素包括：教育者、受教育者、教育内容、接受环境和接受媒介。影响思政隐性课程接受的因素伴随着课程的开展并在各种因素的综合作用下实现。

教育者在思政隐性课程中的含义十分宽泛，学校的所有人员，包括教师、行政管理人员和后勤人员都是教育者，并对教育效果具有十分重要的影响。思政隐性课程往往融于各门学科教育教学的全部环节中，只有教育者对道德规范躬身践行，创设民主、宽松、和谐的接受氛围，与接受者形成良性互动，才能形成教书育人、管理育人、服务育人的良好局面，产生良好的教育效果。

受教育者的需求是有效接受的原动力。只有当接受主体在心理上有一种强烈的愿望、需求，才能形成对思政隐性课程主动接受的态势。因此，思政隐性课程必须转向关心人、尊重人、理解人，坚持个人价值和社会价值统一的轨道上来，同时坚持教育者主导性与受教育者主体性的统一，这样才能提高思政隐性课程接受的自觉性。

教育内容是指教育者有意识、有目的地进行开发设计的课程。教育者在开发设计课程时，要充分考虑接受主体已有的认知结构、思维习惯、价值观念、道德品质和行为倾向，也就是海德格尔所说的"前结构"，因为这些直接影响受教育者对教育内容的选择和接受。此外，教育内容要反映社会发展和人的发展双重要求，让受教育者更好地适应社会和发展自己。接受环境包括宏观环境——比如政治、经济、文化、心理环境和微观环境——比如工作和生活环境。接受环境在很大程度上受隐性课程接受效果的影响。接受媒介是指思政隐性课程信息的传播渠道。主要分为四大类：第一类是知识性思政隐性课程,即隐含在各类显性课程中的思想政治教育隐性因素。第二类是活动性思政隐性课程,即隐含在各种课程实践中的思政隐性课程因素。第三类是环境思政隐性课程,第四类是制度思政隐性课程。

二、高校"课程思政"的教育内容体系构建

高校思政教育内容资源庞杂、零散,教育方法在现实思想政治教育实施过程中往往停留在理论阶段,难成体系。对思想政治教育内容资源的开发与利用,教育方法的构建是新时期实现从"思政课程"到"课程思政"的一个重大课题。毋庸置疑,当前高校思想政治教育虽一再高举"德育生活化"和"全课程全学科思政"的大旗,但现实的思想政治教育却被限定在了传统的思想政治教育课程里,其他课程及任课教师也缺乏思想政治教育的主动性和积极性。"课程思政"这一课题的提出旨在从根本上提高各党政机关、课程、任课老师的思想政治教育积极性,将当下思想政治教育存在的"两张皮"现象从根本上扭转。从"思政课程"到"课程思政",思想政治教育的内容需要进行思考和整理,全面响应"课程思政"的根本目的,重新整合教育内容,打造全方位的"课程思政"教育内容体系。

(一)挖掘课程的思想政治教育资源是先决条件

所有课程都蕴含着丰富的育人资源。一方面,"课程思政"建立在每一门课程的基础上,要与学科体系建设相结合,明确学科育人资源,建立学科育人共同体。比如,哲学社会科学课程要注重政治导向和文化的育人功能;自然科学课程要挖掘其科学精神和人文素养,培养创新意识、生态文明和工匠精神教育;应用技能型工科课程则可以探讨通过有效的实践活动形式来挖掘思想政治教育元素。学生受到多学科的熏陶,更容易树立正确的价值导

向,培养其理性平和的心态、富于人文关怀的情感和高尚的审美情操。另一方面,要着力探索"课程思政"的课程标准和教学规范,明确课程中的思想政治教育元素,在教育教学全部环节,明确育人要求,将提高"课程思政"的教育教学质量落地落实。

(二)着眼"课程思政"教育目标的"纵向衔接"

"课程思政"指向一种新的思想政治教育工作理念,即"课程承载思政"与"思政寓于课程"。落实好这一新理念,要做到课堂教学、社会实践、网络运用三维课程的有机统一。"课程思政"要始终围绕专业和学校的培养目标展开。"课程思政"首先要为专业培养目标服务,要将本学科的知识导向和能力培养要求、落实学科价值引领有机统一。在以往学科的人才培养方案中,对知识和能力的培养要求十分明确具体,但对思想价值引领的要求却并不明确,即使有也是被所谓的"高素质""健全人格"等抽象的词语来代替,这就导致价值引领在学科教学中无法落实到位。"课程思政"还要服务于学校培养目标的育人要求。我国高校按照培养模式分为研究型、专业型、应用型和技术型等,虽然各高校最终都是为了培养德智体美劳全面发展的社会主义建设者和接班人,但不同高校的培养规格是不同的,他们的校史、校风、校训、教风、学风、校貌等也体现着自身的特点,所以"课程思政"既要为专业培养目标服务又要体现高校自身的办学特色。

(三)强调显隐性教育、人文与自然学科、思政教育新旧问题间的"横向贯通"

课程思政教育内容包含许多对立统一的矛盾,比如思政显性和隐性教育、人文与自然学科、新旧思政教育等,只有将这些对立统一的矛盾横向贯通,才能真正实现整体化的"课程思政"。要实现横向贯通,需要做到以下几点:

第一,将显性教育与隐性教育相结合。思想政治理论课是一门具体的显性教育课程,充分发挥其在学科建设和"课程思政"中的引领作用;其他课程作为隐性课程,在完成本学科教育教学任务的基础上,与思想政治理论课形成协同效应。因此,在高校"课程思政"建设中,要发挥思政理论课在"课程思政"建设中的引领作用,同时也要发挥其他隐性课程的助力作用。

第二,人文社科与自然学科的有机结合。在"课程思政"的理念下,各类课程都蕴含着思政教育元素。现代学科分类精细,传统教学存在学科知识之间的碎片化、壁垒化,不利于实现育人的整体效应。因此,需要统筹规划对各门学科的价值元素,建立知识与人、知识与生活之间多维度的交融关系。

第三,要将传统思政的理论性与新思政的交互性有机结合。丰富生活化的德育内容,充分关注大学生发展中的热点问题和社会热点问题,做到理论与实际相结合。思政教育在贴近学生、贴近生活的同时,还要处理好理论教学与德育实效性的关系,既要在研究思政教材和学生的基础上,设法使抽象的理论内容具体化,又要针对学生出现的学习、生活、心理等具体问题加以抽象概括成理性认识,沿着从"抽象到具体"与"从具体到抽象"两个方向路径,把思政理论与生活实际问题进行有机结合。

(四)加强专业教育课、综合素养课和"第二课堂"的"三位一体"建设

从"思政课程"到"课程思政"的教育内容构建应更新观念,树立起全方位大空间育人观。社会环境的愈加复杂性客观要求高校思想政治教育环境体系建设树立全方位大空间育人观和系统工程的观念。要求高校思想政治教育要切实将"课程思政"的三大组成部分,即专业教育课、综合素养课和"第二课堂"在思想政治理论课引领下进行有机整合,三位一体,协同并进,发挥其在塑造大学生良好思想品德方面的积极作用。

思想政治理论课要加强思政教育理论性、确保思想政治理论大方向的

正确性;专业教育课要积极发掘蕴含的思政教育元素,并设法显性化;综合素养课要与时俱进;第二课堂要推陈出新;与此同时教育者要率先垂范,为学生提高自身综合素养做出表率从而促使"课程思政"教育达成良好的教育效果。

思想政治教育是个大命题,每门课程都应融入思想政治教育这个大命题中,并将思想政治教育相关因素渗透至各门课程之中,正确处理好各类课程之间的关系。只有将思想政治教育与专业教育切实有机结合,才有学生方方面面综合素质的提高。要将专业教育课和综合素养课与第二课堂充分结合。

大学生整体思想道德水平的提升需要"第二课堂"的力量,而不仅仅是课堂教学所能独自解决的。所以要精心培育具有较高综合素养水平和浓厚专业特性的"第二课堂"思想政治教育环境,在多元课程冲突中坚持正确的价值导向和先进的文化导向,用以爱国主义为核心的民族精神和以改革创新为核心的时代精神来教育引导学生。第二课堂形式多样、时空范围广,内涵外延和深度广度都是课堂教学所不能比拟的。因此决不能忽视"第二课堂"的思政教育功能。高校在"课程思政"实践过程中,要把除思政教育理论课这一教育主渠道以外的课程,即专业教育课和综合素养课与"第二课堂"充分结合,以"立德树人"作为根本导向,以马克思主义和中国特色社会主义理论体系为指导思想,科学设计载体,创新工作举措,以文化人,以习育人,建立立体化思政教育工作体系,实现大学生思想道德素质教育内化于心,外化于行。

具有"课程思政"教育气息的"第二课堂"活动形式主要有:文化讲座、校训解读、经典品读、社团活动、竞赛活动、创业活动等,在活动中要有意识地彰显道德对人的存在性意义,比如公共生活中的道德性,人际交往中的人格力量,集体利益与个人利益的协调等,在具体的思政氛围中培养学生的公共精神和自律意识。专业教育课与综合素养课相结合。专业教育课与综合素养课的结合,可以在育人过程中既提高大学生专业技能,又培养其精神素质,培养大学生既成人,又成才,有利于增强思想政治教育的实效性。二者的结合可以通过教材改编、理论学习与实习实践活动相结合、重建专业课程评价体系等多种形式来进行。

一是通过教材系统改编,教育大纲对综合素养及专业能力提出相应要求,在知识传授的过程中注重各项综合素质的养成,特别是品德素质,加强提高教育的针对性。二是育人过程中将理论学习同专业实习实践相结合,加强教育的理论性和实践性。三是重建专业课程评价体系,对学生除专业技能评估之外加以综合素养的要求,以保证教育的实效性。一方面,由教育者深入理解二者结合的重要性并有效灌输给学生,从而有的放矢地进行"课程思政"教育;另一方面,教育者应尽力引导同教育对象使双方教与学的活动形成双向互动,这有利于帮助教师及时调整教育方式,提高育人效果。

总之,思政理论课指导下的"三位一体"高校"课程思政"体系,必须将思想政治理论课、专业教育课、综合素养课和"第二课堂"中的一切积极因素进行有机整合,形成良性互动,实现思想政治教育的最佳效果。

(五)教材建设是"课程思政"内容建设的重要依托

教材、教师、学生是课堂教学活动的三种基本要求,也是教学质量生成的三种基本要素。它们从不同角度,不同层面对教学活动和教学质量产生决定性、根本性、实质性的影响。教材是"课程思政"的重要内容,是教育教学的重要依托。教什么、怎么教、建设什么样的教材体系,既是国家意志的体现,又是研究育人本质问题的必然要求。主干课程教材、意识形态属性较强的哲学社会科学教材和其他课程的教材都要体现知识的价值导向。加强教材建设的同时,必须创新学科体系、学术体系、话语体系,教材在内容上尽力避免

"大话、空话、套话、假话",增强学生对教材的亲近感。为此要集中骨干教师力量,统筹优势资源,推出高水平的教材,国家要严格把关,必须选用符合国家标准的教材。只有这样,才能在教学的三种基本要素中做好基础工作。

三、"课程思政"教育方法体系构建

方法体系是"课程思政"教育取得实效的重要因素,必须加以重视,根据目前高校课程体系的实际情况,探索行之有效的"课程思政"教育方法体系十分必要。

(一)构建"课程思政"的中国话语体系

话语权是指一种信息传播主体潜在的现实影响力,从狭义上说,是指影响社会发展方向的能力。对话语权的争夺古来有之,二战后话语权的斗争集中表现为争夺意识形态主导权。西方敌对势力一直凭借强势地位的话语权,打压甚至颠覆社会主义国家,或推行"和平演变"战略。东欧剧变以后,我国成为其主要针对目标,西方价值观念正在潜移默化地影响我国青年一代。因此在新形势下做好思政教育工作,推广"课程思政",必须在高校建立中国话语体系,消弭敌对势力带来的不良影响。所谓中国的话语体系,是指以马克思主义思想和中国的实践经验为基础,能够适应新时代、具有本土特色、能与世界对话的话语体系。构建中国话语体系,营造中国氛围,是真正实现"课程思政"教育效果的重要前提。

做好高校"课程思政"的中国话语体系构建,核心要素是彰显对当代中国社会主义核心价值观的认同,引导学生树立"四个自信",实现专业话语体系与价值话语体系的融合。在"课程思政"教育教学过程中,通识课程要在尊重课程教育规律的前提下实现价值理念的自然渗透;专业课程教育要体现科学发展中的中国范式和中国理论;在第二课堂和文化建设中,要注意营造"中国特色",讲好中国故事,构建浓厚的中国氛围。而思政理论课可以引导学生阅读能够体现马克思主义中国化的文本,引导学生以马克思主义观点对西方经典文献进行批判性解读等。

(二)打造适应"课程思政"的线上、线下系列化课程

课堂教学依然是思政教育的主要渠道,"课程思政"这一新概念也离不开课堂教学。既然是课堂教学,那么不管是什么教育,都应遵循一定的价值理念,在教育过程中,又需要培育和塑造既定的价值观念。因此,要想做好课堂思政,必须打造适应"课程思政"的系列化课程。找准专业课程与思政课程、理论与政策、学术与政治的结合点,即强化高校思想政治理论课主渠道作用,充分发挥各门课程育人功能,在一定程度上实现了高校各门课程同向同行。在"05方案"的指导下和各地市的实践经验,不少高校形成了"4+1+X"思政课程体系,即4门思政必修课、1门形势政策课和各类思政课选修课程,这些是思想政治理论教育的核心课程。

除了课堂教学这一主渠道之外,高校还应该打造"课程思政"立体化的课程体系。当前"95后""00后"大学生对网络新媒介的利用率几乎是百分之百,学校要善于利用"慕课"等新兴教学方式和微博、微信等媒体,有计划地在网上开展思政教育,例如开设相关历史文化课程,建立时事政治讨论组,宣传学校的文化、好人好事、重大事件等,广泛吸收学生党员及学生干部等先进担当网络"意见领袖"等等,通过系列化的课堂内外和线上线下传统或者非传统模式的课程,做好"课程思政"教育。

(三)有效利用"第二课堂"的多种形式进行"课程思政"教育

"第二课堂"形式多样、时空范围广,内涵外延和深度广度都是课堂教学

所不能比拟的,在实现"课程思政"教育效果的过程中,要善于利用第二课堂的社会实践活动,按照人才培养目标,在学习理论知识的基础上,有目的、有计划地组织学生利用节假日等课余时间参与社会政治、经济、文化生活的教育活动。社会实践是思想政治教育中非常有效的途径。早在新中国成立后我国教育体系初建时期,党和国家就出台文件,强调实践活动对于人才培养的重要意义。大学生通过社会实践,可以接触、了解和服务社会并不断提高综合素质以及科学精神、创新意识和解决实际问题的能力,从而促进人的全面发展,因此社会实践活动是高校思想政治教育不可或缺的重要组成部分。

在新时代提高当前高校思想政治教育的有效性,党和国家也充分认识到了实践育人的重要性。目前共青团中央在高校推行的"第二课堂成绩单"制度,就很好地提高了大学生综合素质、深度融入教育改革发展、服务国家经济发展大局,例如各高校每年利用假期开展大学生"三下乡"活动,通过志愿服务、社区基层锻炼、文化下乡等多种多样的形式积极探索实践育人新模式,从而提升高校思想政治教育的效果,有效解决形式与内容的统一,理论和思维之间有效转化,从而实现当代大学生的"知行合一",将理论学习与行为转化有机结合起来,促进思想政治教育的效果。

(四)利用优秀传统教学法进行"课程思政"教育

"课程思政"是思政教育的新概念,但在实际教育教学过程中,也要善于利用传统教学方法中的有效内容。传统思政教育中除了灌输法之外,还有理论联系实际、启发式教学、开放式教学和跨学科教学等一系列教学方法,都可以为"课程思政"所用。课程思政通过各种课程进行思政教育,灌输一定的价值理念势在必行,只有在灌输一定知识的基础上,才能开始在理论联系实际的思想政治教育引导下工作。

实现理论联系实际一个很好的方法就是启发式教学,教师可以针对课程中蕴含的思政元素提出问题,引导学生思考并各抒己见,教师做好引导和拔高。而过去受"左"的思想影响的开放式教学法,可以借鉴"第二课堂"教育模式进行改造,真正发挥出开放式教学法的有效性。此外,重视心理学方法与"课程思政"的有效结合,要重视教学过程中师生的心理活动,既要重视有意识的心理作用,也要重视无意识的心理作用,既要善于进行"说理动情",也要善于运用暗示、体验、移情、感染、模仿、认同等心理学方法进行思政教育。要重视构建起民主平等的"课堂思政"课堂,发挥教师教书育人的主导作用,以自身的道德素质、人格魅力、渊博的知识和平和的态度激励和感染大学生,让学生愿意接受"课程思政"教育,最终实现思政教育的预期效果。

总体来说,"课程思政"是一个新概念,其有效推行的办法也在不断试探摸索中,但是在构建"课程思政"的方法体系中,既要善于根据新形势探索新教育方法,又要对传统教育方法进行时代化改造,并坚持已经被证明有效的传统教学方法,这样才能真正构建起"课程思政"教育方法新体系,实现思政教育新突破。

四、"课程思政"的实现路径

(一)明确"课程思政"建设的制度保障

思政工作关系到中国特色社会主义事业是否后继有人的大事,推行"课程思政"和"三全育人"模式,党政各级部门也都要参与进来,只有把所有资源充分调动起来,明确"课程思政"建设的制度保障,才能保证"课程思政"的教育效果。高校"课程思政"建设要统筹规划,做好顶层设计,高校党政领导要深入第一线,亲自授课、听课,指导"课程思政"建设;学校教务部门要统筹教育资源,拟定课程规范和评价标准,加强试点课、示范课和培育课的建设;

人事部门要在人才引进、师资培养、职称评审等方面制定相应的激励机制；高校教师要将"课程思政"理念贯彻落实到教育教学全过程，行政管理人员和服务人员要做好日常保障，以踏实的工作实效感染学生。形成全国上下一盘棋，全校上下一盘棋，建立常态化和行之有效的领导机制、管理机制、运行机制及评价机制，充分调动和激发建设"课程思政"的热情，才能让"课程思政"建设生根发芽。弘扬求真务实精神，制定相关政策法规，既要有利于各项事业的发展，又要有利于大学生的健康成长。

（二）搭建跨学科的"课程思政"全方位平台

"课程思政"要重视人、环境、教育的协调配合，使整个教学过程及教育资源起到共同建构学生知识、能力及价值观的作用。每门学科都蕴含着德育资源，深度发掘并且与各门学科相互结合，在教学中自然渗透，让学生在不知不觉中受到思想教育。各门课程普遍蕴含的德育资源主要包括以下三点：一是辩证唯物主义观点。辩证唯物主义思想可以让学生形成科学的世界观。二是爱国主义思想。我国的发展成就和特色技术在学科知识当中，能激发学生的爱国主义情怀。三是勇于探索的坚强意志。坚持不懈的奋斗精神，可以鼓励学生开拓勤奋，励志成才。发掘德育资源与实现"课程思政"教育效果之间还有很远的距离，因为目前很多教育者单纯地将高校思想政治工作看成思想政治理论课的事，看成辅导员、班主任和党团组织的事，导致政治理论教育与通识教育、专业教学存在相互区分以及"只教书不育人"的现象，未能发挥整体育人价值，协同育人的效应就消失了。

为了更好地实现"课程思政"教育效果，要协调好政治理论课和其他课程，既要做好学生从入学到毕业的价值引导，又要做好知识和价值教育的相互促进。此外，还要协调好课堂内外的整体教育。做好第一课堂、第二课堂的联动，同时将课堂向校外拓展，还要特别重视网络思想政治教育工作，构建

"互联网+"课程实践,打通课内课外、校内校外和线上线下联系,实现全员育人、齐抓共管。搭建跨学科课程平台,将显性教育与隐性教育相结合,实现课堂内外的联动。

(三)汇聚跨学科的全员育人优质师资

"课程思政"讲究每一门课都是思政课,因此实现"课程思政"的教育效果,汇聚跨学科的全员育人优质师资显得尤为重要。只有让专业课和通识课教师都能够发掘蕴含在本门课程中的思政元素,并将其有效利用,课程思政才能名副其实。这就要求各高校采取切实措施,培养一批马克思主义信仰坚定,理论功底扎实,勇于开拓创新,善于联系实际的学科带头人和教学骨干队伍,让他们能够把蕴含在本门课程中的思政元素与专业内容有机结合,让学生在学习专业知识时潜移默化地接受思想政治教育。同时,学校领导、团干部、思政课教师、辅导员、班主任、后勤服务人员等都负有对大学生进行思想政治教育的重要责任,都要坚持正确的政治方向,提高自身道德品质和职业素质,成为大学生健康成长的指导者和引路人。

在教育过程中,教师首先要坚持教书和育人相统一,既做"经师"又做"人师",调查问卷显示,学生非常重视教师的道德品质。教师是"课程思政"教育渗透的重要载体,要通过教师的人格魅力,率先垂范,去感染、影响、同化学生,要坚持言教与身教相统一,要提升"课程思政"的育人能力,同时还要提高"课程思政"的教学艺术,增强"课程思政"的教育效果。最后,教师应该做到学术自由和学术规范相统一,科研无禁区,课堂有纪律。目前出现了一小部分高校教师课堂上有不当言论,没有做到"五个管好",这对于高校教育的危害极大,要大张旗鼓地说明教师的课堂纪律,让教师明白什么该说,什么不该说。只有这样"课程思政"才能真正做到专业课程和思政教育的有机统一。

(四)创新思想政治教育课程的教学方法

长期以来高校思想政治理论课存在教学效果不佳，学生学习积极性不高的问题。这个问题主要因为专制型师生观根深蒂固、忽视个体差异的标准型人才观根深蒂固，重教授轻情感的观念根深蒂固以及片面强调多媒体教学的应用和陈旧的教学体系依然存在。这些问题已经严重影响到思政理论课的教学效果了。在"课程思政"理念下，不仅思政课程需要探索创新的教育方法，其他各门课程在"课程思政"的大框架下也需要探索创新教育方法。具体说来，应该注意以下两方面：

一方面，教学方法体现学生自主性，各学科应逐渐摒弃以教师讲授、学生听记为主的教学方法，根据学科的性质与特点广泛推广小组学习、合作学习、情境体验等教学方法，强调学生的课堂教学参与性，注重学生在学习过程中的情感体验，调动学生学习的主动性、积极性。另一方面，教学方法彰显生活性，各科教学贴近学生生活，帮助学生真正理解学科与其所处社会生活的关联所在，如此才能彰显各个学科的道德价值。此外，教学方法还应实现生成性，教师应发挥生成性教育资源的育人作用，教师要善于抓住课堂教学中的偶发性事件，不放过任何一个育人点，实现润物细无声的教育目的。创新思想政治教育的教学方法还应充分结合时代背景，有效运用新媒体手段，与时俱进提高思想政治教育实效。

(五)强化"课程思政"的学术研究和效果评价

"课程思政"的提出是改进和加强高校思想政治工作的需要，是实现三全育人的必然要求，是全面提高高校思想政治工作水平和质量的强大推动力。"课程思政"是学习贯彻社会主义核心价值观的重要渠道，是实现思想政治理论课对其他学科与课程的引领作用，是推进教书育人有机统一的必由之路。但是由于目前对于"课程思政"的具体含义没有明确界定,导致这一理念尚处在形成阶段,也就出现了"课程思政"学术研究的大量空白存在。目前学界对思政课课程体系研究的专著尚未出现,相关研究多是各类学报和刊物论文,且研究范围分散,缺乏深度,针对性不强。也还存在着研究角度偏重于解决目前遇到的实际问题,或者说针对实际问题提出的建议和对策,对于"课程思政"这一新理念的内涵和外延的理论研究尚不深入。如果没有深入的理论研究而空谈建议对策,对于实施"课程思政"、发挥"课程思政"的巨大效果是非常不利的。

因此应该强化"课程思政"的学术研究,多组织相关研究团队、申请相关课题,做好实地调查并上升到理论高度,教育主管部门和高校也应该建立相关理论研究的激励机制和政策扶持,让"课程思政"理论研究更上一个台阶,也更好地指导"课程思政"的课堂实践。

"课程思政"不同于以往思政教育体系的一个很重要的因素是"课程思政"的教育效果要好于传统思政教育体系,那么如何更好地衡量"课程思政"的教育效果,就需要制定适应"课程思政"新模式的学习效果评价体系。该体系有利于推进高校"课程思政"新方案的全面落实,有利于保证高校思想政治理论课教学的社会主义方向,不断提高高校思想政治理论课的教学质量和水平。

"课程思政"高校思想政治理论课的教育和学习效果评价扮演着温度计的角色,通过学习效果评价能够提供大学生当前的学习情况以及教师教学质量的信息,通过评价明确课程的重点,激发教师和学生的责任心,推动思想政治理论课教学的改革。在评价高校思想政治教育效果时,应该采取多种评价的方法。对不同的内容采用适合该评价内容特性的评价方法,以便实现更好、更准确、更有效的评价,最终提高高校思想政治理论课学习效果评价的实效性。

在评价内容上,改变以知识的获得、智育的发展为主要评价内容,逐渐融入情感、态度、价值观的改善,智育与德育汇为一体,使学生智育发展的过程成为德育成长的过程。在评价主体上,改变以教师为主体的评价方式,实现学生自评、同学他评、家长评价相结合,使教学评价能够全方位、立体化、客观地展现学生的整体面貌。如此,教学评价才能真正全面地考察学科的教学效果。

第四章 高校课程思政教学体系建设

《高等学校课程思政建设指导纲要》指出：科学设计课程思政教学体系，高校要有针对性地修订人才培养方案，切实落实高等职业学校专业教学标准、本科专业类教学质量国家标准和一级学科、专业学位类别（领域）博士硕士学位基本要求，构建科学合理的课程思政教学体系。要坚持以学生为中心、产出导向、持续改进，不断提升学生的课程学习体验、学习效果，坚决防止"贴标签""两张皮"。

第一节 公共基础课课程思政建设

《高等学校课程思政建设指导纲要》指出："公共基础课程。要重点建设一批提高大学生思想道德修养、人文素质、科学精神、宪法法治意识、国家安全意识和认知能力的课程，注重在潜移默化中坚定学生理想信念、培养爱国主义情怀、加强品德修养、增长知识见识、培养奋斗精神，提升学生综合素质。打造一批有特色的体育、美育类课程，帮助学生在体育锻炼中享受乐趣、增强体质、健全人格、锤炼意志,在美育教学中提升审美素养、陶冶情操、温润心灵、激发创造创新活力。"

一、大学公共课教学概述

大学开设的公共课,大多是根据各类专业人才的培养计划和普遍要求而开设的一些适应性课程,其已经成为高校学子必修的一类课程。在现代化的教育体系之下,公共课程占用了大多数学生课程的很大一部分。学生除了学习自己的专业知识之外,还会接触到一些如政治理论课、体育课、军事理论课、思想道德课等公共课程,开设这些课程非常必要,但对大学公共课教学实践进行改革也迫在眉睫。

(一)课程设置状况

一直以来,关于大学公共课程的一些相关政策和设置情况都在不断变化,但基本上没有特别重大的改变。大学公共课程的设置大概分为以下几种情况:

第一,思想教育和政治理论类的公共课,思想教育的课程包括思想道德与法治、中国近现代史纲要等,政治理论类的公共课包括马克思主义基本原理、毛泽东思想和中国特色社会主义理论体系概论等。这类课程大多出于国家意识思想和学生本身的思想安全教育考虑,对学生的政治理论修养具有一定的指导作用,也对学生的心理思想健康产生一定的引导和积极影响。

第二,军事理论和国防教育类的公共课。大部分高校在新生进校之后都会组织军训,甚至部分高校在新生进校之前,就要求其先在网上修完军事理论的相关网络视频课程。国防教育进入高校已经越来越普遍,地方大学学生入伍也并不少见,并且大部分高校非常鼓励这种行为。

第三,关于身心健康素质教育类的公共课,高校对于学生的培养在身心健康方面是不能忽视的,高校的体育课是门必修的公共课,而且一直以严格的课堂形态进行落实。另外高校也开设了一些大学生心理健康教育等对学生心理健康进行引导和积极方向培养的公共课,而且大部分高校在学校设立了心理健康教育工作处,定期开展一些关于大学生心理问题的讲座,这些公共课程资源对在校学生的心理健康教育带来了一定的资源保障。

第四,一些属于要求基本掌握的技能和教育类的公共课,如外语、高数、计算机技能课程等。这类公共课程会根据学生文理科的不同性质进行划分,如高数,文科生只需达到高数中最基本的程度即可,非计算机专业学生要求掌握的程度也区别于一些计算机专业和理工专业的学生,这对学生的接受能力有一定的考虑。

第五,大学生普遍关心的课程,例如职业实践教育类的公共课程。

(二)公共课的管理与运行

之所以在这里强调公共课程的相关管理和运行形式,是因为公共课程在后期出现问题,甚至在教育方法上需要改革的大部分根源在于此。对于公共课程的管理,是由政府、相关教育部门确定大部分公共课程设置的方向和原则。除此之外,这些部门还对大学公共课程的整个运行系统和体制规则进行方方面面的规定和要求。

首先,在课程目标方面,在改革开放之初,相关政治政策和制度文件就已经对公共课程在教学目标上进行了多方面的规定。例如,高等学校的马克思主义原理和毛泽东思想与中国特色社会主义概论等课程的主要目的在于帮助学生比较准确、系统完整地了解马克思主义、毛泽东思想,并且最好能达到帮助学生运用这些科学的理论体系指导自己的思想行为,督促自己积极主动地投身到社会主义建设中去的作用。再如,体育锻炼类公共课程的具体要求,是能够培育学生在体育锻炼以及身心修养提高方面的兴趣,在课程中潜移默化地运用科学的理论和思想影响学生,形成学生自身积极锻炼的习惯等。从这些目标要求可以看出,相关政府部门对大学公共课程目标的细节都做了一定的要求和规定。

其次,在课程内容方面的管理与运行,相关教育部门对大学公共课程的基本内容和纲要都提出一些直接的教学要求。例如,在艺术修养鉴赏类的公共课程内容管理规划上,相关教育部门要求学校在教授课程时,应该较多地推荐一些适合学生欣赏的曲目和优秀艺术作品,并要求学生在相关公共课程学习中提高自身的赏析能力和提升方法等。除此之外,相关机关对大学公共课程的教学体系、模式和评价方式,都有一定的规定和管理,如要求大学公共课程以公选、必修、专选等形式,供高校学生选择。

二、高校公共基础课提升学生综合素养

高校公共基础课在人才培养中占据着重要的地位和作用,教学中渗透综合素养教育,对学生的全面发展至关重要。高校公共基础课是学校各专业学生必修的基础课程,包括思想政治理论、体育、军事国防、心理健康教育、计算机信息技术、大学语文、外语、就业指导等课程,不同学校因其性质、类别、定位以及办学理念的不同而存在部分差异。教育部要求在人才培养方案中规范公共基础课课程设置,"严格按照国家有关规定开齐开足公共基础课程"。基于推动大学生高质量就业和未来职业生涯可持续发展,学校构建思想政治理论类、人文素养类、心理体育健康类、外语技能类、科学素养类等职业素养课程体系,开设思想政治理论、中国传统文化概论、应用文写作、心理健康教育、体育与健康、英语、数学、军事、就业与创业指导等课程。这些课程贯穿第一学年教学全过程,培养学生树立正确的世界观、人生观、价值观,

培养学生的创新精神和实践能力，增强学生的职业适应能力和可持续发展能力。

一是思想政治理论课。思想政治理论课是落实立德树人根本任务的关键课程。就是围绕中国共产党为什么"能"、马克思主义为什么"行"、中国特色社会主义为什么"好"等重大问题，努力培养为人民服务、为中国共产党治国理政服务、为巩固和发展中国特色社会主义制度服务、为改革开放和社会主义现代化建设服务的接班人和建设者。按照"八个相统一"建设思想政治理论课程，开好上好思政课，主阵地与主渠道结合，校内与校外结合，理论与实践结合，做到理念创新、手段创新、工作创新，把思政课上出味道、上出效果。提高思政课教学实效，牢牢把握学校意识形态工作领导权，发挥好学校党委书记、校长走进课堂，联系思政课教师等带头作用，推进"三全育人"，使各类课程与思想政治理论课同向同行，实现职业技能和职业精神培养高度融合。

二是人文素养课。中国传统文化概论以"传承中华优秀传统文化，培养学生爱国主义情怀"为目的，通过视频、情景感悟、小组合作、网络学习、案例法等教学方法，将蓝墨云班课、阔知平台等互联网教学手段引入课堂，指导学生诵读经典，提高文化素养和审美情趣，树立正确的价值取向。

三是应用文写作和语言表达课程以"提高学生写作实践运用和语言表达能力，提高学生综合素质"为目标，按照"仿写—学习—实践"的写作提高过程，采取项目任务驱动、小组协作、情景模拟、课内外活动等方法，依托互联网教学手段，让学生边学边做边训练，培养应用文写作能力和语言表达能力。

四是心理健康教育课。心理健康教育课程以"培养学生健康心理"为目标，根据学生成长需求，将人际交往、沟通交流、时间管理、直面挫折等作为重点内容进行教学，采用信息化教学手段，在课前进行任务发布，让学生提前了解相关知识点，并就相关知识提出自己的疑问或者相关见解，在课堂中通过互动体验进行感悟，并不断思考、成长。在课后布置相关作业让学生进行巩固练习并上传云平台。在这里 既可以看到学生成长的变化，也可以作为新的互动交流平台，增进相互了解，建立良好人际关系，学生心理素质整体不断增强。

五是体育与健康课。体育与健康课程以"锻炼学生健康体魄、培养体育精神"为目标，采用"必修太极拳＋拓展选项课"教学模式开展教学，把太极拳列为必修内容，目的是让学生在了解太极拳相关文化的背景下通过练习来培养"心无旁骛"的专注精神，同时增加拓展活动板块教学，设置不同类型的拓展活动，形成"参与—完成—感悟"完整模式，增强学生集体荣誉感、团队协作精神、沟通交流能力。通过讲解体育项目的比赛规则与组织教学比赛相结合的模式，培养学生的规则意识、公平观念、良好的竞争意识及心理素质等，进一步增强职业道德和职业作风素养。增加体能训练板块内容，设置科学合理的身体练习内容和方式，培养学生吃苦耐劳和坚强意志力。学校通过组织学生观看大型体育赛事，激发学生爱国情怀，培养学生敬业精神，有助于学生形成正确的价值观。

六是外语课。第一学期开设基础英语，目的是为学生打下坚实的英语基础，第二学期开设行业英语，将英语教学与专业结合，真正做到公共基础课为专业服务，提高学生学习英语的兴趣。在教学中，通过中外文化的差异，渗透爱国主义教育，帮助学生塑造良好的道德品质。通过课前让学生用英语做自我介绍、讲述自己最喜欢的人或事，一方面提高学生的英语口语表达能力，另一方面锻炼学生心理素质。通过小组学习、情景对话等教学手段，培养学生团队精神、沟通能力，同时提高学生英语口语表达能力。将互联网＋应用到英语教学中，活跃课堂气氛，激发学生学习英语的兴趣，提高英语水平，培养学生守时、自主学习能力。

七是军事课。根据中华人民共和国《国防法》《兵役法》《教育法》及教育部、中央军委国防动员部印发的《普通高等学校军事教学大纲》,军事课以全面贯彻党的教育方针、新时代军事战略方针和总体国家安全观,围绕立德树人根本任务和强军目标根本要求,着眼培育和践行社会主义核心价值观,以提升学生国防意识和军事素养为重点,为实施军民融合发展战略和建设国防后备力量服务为教学目标,通过《军事理论》和《军事技能》两部分开展教学。《军事理论》从中国国防、国家安全、军事思想、现代战争、信息化装备五个专题进行教学,《军事技能》从共同条令教育训练、防卫技能、战备与应用训练三个专题进行教学,使学生掌握军事基础知识和基本军事技能,增强国防观念、国家安全意识和忧患危机意识,弘扬爱国主义精神,传承红色基因,提高学生综合国防素质。

八是就业与创业指导课。根据《国务院关于推动创新创业 高质量发展打造"双创"升级版的意见》及教育部办公厅关于印发《大学生职业发展与就业指导课程教学要求》的通知精神,就业与创业指导课程通过"大学生职业生涯规划、大学生就业指导、大学生创新创业指导"三个模块的教学,使大学生树立职业生涯发展的自主意识,了解职业发展的阶段特点,认识自己,了解职业的特性及社会环境,了解就业形势与政策法规,掌握基本的市场 信息、相关的职业分类及创新创业基本知识,具备自我探索、独立思考和勇于创新的能力,提高解决问题、自我管理、人际交往、团队协作等适应社会的能力及就业创业和职业生涯管理能力。总体来看,高校公共基础课在人才培养中占据重要的地位。高质量开齐开足公共基础课,是培养德技并修的集职业素养养成和专业技术积累,具备专业精神、职业精神和工匠精神的高水平技术技能型人才的基础。

三、"课程思政"背景下公共基础课教师教学能力提升

立德树人,是高等教育的根本任务和时代使命。公共基础课教育教学在"课程思政"的背景下进行改革,提升公共基础课教师教学能力迫在眉睫。习近平总书记在全国思想政治工作会议上强调,要坚持把立德树人作为中心环节,把思想政治工作贯穿教育教学全过程,实现全程育人、全方位育人,努力开创我国高等教育事业发展新局面。"课程思政"是新时代高校教育教学改革的热点,也是难点。"课程思政"的主体是所有课程,其主旨是使所有课程与思想政治理论课同向同行,协同育人;其主阵地是在课堂,而用好课堂教学主渠道的关键是在教师。"亲其师而信其道",教师的政治信仰、思想素养、学识水平、人格魅力、职业操守等是引导大学生成长的主导性力量。公共基础课教师是高校思想政治工作队伍中的一股重要力量,肩负着将公共课理论知识与思想政治元素和德育资源有机结合,润物细无声地对学生进行思想政治教育的重要职责,这对公共基础课教师的教学能力提出了更高要求。

(一)公共基础课"课程思政"建设的基本原则

1.价值引领原则

进入新时代,"培养什么人、怎样培养人、为谁培养人"是中国高等教育必须回答的根本问题。习近平总书记以"国之大计、党之大计"高度概括了教育在新时代的重要地位,强调要坚持中国特色社会主义教育发展道路。课堂教学是实施"课程思政"的主渠道,是回答高校教育"为谁培养人"的关键所在,是立德树人的重要基础。当前,随着经济全球化深入推进、网络技术加快普及、多元价值文化渗透冲击,大学生群体中出现了关乎学习价值、社会价

值和人生价值的诸多困惑,加之学习的竞争、就业的压力、现实的落差、社会阶层的固化等,都加剧了大学生在价值观念上的模糊以及行为规范上的冲突。

面对新时代、新挑战,大学教师所肩负的职责不仅仅是传授知识,更应是直面学生的理论困惑、道德困惑和价值困惑,传精神之道,解思想之惑。清华大学就提出了"价值塑造、能力培养、知识传授"三位一体的育人理念,将"价值塑造"作为人才培养的第一要务,视为课堂教学的核心所在,明确指出:"我们培养的学生,应该具备健全的人格和社会责任感,了解人类文化的重大成就,有能力对人类社会各种现象进行分析和判断,对国家、民族和人类社会的命运充满关切。"所以,大学的每门课程,特别是蕴含丰富思政元素的公共基础课程,其"价值引领"的课程属性是中国特色社会主义高校课程的内在属性,也是最鲜亮的底色。

2.渗透融入原则

"课程思政"是指通过挖掘和梳理各门学科中思想政治教育元素,将思想政治教育融入课程教学的各环节,使得各门课程"守好一段渠、种好责任田",都能参与到学校育人的过程当中,形成一个完整的课程育人体系,从而达到立德树人的根本目的。然而"课程思政"与其同行同向的"思政课程"虽然有着共同的育德目标,但二者在课程设计、教学方法、教学策略上有着明显的差别,不同于"思政课程"的显性表达,"课程思政"往往采用一种比较潜隐的形式渗透于课程教学过程中,让学生潜移默化地接受主流价值观的熏陶。上海大学开设的通识选修课《大国方略》结合近代以来中国人民为实现民族复兴走过的历史进程,直面当下中国若干重大战略和青年学子关注的热点焦点问题,采用"问题解析式"教学模式,将社会主义核心价值观巧妙地融入课堂,深受大学生喜爱,引起强烈反响。《大国方略》的成功,对于公共基础课程如何融入思政元素提供了新思路和新方案,后又相继推出了《经国济民》《创新中国》《创业人生》《时代音画》等"中国系列"大课,进一步培养大学生政治认同,增进文化自信。

3.整体培育原则

从高校课程设置的目标来看,所有课程都肩负着铸魂育人的重要使命。所以,要对学生进行全方位全过程的价值引领和道德熏陶,就要在坚持整体培育原则的基础上,构建起各类各门课程立德树人的"大合唱"。一方面,公共基础课教师要主动打破专业壁垒,跳出原有认知框架,把握职业教育规律,主动与专业(群)建设规划相结合,研读专业(群)人才培养方案,与专业教师、同类课程教师共同研讨,充分挖掘专业知识背后蕴含的价值内容、职业素养、道德观念、文化传承和时代内涵,确立课程定位与课程目标,调整授课内容,制定授课计划,形成与专业课程和同类课程的有效呼应;另一方面,公共基础课教师要有效整合"政行企校"资源,创新教学方法,形成多学科良性互动。比如上海大学开创的"项链模式"教学方法,由专职教师把握课程主线,构成"项链"的基础,将文史哲、社会学等学科专家、党政领导、行业领袖、道德模范等像"钻石"镶嵌进课程,以访谈、论辩、答疑等联袂授课的形式,将教材内容和学生问题有效对接,实现教材体系向教学体系转化,提升课程实效。

(二)公共基础课教师教学能力构成的四大要素

1.政治导向能力

既然"价值引领"是中国特色社会主义高校公共基础课程的内在属性,那么政治导向能力就是公共基础课程教师的首要能力,这一能力主要体现为政治素养,即要求教师在事关政治原则、政治立场和政治方向上要与党中央保持高度一致,在政治纪律、政治辨别、政治引导、师德、责任感和使命感等方面具备优秀的素质。高校是各种思想交流对抗的主要场所,也是思想意识斗争的前沿阵地,特别是在当今"互联网+"大数据时代下,大量形形色色的信息不断冲击甚至改变着大学生政治选择的原则和确立"三观"的标准,它们或辩证或偏激、或宽容或刻薄、或正面或恶搞,教师要旗帜鲜明地与各种错误思潮作坚决斗争。反之,如果教师自身的政治立场不坚定,在教学过程中忽视或者淡化思想政治教育资源的挖掘,弱化马克思主义的指导地位,而代之宣扬西方的多元价值理念,则会在很大程度上影响甚至动摇大学生的政治信仰,产生极大的负面影响。

2.德育资源整合能力

公共基础类课程本身蕴含着丰富的辩证唯物主义世界观和方法论,蕴含着培养大学生理想信念、价值取向、道德品质、社会责任的隐形教育资源。在"课程思政"的教育改革理念下要求教师能够深入挖掘课程教材中育人的价值元素和价值功能,梳理整合德育资源,努力实现德育与智育的有机融合。这一能力并不是简单的归纳总结,更不是"填鸭式"死搬硬套地在课程中"强行植入",而是建立在以学生为中心,关注学生内在德育需求基础之上的。具体而言,德育资源整合能力是教师通过对课堂上学生兴趣点、兴奋点、利益点、困惑点、热衷点的发现和捕捉,分析其背后的思想状况、价值判断和道德需求,从而结合课程德育资源,筛选恰当的德育元素,采用灵活的教学方法,创造适当的德育教育时机,实现"润物细无声"的教育效果。

3.教学设计能力

教学设计能力是指对课程内容进行知识的组织加工提炼以达成教学目标的能力,具体包括教学目标设计、教学内容设计、教学方法设计、教学支持体系在内的一系列设计活动的总和,是教师综合能力的具体体现。课堂教学的高质量与教师的教学设计水平密切相关。陈宝生在2018年教育部马克思主义理论研究和建设工程重点教材修订工作推进会上指出:"要认真研究党的理论创新成果与各学科专业理论知识的融合方式,既不能做'披萨饼',也不能做'三明治''肉夹馍'。"要把思政元素有机融入专业课程教学之中。

4.信息化技术应用能力

随着互联网技术的飞速发展，信息技术与教学的深度融合成为大学教学改革的必然趋势，也成为教师应具备的基本要求。有研究表明，大多数教师已经初步具备信息化教学的基本能力，但是具备较高应用水平的教师比例偏低，特别是教师借助信息技术创新教学模式的能力，以及信息化教学研究的能力还有很大提升空间。从整体来看，目前高校教师在信息化教学能力方面距离国家提出的"信息技术与课程教学深度融合"的目标仍有不小的差距。信息化技术应用能力主要包括两个方面，一是处理信息的能力，即运用现代信息化技术对各类信息进行筛选、检索、处理和整合；二是应用信息技术的能力，即对现代信息化教学资源的设计、开发、实施和创新的能力。

(三)提升公共基础课教师教学能力的有效途径

1.提升育德意识，强化公共基础课教师教学能力提升的培养机制

教书是手段，育人是目的。高校要在充分调研的基础上结合学校整体发展战略及公共基础课教师的特点，制定与之相匹配的培育计划。一是注重教师马克思主义理想信念的培育，鼓励教师通过阅读原著、党课学习、讲座报告等形式学习马克思主义理论相关知识，树立马克思主义立场观点，自觉以马克思主义为指导加强社会主义思想意识对教学科研的价值引领，坚持学术标准和政治标准相统一；二是切实加强教师思想政治理论的学习，将教师的理想信念教育放在首位，引导广大教师坚定拥护中国共产党的领导，坚定中国特色社会主义道路自信、理论自信、制度自信和文化自信，特别是要加强对青年教师、海归教师和访问学者的培训教育，不断深化教师对思想政治教育工作的认同感和责任感；三是加强基层党支部的宣传引领作用，以教师师德师风和教师职业道德的建设为主线，充分发挥党支部的战斗堡垒作用，

引导教师以德立身、以德立学、以德施教,明确育人责任,提升育德意识。

2.增强育德能力,强化公共基础课教师教学能力提升的发展机制

首先,高校应将"以科研促教学"作为关键切入口,搭建校级"课程思政"科研平台,鼓励教师从学术的角度探讨教学改革理念、教学方法改进、德育元素挖掘与融合的思路与途径等;同时创设校级"课程思政"精品课项目,从打造试点到全校推广,从理论研究到课堂教学,从校内精品课到省级示范课,逐步建立并打通课程纵向发展通道。

其次,要做好公共基础课教师与思想政治理论课教师和专业课教师的"对接"工作,打破专业壁垒,打通课程横向"对接"渠道。比如可以通过党支部的"党建联建"、教研室的互动交流等多种形式相互了解各类课程的教育教学基本规律和课程目标,共同推进"协同育人"。

最后,可以通过开展"传帮带"活动,由老教师向青年教师传授在实践教学过程中所积累起来的经验,同时还针对青年教师授课过程中存在的不足进行分析,找出问题的应对策略,这对于育德能力的提升具有明显的促进作用。

3.完善考核评价,强化公共基础课教师教学能力提升的激励机制

高校应建立有效的激励机制。第一,建立合理的评价机制。这其中,探索和建立"课程思政"评价指标和量化体系是评价机制成败的关键所在,因为只有通过数据等客观信息及时反馈课程实效,才能做到有的放矢、有效整合。比如,可以设立"'课程思政'一页纸管理清单",全面梳理课程中的思政元素和德育资源,并标注到对应的知识章节中,选择恰当的教学方法和教学策略,在课后记录教学实施效果和反思,力求做到"配方科学"(教学内容讲政治)、"工艺精湛"(教学方法讲科学)、"包装时尚"(教学手段讲故事)。

第二,建立有效的激励机制,促使教师逐步提升教育教学能力和"课程思政"能力。比如可以通过"说课""讲课""教案设计比赛"等多种方式让教师

展示教师风采、分享课程建设经验;同时采用多种成果方式及时反馈教学效果,比如论文、讲义、课程 PPT、学生作品、案例选集等,将教师"课程思政"建设成绩纳入教师考评体系中。

4.加强制度配套,强化公共基础课教师教学能力提升的保障机制

教育行政部门和学校党委在大力倡导并推行"课程思政"建设上发挥着十分重要的作用,在这方面上海的经验值得借鉴。早在 2014 年,上海就启动了"课程思政"的试点工作,其中整体试点学校 12 所、重点培育学校 12 所,一般培育学校 34 所,给予每校 20 万元至 150 万元不等的经费支持,并连续投入 4 年。在经费和政策的充分保障下,上海构建了以思想政治理论课为核心、综合素质课程为骨干、专业课程为支撑的三位一体育人"同心圆"。上海所有高校全覆盖开展专业课程育人改革,每所学校至少选择两门以上专业课程开展试点,同时根据不同专业、不同年级的学生特点和需求,实现分类、分层、分级的教学模式,形成了以数十门"中国系列"精品课为骨干,三百余门综合素质课为支撑,一千多门专业课为辐射的"协同育人"同心圆,为"课程思政"与"思政课程"的"同向同行"绘制了上海"路径图",也为新时代"课程思政"建设提供了案例。

四、新时代下"课程思政"模式促进转型发展高校公共基础课教学的发展

"课程思政"模式是高校思政课教学改革领域的一大创举,它也给高校公共基础课教学带来新理念、新动向。中国特色社会主义进入了新时代,这是一个不断创新,不断进取的时代。"课程思政"模式给高校公共基础课教学带来新举措、新内容、新形式,特别是推动转型发展高校公共基础课教学,主要是提升高校对公共基础课教学的重视,扩大公共基础课的教学队伍,丰富

公共基础课的教学内容,创新公共基础课的教学形式等。

"课程思政"模式是上海高校教师在实际教学工作中不断总结实践教学经验探索出来的一种崭新的教育模式。其主要是以课堂教学为抓手,将思想政治教育的理念和内容融入学校其他课程中,构建全员、全程、全课程育人的大格局,各类课程与思想政治理论课同向同行,形成协同效应的思想政治教育课程体系,以"立德树人"作为教育根本任务的一种综合性教育理念。党的十九大报告明确指出中国特色社会主义进入了新时代,这是一个承前启后、继往开来的时代。在新时代下,应用型人才的重要性日益凸显,转型发展高校的各项发展和改革也迫在眉睫。习近平曾经说过:"国无德不兴,人无德不立。"道德对于个人、社会和国家都有极其重要的意义,做人做事第一位的就是崇德修身。新时代下如何进行转型发展高校公共基础课教学的改革,提高公共基础课的教学效果,真正提升大学生的全面素质,促进转型发展高校,成为高校思政老师乃至社会关注的焦点。在新时代背景下,"课程思政"模式对于转型发展高校公共基础课教学有很大推动作用。

(一)"课程思政"模式扩大公共基础课的教学队伍

目前部分转型发展高校出现老师人员不足的问题,学校会临时安排其他专业或外聘教师去从事公共基础课的教学,或者出现教学任务繁重、教学效果不理想的情况;还有些高校没有对公共基础课教师进行优化、调整及培训,导致部分高校公共基础课的教学队伍出现综合素质参差不齐的乱象。这些都会使公共基础课教学效果大打折扣,阻碍高校的转型发展。新时代是全体中华儿女戮力同心、努力奋斗实现共同理想的时代。一个高校的转型发展也要聚集全体师生的共同力量才能完成。"'课程思政'建设的关键在教师。""课程思政"的重点在专业课与思政课融为一体,发挥其共同的育人功能。专业课和公共基础课的老师都是"课程思政"模式教学活动中的主导者,都成为公共基础课教学队伍中的一员。特别是转型发展高校中的专业教师，他们是一支专业精湛、敬业精神强的教学队伍。通过对专业教师进行"课程思政"理念有关知识的讲解，让专业教师认识它，在教学过程中一并糅合价值引领和育人理念。"课程思政"理念不仅直接充实了公共基础课的教学队伍，还构建了多学科、多元化的课程教学队伍。

（二）"课程思政"模式丰富公共基础课的教学内容

常规公共基础课主要是以课堂教学为平台，以课本为主要内容展开。转型发展高校的学生注重实践活动，轻视理论知识。传统书本的内容对于他们来说过于枯燥，导致他们对公共基础课的学习动力不足。另外，转型发展高校大部分学生公共基础课的知识较薄弱，这些都使得他们的道德素质、职业修养等方面亟须提升。"一个人只有明大德、守公德、严私德，其才方能用得其所。"而较高的道德素养对于转型发展高校学生的成长、成才起着至关重要的作用。

新时代，是一个全方位的、开创性的时代。"课程思政"建设的立足点就是"课程"，专业课程要在遵循课程本身建设规律的前提下，在实现其传授专业知识、培养专业能力等基本功能的基础上，挖掘专业课程自身蕴含的价值导向功能。这一过程适应了转型发展高校学生的专业知识、年级属性、个性特点、爱好兴趣等方面的情况，有效利用了多元化的教学资源。"课程思政"理念不仅改变了传统观念，还丰富了公共基础课的教学内容，激发了学生对各种知识的学习兴趣和积极性，真正实现了高校公共基础课教育"立德树人"的根本目标。

（三）"课程思政"模式创新公共基础课的教学形式

公共基础课教学模式是以课堂教学为主，实践活动为辅开展的。近些年公共基础课教师对课堂教学方法进行了改革，但仍未达到公共基础课的最终目标。部分转型发展高校对于实践教学的投入不够，导致实践教学的场地、设备等条件跟不上；部分教师对实践活动没有制定相应的考核机制，活动实际效果不佳。转型发展高校的学生大多数思想活跃、动手能力强，创新意识浓厚，而公共基础课单一、传统的教学方式无法调动他们的学习兴趣和学习积极性。

"德者，本也。"蔡元培先生曾经说过：一个人若无德，虽然其体魄、智力发达，只能助纣为虐，做危害社会的事，也是无益。新时代，是一个政治、经济、文化、社会、生态全面发展的时代，是一个多元化的时代。现在的大学生是在新媒体熏陶下成长起来的一代，他们知识面广，思想新颖。"课程思政"模式是一种全员、全程、全课程的教学改革，它既涉及教育观念的革新，也涉及教学方式的创新。"课程思政"理念下公共基础课教学方法的创新以其课程发展的规律为核心，遵循不同学科的交叉规律，把其他学科的教学方法融合到公共基础课教学中，注重专业课程和公共基础课教学方法的实施性和相互兼容性，最后形成协同发展的效应。

转型发展高校课程门类齐全、交叉融合、协调共享、创新发展，这种局面与"课程思政"模式相契合，即转型发展高校专业课的教学方法就是"课程思政"采用的教学方法，只需把公共基础课的育人理念融入专业课中，而这种教学方式是教师和学生都熟悉的模式，能够很好地发挥育人功能。此外，转型发展高校的专业课程齐全，授课方式新颖，创新了公共基础课的教学方式，也调动了学生的学习积极性。

五、综合素养课

作为思想政治教育隐形阵地的综合素养课，主要由通识教育课和公共基础课组成,在对学生进行思政教育引导和强化教育作用,在知识传授中重视主流价值的引领作用,着力将思想政治教育贯穿于综合素养课教学的全过程,着力将教书育人内涵落实于课堂教学这一主渠道中。在课堂教学中,既注重在价值引领中提炼知识内涵,又注重在知识传播中突出价值传播。引导学生不仅提高学习知识的能力,而且熟练掌握待人处事的技巧,培养学生良好的品格心性,使课堂教学过程成为引导学生形成系统的知识体系、坚定的意志心志以及优良品性的过程,充分凸显课堂教学在育人方面的成效,实现育人效果最大化。

综合素养课程在"课程思政"中的作用在于通过通识教育根植理想信念。坚定"课程思政"的政治方向和思想引领,彰显综合素养课程的意义、使命,以潜移默化的方式将科学的价值观和健康的理想信念有效传递给学生。

第二节 专业教育课的课程思政建设

《高等学校课程思政建设指导纲要》指出:"要根据不同学科专业的特色和优势,深入研究不同专业的育人目标,深度挖掘提炼专业知识体系中所蕴含的思想价值和精神内涵,科学合理拓展专业课程的广度、深度和温度,从课程所涉专业、行业、国家、国际、文化、历史等角度,增加课程的知识性、人文性,提升引领性、时代性和开放性。""课程思政"的构成——"三位一体",思想政治教育工作在社会主义现代化建设中承担着最重要的责任,也是为实现中华民族伟大复兴的中国梦而需要完成的基本工作。思想政治理论课程一直是对学生进行思想政治教育的主渠道,它将马克思主义理论同中国社会主义建设实践紧密结合,将德育工作与中国特色社会主义理论、中华民族优秀传统文化紧密结合,体现了思政教育工作的方向和宗旨。但是仅仅有思想政治理论课却是远远不够的。

苏霍姆林斯基曾指出,学生在学校所学习的自然、社会思维方面的知识是世界观和正确道德行为的基础。[①]苏格拉底和柏拉图都认为,善的教授是一种唤起,而不是一种直接的教学。这恰恰说明,对学生进行思想政治教育不能仅抓思想政治理论教育课程而忽视其他课程以及校园文化的思政教育功能,健康的、成功的思想政治教育理应各类科目携手并举,共同发挥思想政治教育功能,使其教育功能达到一加一大于二的效果,这才是"课程思政"的意义所在。因此,在实际操作中,要把握住"课程思政"与思政课程的协同育人效应,实现"课程思政"中的"专业教育课""综合素养课"和"第二课堂"三位一体育人新模式。

一、遵循专业特点分类推进课程思政建设

《高等学校课程思政建设指导纲要》指出:专业课程是课程思政建设的基本载体。要深入梳理专业课教学内容,结合不同课程特点、思维方法和价值理念,深入挖掘课程思政元素,有机融入课程教学,达到润物无声的育人效果。专业课程注重以技能知识专业化为主要特征开展育人工作。实现专业课的思想政治教育作用,应该做到以下三点:一是根据自然科学和哲学社会科学课程的不同特性,分别挖掘两者蕴含的思政教育资源;二是从教学目标、教学内容和环节、教学策略与方法、教学资源分配等多方面考虑,制定较为完善的试点方案,编写具有相对权威性的教学指南;三是在试点基础上,从贯穿于教学全过程的各个方面提出带有相关建设性意见的方案。高校专业课涵盖的丰富的思想教育元素是大学生思政教育的重要工具,提高思政

---

① 参见［苏联］苏霍姆林斯基:《公民的诞生》,黄之瑞译,教育科学出版社,2002 年。

教育与专业课程教学的融合程度,以专业教学,特别是以教学实践环节作为重要教育渠道,不仅能够对大学生进行更为有效的思政教育,还能够深化教育教学改革,拓宽学科应用范围,最大程度发挥专业课程的育人作用。

要做到这一点,必须做好以下四个方面的工作:一是深入挖掘专业学科中蕴含的思政教育内容,精心研究设计课程教学的各个组成部分,有针对性地做好提高学生的思想政治素质,培养向上的心理品质方面的相关准备;二是悉心教授专业知识,建立和完善学生的知识结构体系,让学生明白踏踏实实的专业学习是立足之本,明白将专业知识转化为成果是回报社会的基础,确立人生前进方向;三是注重培养教师的自我效能感,提高教师在教育教学过程中的自信,要通过向学生传递肯定的信息,强化学生的成就动机,实现培训效果最大化;四是将实践能力考核标准精细化,提高实践能力评价的权重,鼓励和引导大学生重视实践,经受锤炼,为大学生在综合能力方面实现较大突破提供政策支持。《高等学校课程思政建设指导纲要》把专业课主要分成七个类型:

(一)文学、历史学、哲学类专业课程

文学、历史学、哲学类专业课程在教学中帮助学生掌握马克思主义世界观和方法论,从历史与现实、理论与实践等维度深刻理解习近平新时代中国特色社会主义思想。要结合专业知识教育引导学生深刻理解社会主义核心价值观,自觉弘扬中华优秀传统文化、革命文化、社会主义先进文化。复旦大学选择政治、新闻、哲学等有条件、有特色的优势学科,加强院系统筹,建设"课程思政"的示范专业,为全国和上海的专业课程思政标准体系建设提供有力支撑,中文系开设的《马克思主义文论精读》,国际关系与公共事务学院开设的《政治学原理》《中国共产党研究》,法学院开设的《人权与法》等。这些课程的开设都是基于已有成熟的专业课程和思想政治导向教育经验,将中

文语言文学、历史学、哲学、国际政治、法学、经济学、社会学、新闻学院等相关专业的教学资源、传统和经验进行了系统梳理,优化组合,构建了课程思政示范课程系列。

以新闻传播学专业的《中国新闻媒介史》课程为例,该课程以课堂讲授为主,辅之以问题讨论、文献阅读、视频录像观赏、史迹踏访和案例分析等其他教学手段阐述新闻传播事业在中国产生与发展的历史过程,从而使学生理解中国新闻史的正确方向和方法,构建学生正确的中国新闻史观念。此外,为培养学生正确的价值观以及专业实践能力,强化学生用专业视角观察中国、记录中国,新闻传播学院还推出了"记录中国"专业实践项目。该课程以实践项目的形式,将专业教育与专业实践紧密结合起来,强调在实践中接受正确的马克思主义新闻观和专业理念,以扎实的实践提升学生的专业能力,以严苛的标准锻造未来的新闻人才。

上海外国语大学的《中国传统文化概论》课程,采用全英文上课模式来探讨中国传统文化的发展历程,中国文化的特点,中国古代的哲学、宗教、教育、科技、中国的语言文字,中国的民俗,中西文化的交流等中国的文化本体的内容,给学生提供一个了解中国丰厚文化遗产的平台,使之对中国文化的特征有所把握,对中国文化的继承和创新问题有所思考。同时,引导学生更为深入地理解和领悟中国文化精髓,尤其是中国文化要素的当代性与世界意义。因此该课程旨在提升学生的人文素养,强化学生对中国传统文化的理性认知与情感认同,增强学生传播中国文化的使命感与责任感。同时,通过本课程的讲授,让学生正确认识中国文化在世界多元文化中的价值、地位与影响,形成全球视阈下平等、尊重、宽容、客观的文化观念。

(二)经济学、管理学、法学类专业课程

经济学、管理学、法学类专业课程在教学中坚持以马克思主义为指导,加快构建中国特色哲学社会科学学科体系、学术体系、话语体系。帮助学生了解相关专业和行业领域的国家战略、法律法规和相关政策,引导学生深入社会实践、关注现实问题,培育学生经世济民、诚信服务、德法兼修的职业素养。例如上海对外经贸大学专业课《跨文化管理》,该课程强调"应知"(知识点)和"应会"(可操作性),以"企业的国际化经营"为出发点,以"文化差异"为核心,采用案例教学和网络研讨的方式,重点阐述跨文化沟通和谈判、跨文化团队和组织、跨文化营销和人力资源管理的原理和方法,在此过程中弘扬中华传统美德,提倡集体主义和爱国主义,帮助学生树立正确的世界观、人生观和价值观,养成良好的职业道德等,突出了思想政治教育功能。

另外,该课程授课教师还尝试用电影式教学法,借鉴电影艺术,教师和学生担任编剧、导演、演员、观众和评委等多重角色,将教室变成舞台和电影院,发挥教师的主导作用和学生的主体作用,表现文化差异和冲突处理等,通过寓教于乐激发学生的兴趣、提升学生的素养,从而帮助大学生正确认识社会,正确认识他人,正确认识自己。

(三)教育学类专业课程

教育学类专业课程在教学中注重加强师德师风教育,突出课堂育德、典型树德、规则立德,引导学生树立学为人师、行为世范的职业理想,培育爱国守法、规范从教的职业操守,培养学生传道情怀、授业底蕴、解惑能力,把对家国的爱、对教育的爱、对学生的爱融为一体,自觉以德立身、以德立学、以德施教,争做有理想信念、有道德情操、有扎实学识、有仁爱之心的"四有"好老师,坚定不移走中国特色社会主义教育发展道路。

体育类课程要树立健康第一的教育理念,注重爱国主义教育和传统文化教育,培养学生顽强拼搏、奋斗有我的信念,激发学生提升全民族身体素质的责任感。例如上海外国语大学根据自身学科特色、专业特点和学生特点,按照思想政治教育与教学目标,在外语专业课中选取了48门专业课程进行专业课程思政工作试点,已覆盖到所有授课语种,所涉课程包括翻译理论与实践、文化与政治时文选读、外文经典原著和报刊选读等全外文专业课程,初步形成了"多语种课程思政群",为培育出思想素质过硬、中外人文底蕴深厚、跨文化沟通和专业能力突出、创新创业能力强的卓越国际化人才打下了坚实的基础。例如《中外时文选读课》,既是上海外国语大学外英语专业的必修课程,也是上海外国语大学课程思政建设中打造的第一门专业思政课程。该课程以与外语专业课程有机融合为主要着力点,以"突出观点碰撞,引导正确价值观"为教学目标,分析来自中国和西方国家著名媒体和学者关于中国问题的深度报道,分析文章的不同立场、观点、方法、论证的逻辑及其结论,让大学生领会、感悟和把握中西不同文化背后的话语思维与逻辑,拓展学生的文化视野,从而培养学生理性思考和批判意识的能力,特别是如何从中外两种文化视角出发来客观中立地看待中外社会、经济、政治和文化现象。该课程还强调,把地道的外语讲述与中外两种文化视角的对照和碰撞结合起来,把对意识形态、民族文化、国家利益等问题的认识和讨论融入学生的感(悟)、情(怀)、思(考)中,以挖掘思想政治教育资源,既实现了外语教学和思政教育的有机融合,又促使学生在提高外语能力水平的同时不断提高思想政治素质。

(四)理学、工学类专业课程

理学、工学类专业课程在教学中把马克思主义的立场、观点和方法的教育与科学精神的培养结合起来,提高学生正确认识问题、分析问题和解决问题的能力。理学类专业课程,要注重科学思维方法的训练和科学伦理的教育,培养学生探索未知、追求真理、勇攀科学高峰的责任感和使命感。工学类专业课程,要注重强化学生工程伦理教育,培养学生精益求精的大国工匠精神,激发学生科技报国的家国情怀和使命担当。例如上海工程技术大学专业课《可再生清洁电能技术》,以"爱国、爱岗敬业、吃苦耐劳、社会责任感、团队合作意识和职业素养与道德"为主题进行德育渗透教学,摆脱了传统的简单说教,结合具体的实际,用鲜活的例子,在潜移默化中将这些美好的品德传递给学生,将枯燥的德育教育与专业实验结合起来,使得该课程更具操作性,更具现实意义。如在详细列出各类能源的数据后,通过对比我国与世界的能源储藏量,提升学生的自豪感;通过对比我国与世界的人均占有量、采储比等,激发学生的能源危机意识,进而引导学生热爱自己的专业,努力学好专业知识,服务社会,而要做到这点,就要从按时上课、不旷课、认真听讲、不玩手机等这些小事做起。

（五）农学类专业课程

农学类专业课程是在教学中加强生态文明教育,引导学生树立和践行绿水青山就是金山银山的理念。培养学生的"大国三农"情怀,引导学生以强农兴农为己任,"懂农业、爱农村、爱农民",树立把论文写在祖国大地上的意识和信念,增强学生服务农业农村现代化、服务乡村全面振兴的使命感和责任感,培养知农爱农创新人才。例如,西北农林科技大学农学类专业课课程思政建设以《园艺作物研究法》为例,推行课程思政教学改革是高校培养高素质人才,落实立德树人根本任务的重大举措,将思政教育充分融入农学类专业课程中,在进行专业教育的同时有效引导学生树立正确的世界观、人生观和价值观,养成良好的道德品质,培养农科专业大学生对知农、爱农、服务三农意识的思政教育具体方法进行了探索与讨论。福建农林大学《3S 技术》课程思政也进行了教学改革。3S 技术是现代信息技术的重要组成部分,《3S 技术》课程是林学、自然地理学、水土保持与荒漠化防治等多个专业的重要基础课程,在农学、林学人才培养中有重要作用,将思政教育与《3S 技术》课程教学融合起来，在实现课程教学目标的同时能够引领学生树立正确的价值观。

（六）医学类专业课程

医学类专业课程在教学中注重加强医德医风教育，着力培养学生"敬佑生命、救死扶伤、甘于奉献、大爱无疆"的医者精神，注重加强医者仁心教育，在培养精湛医术的同时，教育引导学生始终把人民群众生命安全和身体健康放在首位，尊重患者，善于沟通，提升综合素养和人文修养，提升依法应对重大突发公共卫生事件能力，做党和人民信赖的好医生。例如上海中医药大学强调在所有的课程中都要纳入"道"的内容，所谓"道"，就是对社会主义核心价值观的坚守。从2015年至今，该校共立项20门重点课程，既有医学专业课，也有中国传统文化课程。如《人体解剖学》作为一门"枯燥""冷冰冰"的专业课，在融入"大体老师"的感恩教育内容后，不仅强调解剖技能的传授，更注重学生对生命意义的思考和对医学生责任意识的审视；《医古文》课程对中国古代医学家学术思想、传统医学伦理思想精华进行了挖掘和提炼，使课程从原先的语言文字类课程发展成为医学人文和医德医风教育的导引课；《医学英语》课程跳出了语言工具类课程的狭窄范围，更多地倾注了全球化视域和跨文化交流的指导。学校党委副书记朱惠蓉教授说："这些课程大大拓展了学生们的视野，也有效地培养他们树立起正确的价值观，是生动的德育教育。"①

（七）艺术学类专业课程

艺术学类专业课程在教学中教育引导学生立足时代、扎根人民、深入生

---

① 姜澎：《上海高校："思政课程"转身"课程思政"》，《文汇报》，2016年10月30日。

活,树立正确的马克思主义文艺观和创作观。坚持以美育人、以美化人,积极弘扬中华美育精神,引导学生自觉传承和弘扬中华优秀传统文化,全面提高学生的审美和人文素养,增强文化自信。江山就是人民、人民就是江山,打江山、守江山,守的是人民的心。守护人民的心,是文艺的神圣职责,文艺是民族精神的火炬,是时代前进的号角,代表一个时代的风貌,引领一个时代的风尚。高等艺术教育有一项重要任务,就是积极投入时代建设的滚滚洪流之中,坚持以人民为中心,深入生活、深入生产实践,抓好重大题材文艺创作,着力推出一批讴歌党、讴歌祖国、讴歌人民、讴歌英雄的精品力作,不断满足人民文化需求,增强人民精神力量,这是文艺创作课课程思政的体现。例如,新疆艺术学院教师创作、学生表演参赛舞蹈作品《阳光下的麦盖提》以98.50分的最高分成绩,荣获第十三届中国舞蹈"荷花奖"第一名,在全国引起强烈反响。《阳光下的麦盖提》是一个现实主义题材的歌舞,将新疆刀郎歌舞与山东鼓子秧歌巧妙融合,体现了文化交融互鉴,不断铸牢中华民族共同体意识,这是新时代新疆文艺创新人才培养新成果、新疆文艺事业繁荣发展新成就在全国文艺舞台上的一次精彩展示。

新疆高等艺术院校专家教师和同学们从脱贫攻坚的伟大实践中,汲取养分,将民生关切汇聚成文化之力,创作出一批"思想精深、艺术精湛、制作精良"的艺术成果,谱写了一曲新时代奋进之歌。近年来,编创舞剧《独库兄弟》《忠诚》,歌曲《百年大树》《千年祈望》《赤子心》、歌剧《黄河》、广播剧《喜喜连长》《永不分离》、小品《脱贫攻坚》、话剧《万方乐奏》以及微电影《古丽的假期》《国宝特工队》等一百一十余部作品。开展美术作品重大题材主题创作,参与拍摄《平凡英雄》《昆仑兄弟》《塔克拉马干的鼓声》《吐鲁番的情歌》《都是一家人》等多部主旋律电影、电视剧,一批作品获得国家和自治区艺术资金支持,获得"五个一工程奖"、天山"文艺奖"等奖项,用文艺作品引领时代风尚,传播先进文化。例如,东华大学的《中国服装艺术史》课程,该课程以冕服制度,唐代、明代染织服饰等为例介绍中国古代服饰文化对东亚诸国产生的重要影响。为了让传递效果直观、迅速,教师在课堂上采用大量的图像资料教学,使教学内容更加形象生动,提升学生的学习积极性,在培养广大青年学子对祖国传统文化的热爱和兴趣、增强国民素质教育、弘扬民族文化等方面有较好意义,同时也加深学生对中国古代传统文化在东亚文化中历史地位的认识,加强对中国传统文化特色的认知,增强民族自信心。

课程最后还以创建服饰文化微信公众平台、撰写中国服饰艺术相关推文为考核依据,进一步扩大优秀传统文化的传递面,培养广大青年对祖国传统文化的热爱和兴趣。例如,艺术表演课程。新疆艺术学院通过"课程思政"试点高校建设,广泛开展文艺展演活动,着力发挥文化浸润作用,不断丰富"文化润疆"载体,为铸牢中华民族共同体意识提供源源不断的内生动力。学校积极参与到自治区、全国乃至国际舞台上的大型展演活动,如参与国庆70周年《美丽新疆彩车》天安门广场表演;近三百名师生参与自治区建党百年庆典文艺演出《光辉历程》、大型舞剧《张骞》;《塔里木河的记忆》等多部作品参与了"捷克艺术节""慕尼黑音乐节"等国际展演活动;作品《奔腾》《可爱的中国》《阳光下的绿洲》参与中俄艺术联盟展演活动等,通过一系列文艺展演,向世界展示了一个真实的中国新疆,一个朝气蓬勃、阳光灿烂、和谐稳定的中国新疆。

二、"课程思政"融入专业课程教学的基本途径

2019年9月29日教育部发文《关于深化本科教育教学改革全面提高人才培养质量的意见》强调把思想政治教育贯穿人才培养的全过程,坚持把立德树人的成效作为检验高校一切工作的根本标准,强调把思想政治理论课作为落实立德树人根本任务的关键课程,把课程思政建设作为落实立德树

人根本任务的关键环节。这就要求在进行专业建设和课程建设时,做到统筹考虑,协同推进。专业课课程思政建设是落实思政教育的根本途径,也是课程思政体系整体架构中的重要组成部分,需要立足学科和专业的特殊视野、理论和方法,实现专业授课中知识传授与价值引导的有机统一,改善目前专业课程教学中重知识传授轻德行培育的状况。

作为专业课课程教师,如何充分挖掘课程自身特色和优势,提炼专业课课程中蕴含的文化基因和价值观点,将其转化为社会主义核心价值观具体化、生动化的有效教学载体,在"润物细无声"的知识学习中融入理想信念层面的精神指引,是一线教师的一项责任,也是一种挑战。为此我们从课程和教师两个层面启动建设,并进行了初步实践。

(一)"课程思政"理念融入专业课程教学

课程是教育学中的重要术语,指基于教学计划的教学进程和安排,对高校而言,课程是保障专业教学的关键载体和支撑。课程内容的专业性和理论性较强,在专业教育过程中,将思政教育有机融入课程教学的各环节,可以在潜移默化中对学生进行思政教育,这会更加具有亲和力、感染力并且有针对性、实效性地实现知识传授与价值引导的有机统一,有助于更好地落实"立德树人"的根本任务和专业人才的培养。

(二)"课程思政"融入专业课程教学的实施途径

思政教育融入专业课教学改革的各个环节,为加强学生专业理论知识与思想政治教育同向同行,提高自身综合素质,需要从专业课教师的思政素养能力和专业课程的思政融入点两个途径着手进行探究。

第一,要求每门课程在课程教学大纲中注入思想政治教育的要求,并落实到各个教学目标中去,即课程教学目标的制定过程中要强调知识和品德并重,深度拓展教学内容,增加课程思政元素。为此,首先选取了有特色的专业基础课和专业核心课进行建设,课程内容分成若干知识点,并根据知识点的不同挖掘思政元素,由知识点"生成"思政元素,即课程为"树",知识点为"枝",思政元素为"叶",而学校、学院和班级的文化是大树枝繁叶茂的沃土。

第二,要切实达到课程教学目标,课程开始之前需要进行学情分析,除了对学生的学习基础、课程特点、学习兴趣等因素进行分析之外,还特别需要了解学生的思想状况。采用写心得、诉理想等方式,让学生把自己的心声和想法通过笔和纸告诉我们,从而了解学生最真实的想法和思想状况。通过对大二学生的调研发现,部分学生专业水平已远超教学进度,他们通过进入创新实验室培养,已经能够独立承担企业委托的项目;部分学生具有很强的创业愿望,也急切需要得到指引;还有的学生对自己的专业充满了信心,希望能够考上研究生继续深造,为中国制造做出自己的贡献。可见,如果教师不做调研,仍然按照一成不变的方式授课,没有注意到新时代学生的思想发展变化,将无法有效实施育人工作。

第三,课程设计过程中要创新教学方式和方法,通过专业技能知识点的传授渗透育人工作,让学生的个人理想与社会担当有机结合。课程设计是实现课程思政教学目标的基本路径,在教学过程中,从国家、社会和个人三个层面进行思政元素注入。在国家层面,主要挖掘使学生能感受到国家的发展,能够体会"四个自信"方面的元素,明白科学技术应该掌握在谁的手里,为谁所用,当然也要在技术方面承认差距,让学生树立为国家科技事业发展贡献力量的精神。在社会层面,课程思政是将思想政治教育融入课程教学的各个环节,使思想政治教育的因子融入课程之中,以隐性思政的方式与思政课程一起,共同构建全课程育人的格局,是一次内涵丰富、立意深远的创新,一方面赋予了思想政治教育以鲜活的生命力,另一方面又丰富了专业课自身的内涵。重点强调在工程实践中要有社会责任感、要考虑环境的可持续发展、要遵守职业规范,比如"电磁场"课程,我们在建设过程中,充分挖掘电磁辐射对环境的影响等元素,"发电厂电气部分"则充分挖掘职业规范等方面的元素。在个人层面,则主要挖掘培养学生的科学思维和科学方法的元素,培养学生的科学思维能力,并将其用于人生观、价值观的修炼中去,如"电气创新方法"课程,主要培养学生的创新精神和创新能力,结合大量的创新实例和创新历史激发学生学习内动力。另外,在课程设计时还要注重采用先进的教学方法,如讨论式教学、信息化教学、网络交流、翻转课堂等,以此促进大学生通过参与和思考,实现认知、情感、理性和行为认同,在知识传授中实现价值观的同心同德、同向同行、同频共振。

三、专业课课程思政能力建设

习近平总书记在第三十个教师节上指出:"好老师应该取法乎上、见贤思齐,不断提高道德修养,提升人格品质,并把正确的道德观传授给学生。"[①] 提升思想政治教育的实效、树立正确的社会主义核心价值观与专业教师的素养有很大关系。专业课教师在课堂上,既要注意避免专注于传授专业知识,而忽略学生思想动态的变化;也要防止过多地思想教育而令学生淡化专业知识的吸收。教师应该从学科和专业角度,深入发掘课程的思政元素和专业知识的结合点,在教学内容、教学方法和教学设计等方面,不断改革、实践和探讨。教师要始终坚持立德树人的根本任务,不断增强自身的责任感、使命感、荣誉感,做到遵纪守法,言传身教引导学生树立良好的法律意识和专业素养。专业课教师自身优良的师德师范思政素养能力,对专业课程和思政教学效果,具有极为重要的示范和科学引领作用。

---

① 《做党和人民满意的好老师》,http://cpc.people.com.cn/n/2014/0910/c64094-25629946.html。

教师是提高课程思政教学质量的关键。专业课课程思政能力建设以教师队伍建设为龙头。

第一，提高专业教师对课程思政的认识，统一思想，消除误区。让教师理解课程思政的作用，不仅不会干扰正常的教学，反而会促进学生的学习，鼓励教师用好思政这个"武器"，改进学生的学风、考风等。通过培训、工作坊、沙龙等活动，提高教师的思政素养。

第二，学院以党支部建设为抓手，每周开展一次党支部活动和教研活动，把党建活动和教研活动相结合，把德育意识培养纳入教师日常教学培训中去，促使教师在日常备课中，将德育意识培养作为重要的一项内容。

第三，提高专业课程教师的课程思政教学设计能力，一是研究学生能力，主要包括研究学生的思想、"三观"、心理等方面。前面已经讲到，学生的个体差异性很大，因此需要对学生进行全面深入的研究，才能在课程思政的实施过程中做到因材施教。二是课程思政的教学设计能力。思想政治教育的特殊性，需要教师有很好的驾驭和设计能力，可以说教师的教学水平和个人魅力很大程度影响课程思政的效果，因此需要教师努力提升"翻转课堂"、讨论式、信息化的教学能力。三是课程思政评价能力。如何合理地将专业评价和课程思政评价结合，是需要每一位专业课教师思考的问题。通过平时表现全过程评价学生的思想素质，如课堂表现，作业是否抄袭，是否迟到、早退、旷课等，这些都是评价的重要方面。四是持续改进能力。专业课程思政改革需要紧跟国家发展，及时向学生传递最新的主流思想，因此需要教师及时学习党和国家重要的方针政策和教育教学工作的要求，并将其与专业课程结合，转化为价值观培育和塑造的素材，通过"基因式"融入专业课程，让立德树人"润物无声"。

另外，课程思政在实施过程中，必然会有各种各样的问题，因此需要教师以问题为导向，推动课程思政教学改革，从而实现持续改进。

四、课程思政和思政课程的协同发展，专业课程教师和思政课程教师协同配合

第一，两种课程之间是互相依赖，紧密联系的。一方面专业课程思政需要思政理论课的指导和引领。专业课程思政是思政理论课在专业领域的延伸和拓展，是思政课一般原理的具体化和实践化。思政理论课为专业课程思政的构思、设计、开发、实施提供原理性支持，为课程思政的高效运行提供保证。另一方面，两种课程又有明显的区别。思政理论课更注重一般性和普遍性的原理，而专业课程思政具有学科和专业的特殊性。教学方法上也不同，专业课程思政开展的方式可以更为灵活，也更为具体，而思政理论课形式相对单一，也更为抽象；专业课程思政更注重思政的"点"，而思政理论课更注重思政的"面"。

第二，两种课程的教师也是相互支持、相互发展的合作互补关系。一方面，思政理论课教师帮助专业课教师规划、设计和开发课程思政的知识点，并帮助专业课教师进行思政评价和反思。另一方面，专业课教师可以为思政理论课教师提供鲜活的育人素材，帮助思政理论课教师丰富和创新知识体系，拓宽视野，从而提升思政理论课教师的教学和科研素养。

因此，要加强专业课和思政课教师之间的交流和研讨，建立两种课程教师的沟通机制。专业在人才培养目标和毕业要求的制定和修订过程中，充分吸收思政课教师的参与，既明确思政课程在人才培养过程中承担的培养任务，也让思政课教师加强对专业课教师在课程思政建设过程中的理论指导，收到了很好的效果，极大地提升了专业教师的课程思政能力。

第三节　大学生实践类课程思政建设

马克思主义经典作家历来都十分重视实践，他们主张人们的正确认识来源于实践，实践是认识的目的，实践是检验真理的唯一标准。实践的观点是马克思主义最根本的观点，也是我们党和国家干事业、谋发展、求进步的不竭力量之源。尤其是在党的十八大以来，我党提出要实现中华民族伟大复兴的"中国梦"以及"两个一百年"的奋斗目标。伟大的目标不是靠喊口号就能实现的，而是要靠我们每一个人的实践才能干出来。作为未来社会主义接班人和建设者的大学生，更应该将我党的伟大目标牢记在心，积极投身于伟大的社会实践当中。大学生实践课程的原则包括五个方面，即同思想政治教育相结合的原则、同专业学习相结合的原则、近期目标与长远目标相结合的原则、真实有效的原则。

为有效推动大学生社会实践，一是加强思想政治教育，为大学生社会实践提供思想保障；二是强化与社区的联系，为大学生社会实践提供场所；三是完善大学生社会实践运行机制，为大学生社会实践提供制度保障。让大学生实践成为思想政治教育的生动课堂，实现二者的良性、持续互动，从而推动大学生的全面发展，使之成为思想和能力都过硬的现代化人才。

一、大学生实践类课程概述

（一）大学生实践类课程的类型

马克思根据实践内容的不同将实践划分为三种基本形式：即生产实践、

处理和变革社会关系的实践、科学实验。根据《纲要》把实践类课程分为三个类别。专业实验实践课程,要注重学思结合、知行统一,增强学生勇于探索的创新精神、善于解决问题的实践能力。创新创业教育课程,要注重让学生"敢闯会创",在亲身参与中增强创新精神、创造意识和创业能力。社会实践类课程,要注重教育和引导学生弘扬劳动精神,将"读万卷书"与"行万里路"相结合,扎根中国大地了解国情民情,在实践中增长智慧才干,在艰苦奋斗中锤炼意志品质。按照《纲要》思想,结合工作实际,重点研究社会实践类课程,将其分为专业研究型社会实践、思想素养型社会实践、志愿服务型社会实践。

(二)大学生社会实践的内涵

马克思在《关于费尔巴哈的提纲》一文中指出:"哲学家们只是用不同的方式解释世界,问题在于改变世界。"[①]这一论述指出了实践的本质及其内涵,即"实践是人们有目的地改造客观世界的物质活动"。社会实践是主体借助于一定的中介和手段有目的地改造客观世界的物质活动,是人所特有的对象性活动,是人的存在方式,是主观与客观相统一的过程。这种活动具有三个特性:一是客观物质性,即它是一种不同于人的主观意识活动的客观物质活动;二是自觉能动性,即它是人们有意识、有目的地改造客观世界的活动;三是社会历史性,即实践活动不是个人的行为,而是社会活动,它必然会受到社会历史条件的制约。所谓大学生社会实践活动是指高校按照高等教育培养目标的要求,有目的、有计划地组织在校大学生参与社会政治、经济、文化等活动的一系列教育活动的总称。[②]在这种教育活动中,高校是组织者,大学生是参与者,中介是社会,目的是以社会为课堂全面提升大学生的综合

---

① 《马克思恩格斯选集》(第一卷),人民出版社,2012年,第136页。
② 参见焦满金:《大学生社会实践研究》,甘肃人民出版社,2007年,第3页。

素质。

1.专业研究型社会实践

专业研究型社会实践是指在实践教学理念的指引下,以教师为主导,以大学生为主体,以课程资源为支撑,以社会为载体而展开的促进大学生全面发展的对象性活动的总和。专业研究型社会实践强调学生的迁移学习和研究能力。这里所说的迁移是心理学的一个概念,指一种学习对另一种学习的影响,即在一种情境中知识、技能、态度的获得对另一种情境中知识、技能、态度的获得的影响。迁移对于提高解决问题的能力有直接促进作用。要将校内所学的知识、技能用于解决校外的现实问题,这同样依赖于迁移。人们学习知识是为了更好地生活,而社会生活在本质上是实践的,因此在学习知识的过程中必须进行实践,将所学的理论知识迁移到实际生活中,只有这样,才能有认识上的发展进步,进而获得新知识。

此外,大学生在学校课堂学习的专业知识包含了以往人们的经验总结,抽象性、概括性比较强,经过大学生社会实践这一环节,能够使大学生获得大量的直接经验认识,在此基础上使他们的认识实现由抽象到具体,由现象到本质的转变,从而有助于他们更好地掌握本专业发展变化的内在规律,实现实践经验与书本知识的有机整合。专业研究型社会实践主要有以下几种形式:①社团活动,是大学生通过参与一定的专业社团进行自我教育、自我管理和自我服务的综合性社会实践活动。各高校学生社团的分类方式不同,但总体来看根据专业划分社团比较普遍。学生可以参与跟自己所学专业相关的社团,也可以参加自己感兴趣的社团,从中学习知识,提升能力。②科技竞赛活动,是大学生为检验自己在学校所学知识或技能并期望自己的科研活动取得良好成果而参与特定竞赛的社会活动。如数计专业的学生参加全国建模竞赛,设计专业的学生参加设计大赛等。③社会观察活动,是大学生运用所学专业知识和方法观察社会现象,从中收集各种有用信息并对其做出具体分析、整理和描述的一种认识和实践活动。如大学生寒暑假期的社会观察和研究活动等。④教学实习和调研科创等形式,是根据专业性质及相应的课程内容而制定的一系列实践教学活动,如师范类大学生的教育实习,社会学专业的社会调研等。

2.思想素养型社会实践

思想素养型社会实践是指在高校思想政治教育目标的指引下,以教师为引导,以大学生为主体,以提高大学生的思想素质为目的,以社会为课堂而进行的综合性实践活动的总称。思想素养型社会实践重在提升大学生的思想政治素质和思想品德,与思想政治教育工作密切联系。思想素质是一种看不见、摸不着抽象的东西,然而它对于人的行为却有着重要的指引作用。因此,有必要将思想素质通过一定的中介体现出来,这一中介就是实践。通过社会实践活动,将大学生思想素质外化为行动,以此来检验学校的思想政治教育工作成效。思想素养型社会实践主要有以下几种形式:军事训练、勤工助学活动、校园文化活动、就业创业见习活动等。

3.志愿服务型社会实践活动

志愿服务型社会实践活动主要包括以下几种形式:①大学生暑期"三下乡"活动。它是高校组织的,以大学生为参与主体,以农村实践地为依托,以文化、科技、卫生志愿服务为内容的社会教育活动。①大学生参与暑期"三下乡"活动意义巨大,一方面可以促进大学生深入了解农村,体验农村生活,从中感受农村的发展变化以及村民在生产生活中存在的问题,并学会运用所学知识和技能促进问题的解决;另一方面,大学生带着优秀的"文化"、先进的"科技"和丰富的"卫生"知识走进农村,并将这些知识传播给农村,可以有效提高农村的生产力水平和村民的思想文化水平,促进农村的发展、繁荣。

---

① 参见焦满金:《大学生社会实践研究》,甘肃人民出版社,2007年,第25页。

②志愿服务活动。它是指人们利用自己现有的资源无偿为他人或社会提供各种服务的活动。大学生参与志愿服务活动,可以激发他们关注公益事业的热情,帮助他们树立自觉承担社会责任的意识。③社会调查。它是指人们基于特定的社会问题,运用一定的方式、方法,对有关社会事实做出客观而全面的分析、调查,并进一步做出相应的描述、解释,从而在此基础上提出有针对性对策的社会实践活动。大学生参与社会调查可以提高他们的思想认识水平,培养大学生的社会责任感,提高实践能力,同时可以增强学生学习的积极性和主动性。

以上是大学生社会实践的三种类型,不同类型的社会实践活动对大学生能力培养的侧重点有所不同,但是它们最终的目的都归结于一点,即促进大学生各方面素质及能力的提升。高校应该根据自身实际条件和现实环境,组织开展内容丰富、形式多样的实践活动,以满足大学生的个性化需求,激发他们参与实践活动的积极性。

(三)思想政治教育与大学生社会实践的内在联系

"思想政治教育是指一定的阶级、政党、社会群体用一定的思想观念、政治观点、道德规范,对其成员施加有目的、有计划、有组织的影响,使他们形成符合一定社会、一定阶级所需要的思想品德的社会实践活动。"[①]从其内涵可以看出,它本身是一种实践性很强的活动,然而长期以来,由于高校思想政治教育工作中存在一些问题,致使人们将其视为一种理论宣传工作,从而忽视了其实践性。大学生社会实践顾名思义是一种实践性活动,但是它不是完全独立于其他活动而单独进行的,如果将其看成是一种纯实践性的活动而缺乏必要的理论支撑和方向指引,对大学生来说是非常不利的。因此,我

---

① 张耀灿、郑永廷:《现代思想政治教育学》,人民出版社,2006年,第50页。

们有必要深入探析思想政治教育与大学生社会实践的内在联系，从而促进二者的良性互动。

1.思想政治教育为大学生社会实践指引方向

人的思想品德的形成过程比较漫长，一旦形成便具有相对稳定性，然而这并非意味着其是一成不变的，它会随着人们所处的外界环境以及自身经历等的变化而处于不断的变化之中。大学生在参与社会实践的过程中，外部环境以及大学生的思想意识都处在动态变化当中，由于这种主客观因素的不确定性，需要思想政治教育对大学生社会实践的长期引领。

（1）思想政治教育为大学生社会实践提供意识形态指引。由于社会具有开放性和包容性，因此大学生在参与社会实践的过程中很容易受到不同社会意识形态的影响，而当今社会中不同意识形态之间相互交流、交融，都在争夺自己的主阵地，大学生如果没有对社会主义主流意识形态的坚韧态度，就很容易受到错误意识形态的影响，这不论是对大学生自身来讲还是对国家安全来讲都十分不利。对此高校必须高度重视思想政治教育作用，从而为大学生社会实践提供正确的意识形态指引。意识形态的核心是价值观，习近平总书记在党的十八大报告中概括提炼出"富强、民主、文明、和谐；自由、平等、公正、法治；爱国、敬业、诚信、友善"二十四字的社会主义核心价值观，高校在对大学生进行思想政治教育时，要鼓励大学生积极培育和践行社会主义核心价值观，将其植入思想深处，落到行动实处，以此为大学生社会实践提供正确的意识形态指引。

（2）思想政治教育为大学生社会实践提供方法论指导。大学生从走出校园到步入社会，无论在客观环境方面还是主观心理方面都不可避免地会出现一些问题，如果他们不能正确地理解和看待这些问题，不能用正确的方法论来指导我们的行动，那么社会实践就很难进行下去。毛泽东曾经指出："我们不但要提出任务，而且要解决完成任务的方法问题。不解决方法问题，任务也只是瞎说一顿。"①这里所说的方法问题不外乎是马克思主义的方法论，包括实事求是，一切从实际出发，理论联系实际；用联系的观点看待问题，掌握系统优化的方法；用发展的观点看问题，掌握否定之否定规律；用对立统一的观点看问题，坚持两点论与重点论相统一，坚持具体问题具体分析。高校在做思想政治教育工作时，需要用马克思主义的方法论教导大学生，使之在社会实践中发挥出强大的物质力量。马克思说过："理论一经掌握群众，也会变成物质力量。理论只要说服人，就能掌握群众；而理论只要彻底，就能说服人。"②

（3）思想政治教育为大学生社会实践提供的认识论对引导人的活动具有很强的主观能动性，这一特点决定了人在活动中必定受到一定思想和认识的支配，大学生参与社会实践活动也受到一定思想和认识的支配。然而意识有正确与错误、先进与落后、科学与经验之分，正是因为受到不同认识的引导，人们的实践才会呈现出不同的结果。马克思主义的认识论指出认识具有反复性，一方面，人们对客观事物的认识总是要受到具体的实践水平的限制，另一方面，客观事物的复杂性和多变性决定了人们要想掌握它就必须经历一定的过程。

因此，大学生在社会实践活动中出现一些认识偏差属于正常现象，不必因此对实践失去信心；认识具有无限性，人类认识总是随着社会发展进步而不断更新，因而人们追求真理的脚步永不停歇。大学生在社会实践中不能因为获得了正确的认识而骄傲自满，而应继续努力，促进认识不断向前发展；认识具有前进性和上升性，从实践到认识，从认识再到实践是一种波浪式前进或螺旋式上升的过程，我们要将认识放到实践中检验，从实践中获得新的

---

① 《毛泽东选集》（第一卷），人民出版社，1991年，第139页。
② 《马克思恩格斯文集》（第一卷），人民出版社，2009年，第11页。

认识,并将这种新的认识再投入实践检验,这是个循环往复且不断前进的过程,经历了此过程,人类认识才能不断发展、进步。大学生在社会实践过程中,一定要以科学的认识论作为行动的指导,要充分发挥正确认识对实践积极的促进作用,防止受到错误认识的干扰。

2.大学生社会实践是思想政治教育的有效载体

载体是指人们所运用的能够承载能量或运载其他物质的物体。思想政治教育载体就是指思想政治教育主体所运用的,能够承载和传递思想政治教育的内容或信息,促使思想政治教育主体和客体之间相互作用的一种活动形式或物质实体。①思想政治教育载体形式多样,而大学生社会实践作为它的一种活动载体具有其他载体所没有的优势,即具有很强的实践性和感染性。笔者在前文对大学生社会实践的类型进行了划分,不同类型的社会实践活动作为不同的载体所承担的思想政治教育任务有所不同,如社团活动主要是调动学生学习的积极性和主动性,培养自主精神和独立品格;科技竞赛活动主要是帮助大学生形成热爱科学和崇尚科学的精神,鼓励大学生参与到科技创新活动当中;社会观察和调查主要帮助大学生树立实事求是的学习和工作作风以及培养勇于实践的良好习惯;军事训练主要是培养大学生的爱国主义精神以及强烈的责任感;校园文化活动旨在完善学生的人格发展,发挥文化对人潜移默化的影响作用;就业创业见习活动主要帮助大学生形成正确的就业观念并树立爱岗敬业的职业道德;志愿服务活动旨在帮助大学生树立为人民服务的意识。

---

① 参见张耀灿、郑永廷:《现代思想政治教育学》,人民出版社,2006年,第392页。

（四）思想政治教育视域下大学生社会实践的理论依据

1.马克思和恩格斯关于社会实践的相关理论

马克思在《资本论》中曾指出："生产劳动同智育和体育相结合，它不仅是提高社会生产的一种方法，而且是造就全面发展的人的唯一方法。"①这里所谓的"生产劳动同智育和体育相结合"就是强调理论与实践相统一。马克思和恩格斯为马克思主义思想政治教育确立了实践的本质。马克思主义关于思想政治教育的理论是从人的本质出发提出思想政治教育的目标，即促进人的自由全面发展，"以一种全面的方式，也就是说，作为一个完整的人，占有自己的全面的本质"②。马克思曾指出："人的本质不是单个人所固有的抽象物，在其现实性上，它是一切社会关系的总和。"③这种社会关系不是凭空产生的，它是在人们的交往实践中产生的。马克思关于社会实践的理论和关于思想政治教育的理论是相通的，人们在社会实践中产生社会关系，展现出人的本质，逐渐实现人的自由全面发展。思想政治教育活动不是纯理论地灌输，而要付诸思想政治教育实践，在实践中促进人的全面发展。

2.列宁关于社会实践的相关论述

列宁认为："培养共产主义青年，决不是向他们灌输关于道德的各种美丽动听的言词和准则"④，而是要在真实的社会生活实践中进行思想政治教育。因为社会实践"是共产主义道德的基础"，"是共产主义教育、训练和学习的基础"。列宁还曾提出："大多数人是根据实际生活得出自己信念的，他们不相信书本和空谈。"⑤高校在做思想政治教育工作时，并不是向人们灌输教

---

① 《马克思恩格斯全集》（第23卷），人民出版社，1972年，第530页。
② 《马克思恩格斯全集》（第42卷），人民出版社，1979年，第123页。
③ 《马克思恩格斯选集》（第一卷），人民出版社，2012年，第135页。
④ 《列宁全集》（第39卷），人民出版社，1986年，第307页。
⑤ 《列宁全集》（第35卷），人民出版社，1985年，第374页。

条的学说,而要注重务实,给人们提供行动指南,让人们在实际生活中感受思想政治教育的重要性。

3.新中国历届领导人关于社会实践的相关论述

新中国历届领导人都十分重视社会实践,因此教育与生产劳动相结合是我党一贯坚持的教育方针。同时,理论教育与实践教育相结合也是我党做思想政治工作的优良传统。毛泽东同志曾指出:"无论何人要认识什么事情,除了同那个事物接触,即生活于(实践于)那个事物的环境中,是没法子解决的。"①不管是学习理论知识还是做思想政治教育工作,都不能脱离实际搞主观主义、经验主义、教条主义,而要依据客观事实来进行,客观事实不是想当然就有的,而要投身到实践中自己总结。

高校大学生除了在校学习专业知识外,还应该广泛地参与社会实践,同工人、农民打成一片。毛泽东主张在学校办工厂,在工厂办学校,这就为社会实践与思想政治教育有机结合提供了契机。当今时代,由于高校学生较多,资源压力较大,在大学校园内办工厂显然不现实,但是高校完全可以与各个生产单位签订合作合同,为大学生和社会生产单位牵线搭桥,实现二者的互惠互利。

1978年4月22日,邓小平同志在全国教育工作会议上指出:"为了培养社会主义建设需要的合格人才,我们必须认真研究在新的条件下,如何更好地贯彻教育与生产劳动相结合的方针。"②其传达出的理念就是要鼓励学生走出校园,走进社会,参加实践锻炼,认真贯彻这一基本教育方针,从宏观上来说,有利于实现我国的教育目的,从微观来看,有利于完成学校的人才培养目标以及促进学生成长成才。

---

① 《毛泽东选集》(第一卷),人民出版社,1991年,第286~287页。
② 《邓小平文选》(第二卷),人民出版社,1994年,第107页。

1998 年 5 月 4 日，江泽民同志在庆祝北京大学建校 100 周年大会上指出，广大青年学子应坚持学习书本知识与投身社会实践相统一。书本知识要想发挥出实际功效，产生出现实的物质力量，必须经过实践这个关键环节，脱离实践而空谈理论知识毫无意义，不仅不能发挥出科学知识和经验的价值，而且不利于学生的成长和能力的提高。因此，高校应高度重视实践教学方式，不断地进行教学方式的改革和突破。青年学生要紧跟时代脚步，把党的先进理论和优秀的中华传统文化融入社会实践之中，在具体社会实践中形成良好的道德行为习惯，培养坚定的意志品质和高尚的道德情操。党的十八大以来，习近平总书记先后在全国宣传思想工作会议、文艺工作座谈会、新闻舆论工作座谈会、网络安全和信息化工作座谈会、哲学社会科学工作座谈会、全国高校思想政治工作会等会议上发表了一系列关于思想政治教育的讲话。习近平同志指出："意识形态工作是党的一项极端重要的工作。"[①]习近平强调意识形态工作的重要性也就是强调思想政治教育工作的重要性。他还指出，在做思想政治教育工作时，"要注意把我们所提倡的与人们日常生活紧密联系起来，在落细、落小、落实上下功夫"[②]。这里所说的"落细""落小""落实"就是指做思想政治教育工作时要从生活实际出发并落实到生活实际当中，将思想政治教育工作与社会实践相结合，切忌坐而论道、凌空蹈虚。习总书记强调，我们党的思想宣传工作是在实践中不断积累经验的，同时它又要回到实践中去指导今后的工作，并且在实践中不断丰富和发展。[③]习近平总书记在全国宣传思想工作会议上指出：广大青年要正确认识远大抱负和脚踏实地，既要树立远大志向，又要珍惜韶华、脚踏实地，把远大抱负

---

① 《习近平谈治国理政》，外文出版社，2014 年，第 153 页。

② 同上，第 165 页。

③ 参见《胸怀大局　把握大势　着眼大事　努力把宣传思想工作做得更好》，《人民日报》，2013 年 8 月 21 日。

落实到实际行动当中,在实践中增长本领,实现梦想。①由此可见,我们党在各个历史时期都非常重视思想政治教育工作,同时强调在做此项工作时切忌假大空,而要与社会实践相结合,在实践中帮助人们树立正确思想,提高业务能力,实现全面发展。

(五)思想政治教育视域下大学生社会实践的原则

在认识到大学生社会实践的重要性及合理性之后,要想实现社会实践的目标并完成其任务,大学生在此过程中还应遵循以下原则。

1.同思想政治教育相结合的原则

思想政治教育在本质上是一种实践活动,所以它离不开社会实践。大学生社会实践应坚持正确的方向,运用科学的方法。社会实践是思想政治教育的生动课堂,大学生在此过程中,通过接触社会,可以看到改革开放以来我国发生的翻天覆地的变化,可以感受到社会主义现代化带给人们的福祉,可以领会到在中国共产党的带领下我国在各个领域的工作所取得的巨大进步,可以认识到党的群众路线的伟大力量,可以体会到科学的认识论和方法论对他们学习、工作的指导作用,社会实践也就能发挥出它的实际功效。

2.同专业学习相结合的原则

为了提高大学生社会实践的实效性,高校应充分考虑以下几个方面:

(1)结合专业特点合理安排社会实践活动。高校在组织社会实践活动时要考虑到学生的专业特点,根据专业特点合理安排实践活动,如对于文科类学生,尤其是社会学专业的学生,可以给他们安排社会调查活动,因为他们对社会现象更加敏感,可以发现社会深层问题;再如对于思想政治教育专业的学生,可以安排他们到城市社区、到农村宣传党的路线、方针、政策;对于

① 参见《加快推进高校思想政治工作改革创新——习近平总书记在全国高校思想政治工作会议上的重要讲话引起热烈反响》,《人民日报》,2016年12月10日。

文学艺术类学生,可以安排他们到社会各个角落去采风,去发现、感知生活,从而创作出更贴合群众的优秀作品。对于理工科和农科类的大学生,可以安排他们参加课外科技活动,如安排理工科学生去企业、去工厂,将自己所学的科学知识和先进技术传播给工人,带领工人们进行技术改造和设备升级;再如安排农科类大学生去农田,帮助农民解决难题。

(2)根据学生的不同层次安排社会实践活动。大学生社会实践活动是贯穿大学四年教育的整个过程,因此处在不同阶段的大学生应该根据自己的实际情况参与社会实践活动,如大一大二的学生可以结合自己的专业特色参与一些考察、咨询、服务类的社会实践活动,大三大四的学生在具备相应专业知识的前提下可以参与研究类、技术类的社会实践活动,尤其是大四学生,在面临即将毕业步入工作岗位的现实时,更应该去能够发挥自己专业特长的实习单位进行社会实践。

(3)分派专业老师带队指导社会实践活动。教师应该在社会实践中发挥带头作用,将自己的科研成果和学术课题推广、应用到实践中,并指导学生进一步完善成果。

3.近期目标与长远目标相结合的原则

大学生社会实践从时间上看具有顺序性与阶段性,因此其目标可分为近期目标与长远目标。近期目标即在较短时期内可以达到的目标;长远目标是指相当长时间才能实现的目标,二者虽然处于社会实践的不同阶段,但是它们之间相互联系,密不可分,具体表现为:前者是后者的基础和前提,后者是前者的指南和归宿。大学生社会实践的近期目标包括促进学生对在校期间所学知识的理解和提高学生的动手、操作、实践能力;长远目标包括促进学生思想政治素质的提高,帮助学生正确处理各种社会关系,提高其社会生存和适应能力。由于目标层次不同,大学生社会实践所展现出的效果也会不同,高校不能因为在短期时间内没有达到预期社会实践目标就否定大学生社会实践的意义,一定要将短期目标与长远目标有机结合,考虑社会实践的后期效果。

4.真实有效的原则

所谓真实有效的原则是指大学生社会实践活动不能走过场,要产生实际效果。对此,高校在组织社会实践活动时应该做好以下几项工作:一是做好准备工作。这是做好整项工作的基础,高校应首先确定社会实践的形式和内容,再联系接收单位,之后确定参与人员并对其做动员工作,还要为社会实践活动的开展准备经费。二是注重实践过程。大学生在参与社会实践时,高校应分派带队教师时刻关注学生的动态,及时提供指导和帮助,解决实践中出现的问题,预防可能出现的问题。三是做好总结工作。大学生在社会实践完成后,应该及时总结实践经验教训,高校也应该建立健全相应的制度以督促学生对活动结果进行汇报和总结。

二、思想政治教育视域下推动大学生社会实践有效开展的策略

中共中央、国务院印发的《关于加强和改进新形势下高校思想政治工作的意见》中指出:社会服务是高校所承担的一项重要使命,要在服务中加强对大学生的思想政治教育。做好新时期高校思想政治教育工作,必须坚持全员、全过程、全方位育人,把思想价值引领贯穿于教育教学全过程和各个环节,形成综合育人体制机制;坚持从学生的学习实际和生活实际出发,实现理论教育和实践育人的有机统一,要充分发挥社会实践对人的教育作用,积极进行教学方式改革,提高实践教学比重,鼓励师生积极参加社会实践活动,完善科教融合、校企联合等协同育人模式,加强实践教学基地建设,建立

健全国家机关、企事业单位、社会团体接收大学生实习实训制度。[①]习近平总书记在全国宣传思想工作会议上指出："宣传思想工作就是要巩固马克思主义在意识形态领域的指导地位，巩固全党全国人民团结奋斗的共同思想基础。"[②]这"两个巩固"明确了思想工作的性质及其根本任务，为我们指明了工作方向，提供了理论指导。《关于加强和改进新形势下高校思想政治工作的意见》以及习近平总书记提出的"两个巩固"，为大学生社会实践活动以及思想政治教育提供了方向指引和方法指导。

（一）加强思想政治教育，为大学生社会实践提供思想保障

1.明确大学生社会实践中思想政治教育的内容

思想政治教育内容不仅是思想政治教育体系的重要组成部分，还是大学生社会实践的基本要素，因此无论对于社会实践的顺利完成来说，还是对于思想政治教育目标的实现，都有着十分重要的作用。当然，不论是在大学生的社会实践中还是在思想政治教育工作中，都应该坚持人本取向，即以大学生为本，在这个前提下，将大学生社会实践中的思想政治教育内容划分为社会规范体系、社会价值体系、教育对象的需要体系和教育对象的问题体系四部分，这样划分既体现了思想政治教育内容的系统性和完整性，又体现了层次性和互动性。在此，我们有必要对大学生社会实践中的思想政治教育内容划分层级结构，思想教育和政治教育是大学生社会实践中思想政治教育的核心内容，而道德教育、心理教育和民主法制教育可以贯穿思想教育和政治教育之中，起到辅助和促进作用，这样既能树立社会规范和社会价值，又能满足思想政治教育的发展，还能满足大学生全面发展的要求以及解决实

---

① 参见《关于加强和改进新形势下高校思想政治工作的意见》，《人民日报》，2017年2月28日。

② 《习近平谈治国理政》，外文出版社，2014年，第153页。

际问题的需要。

(1)思想政治教育是主要内容

思想教育在思想政治教育内容体系中起着基础和前提作用。在我国,思想教育主要是依据马克思主义哲学思想和科学方法论对人们进行教育,从而帮助人们形成正确思想。正确的思想对于人们的实践活动起着十分重要的作用,对于实现我国社会主义伟大事业更是有着举足轻重的地位。在社会实践中对大学生进行世界观、人生观和价值观的教育就不能再同在学校上思想政治理论课那样,而要同实践活动紧密联系,结合具体的情境和实践内容对其施加必要的教育影响。

思想政治教育工作者应该在大学生服务社会和服务广大人民群众的实践过程中引导他们树立为人民服务的意识,在为他人和社会服务中实现人生价值。在大学生社会实践中加强方法论教育。毛泽东曾经将方法比作桥,任何事情要想得到解决,必须借助方法这座桥梁。大学生社会实践要想顺利进行同样离不开正确的方法做指导。思想政治教育工作者应该对大学生进行方法论教育,使其掌握马克思主义科学的方法论,在实践中结合具体的问题情境,选择合适的方法,并不断进行经验总结和方法概括,从而有助于形成自己的方法论体系。

政治教育是指教育者按照一定阶级和社会的政治思想和规范对受教育者进行的有关政治方向、立场、观点、信念以及态度的教育,其实质是培养政治信仰的教育。政治教育在大学生思想政治教育内容体系中居于核心地位。在大学生社会实践中加强政治教育,一方面可以将晦涩难懂的政治理论与鲜活的实际生活相结合,使大学生在具体实践中认识到我国政治制度的合理性和优越性,增强对我国政治制度的认同感,使其不断适应当今社会的政治制度和规范,提高他们的政治参与意识;另一方面对营造良好的社会政治舆论有广泛而深远的意义,大学生在社会实践中可以将党和国家的路线、方针、政策等传播给社会大众，营造一种积极的政治舆论，从而促进我国的政治稳定和社会大众对我国政治制度和规范的认同。

（2）道德教育、心理教育和民主法制教育是辅助

道德教育是指在一定社会、一定阶级按照社会发展的需要和个体身心发展规律，对人们进行道德原则和规范的教育。道德教育无论是对国家而言，还是对大学生自身来说，都有着深刻的意义。对国家而言，我国的社会主义现代化建设离不开高素质的人，而道德素质在人的综合素质中居于首要地位。大学生作为我国社会主义现代化事业的建设者和接班人，必须具备良好的道德素质，才可以肩负起社会主义现代化建设的伟大重任。对大学生来说，道德需要在其需要层次中居于重要地位，道德水平的高低间接影响其社会性发展状况和社会性接纳程度，决定其今后的发展方向和发展空间。在大学生社会实践中对其进行必要的道德教育能够满足、引导和提升他们的道德需要，为其全面发展积聚道德力量，对其今后的生活、学习和工作都有举足轻重的意义。

道德教育具有很强的实践性特征，道德教育的最终目的是将道德认识转化为道德行为，即落实到实践当中。因此，高校在组织大学生社会实践活动时应该将道德教育作为其补充内容。

心理教育是指教育者使用相关心理科学方法对受教育者进行的有关心理健康方面的教育活动，以帮助受教育者形成健康心理和健全人格。人的心理与品德、行为等有着密切的联系。如果没有健康的心理作为基石，大学生社会实践活动也会受阻。心理教育在学校教育中发挥着重要的作用，它与其他教育形式一起作用于大学生。因此，我们有必要在社会实践活动中对大学生进行适当的心理教育，尤其是当他们遇到心理困惑时，思想政治教育工作者一定要及时地帮助其解决心理问题，否则会影响社会实践的持续开展。

民主法制教育是指教育者通过一定的手段和方法对受教育者进行社会

主义民主观念和法制纪律的教育，以帮助受教育者形成正确的民主和法制观念，体会社会主义民主的优越性，养成遵纪守法的行为习惯，做到知法、懂法、守法，当自己的合法权益遭到侵犯时，学会用法律武器来维护它。思想政治教育工作者对大学生进行民主法制教育时，要以社会实践为载体，将社会主义民主理论与实践相结合，同时要以国内外热点问题为契机加强对大学生正确的民主观引导。再如一些违背社会主义民主观念的个例，暴力拆迁、钉子户等问题，这些问题受到大学生的广泛关注并且他们对此持有不同的观点，思想政治教育工作者要鼓励大学生参与到这些热点问题的讨论中，并引导他们从客观实际出发思考问题，从而感受社会主义民主的真正内涵，自觉培育和践行自由、平等、公正、法治的社会主义核心价值观。

帮助大学生树立社会主义民主意识的同时提高他们的民主参与能力。民主这一概念从来就不是单独出现的，它与法治、自由、平等、公平、正义概念相伴相生，因此思想政治教育工作者要帮助大学生树立起民主法治、自由平等、公平正义的社会主义民主意识，在这种正确意识的指导下提高大学生参与社会公共事务的积极性，教会大学生参与社会公共事务的方法途径，从而带动社会全体成员参与到民主政治的建设中。

2.大学生在社会实践中加强思想政治教育的方法

第一，充分发挥大学生的主体性。在社会实践中对大学生进行思想政治教育，不能盲目地、直接地将思想政治教育理论灌输给大学生，而要结合社会实践具体内容，让大学生意识到思想政治教育对实践活动的重要意义，提高他们学习思想政治理论的积极性和自觉性。在社会实践过程中，大学生应主动与思想政治教育工作者进行沟通，及时地将自己的思想政治状况反馈给相关人员。在此基础上，思想政治教育工作者再给大学生施加一定的教育影响，帮助、引导他们改变错误认识，形成正确认识并掌握科学的方法论，充分发挥大学生在思想政治教育过程中的主体性。

第二，积极推动实践场所的建立。在参与社会实践的过程中，大学生极易受到社会环境的影响，思想政治教育工作者应引导大学生吸收社会中正确思想政治观念，帮助其分析过滤错误、腐朽思想，并督促其形成良好的思想政治素质。在此基础上，思想政治教育工作者应联合实践接收单位为大学生思想政治教育实践提供场所和机遇，如让大学生同实践接收单位负责做群众思想政治工作的人员一起去做群众思想政治工作，这样既可以加深大学生的思想认识，又可以发挥大学生的辐射带动作用，将自己正确的理想信念和正能量传递给社会大众，让其感受到思想政治教育的强大魅力。

第三，稳固开展阶段性评估与长期性评估。在具体开展大学生社会实践的过程中，思想政治教育工作者应根据大学生思想的动态变化以及社会实践活动中的突发状况对教育方案进行评估和调整。社会实践中的某个小事件都可能对大学生的思想产生深远影响，对此，思想政治教育工作者必须从多角度、深层次对大学生进行思想考察和评估，并且对各个阶段的评估结果进行综合分析，针对大学生个体思想发展变化进行总结评价，并针对参与大学生社会实践主体的整体思想进行比较评估。要着重解决主要矛盾，同时不忽视次要矛盾，进而根据学生的思想及时地对实践方案进行合理调整。通过对大学生思想政治素质的阶段性评估，教育者可以综合分析阶段性成果，生成长期评估结果，从而对大学生的社会实践成果进行有效评估，激发大学生参与社会实践的积极性和接受思想政治教育的热情。

（二）强化与社区的联系，为大学生社会实践提供场所

"构建社会主义和谐社会为加强和改进大学生思想政治教育之间具有内在的一致性。"①和谐社区建设是构建社会主义和谐社会的重要组成部分，

---

① 杨礼宾：《和谐社会构建与大学生思想政治教育创新》，《黑龙江高教研究》，2009 年第 12 期。

而构建和谐社区的重要一环就是要为社区居民提供优质化的社区服务。社区服务是指有关人员为满足社区成员生活需要而向人们提供的公共服务、商业服务和互助服务等各项服务。社区服务所涉及的范围十分广,因此要想更好地满足社区成员的各项服务,就必须鼓励更多主体参与到社区服务当中。强化大学生社会实践与社区之间的联系,可以有效扩大社区服务参与主体范围,从而更好地满足社区的各项服务,推动社会进步,同时还可以促进学生的成长、成才,推动高校的发展,找到切实有效加强和改进大学生社会实践活动的新思路、新方法、新模式,实现学生、高校、社会三者之间的良性互动,开拓大学生社会实践的新领域,加快建设社会主义和谐社会的步伐。

1.强化与城市社区的联系,延伸大学生社会实践范围

为了方便管理以及更好地为人民提供服务,人类社会这个整体总是以各种形式被划分为许多部分,社区就是其中的一种形式。"社区服务"这一概念在我国正式被提出是在 20 世纪 80 年代末,在那时,向社区居民提供服务的主体是居民委员会。随后社区服务进入一个新的发展阶段,政府大力推动社区服务发展,主张由民政部指导社区服务管理工作,建立以居委会为主要力量,全社会共同参与的社区服务体系。然而尽管政府不断加大对社区服务的财政支持,社区服务工作成效却不尽如人意。究其原因,是由于社区服务所涉及的范围十分宽泛,涵盖的内容也相当冗杂,包括社区政治服务、经济服务、文化服务、社会生活服务等各个方面的服务,然而居委会人员却十分有限,面对复杂而繁多的社区服务工作,他们往往捉襟见肘、顾此失彼,不能很好地协调社区各方面的工作,也就无法为社区成员提供更优质的服务。与此同时,由于生产力水平和人们生活水平日益提高,人们的消费心理日趋多元,消费结构日趋完善,消费理念日趋先进,人们在消费或享受服务时更加追求个性和自主选择,这就在无形之中又给社区服务工作增加了压力。

社区服务工作在实际展开过程中遇到的这些问题启示我们:要想提高

社区服务质量,必须扩大社区服务参与主体范围,积极培养和利用社会团体、鼓励全体社会组织及群体参与到社区服务当中。作为接受过高等教育的、具备系统科学的专业基础知识的、拥有较高文化素质的大学生群体参与到社区服务当中,无疑会缓解社区服务工作的现实压力。因此,将大学生社会实践活动与社区联系起来,从而扩大新型社区服务体系参与主体,为社区服务增加新的力量和源泉,满足社区成员的个性化和多元化的服务需求,最终完善社区服务体系。

2.强化与农村社区的联系,扩大大学生社会实践场域

农村社区在我国社区中占有很大的比重,而且农村社区的发展对于我国全面建成小康社会、对于在 21 世纪中叶建成社会主义现代化强国至关重要。习近平总书记在党的十九大报告中明确提出实施乡村振兴战略,凝聚全社会合力为乡村发展聚力,使乡村实现产业融合、生态宜居、乡风文明、治理有效、生活富裕的发展。因此,关注我国农村社区的发展应当得到全社会的高度关注,开创我国农村社区发展的新历程是全体社会成员的共同责任,大学生作为社会主义国家的建设者和接班人,更应对乡村发展肩负起责任。

通过总结近几年我国农村社区服务工作发现,其存在以下几方面的不足:一是服务主体严重不足,我国农村社区服务缺乏专业的社区服务队伍,提供社区服务的大都是一些村干部和村里的党员,面对村民各方面的服务需求,村干部及部分党员往往心有余而力不足。此外,村民实际需要的服务内容往往是一些技术性指导和智力服务活动,而这些服务内容,单靠农村社区服务队伍人员是很难实现的。二是服务对象单一,农村社区服务的对象往往集中于一些低保户以及基本生活难以维持的人,而以全体村民为对象的便民利民服务明显不足;三是服务内容单调,农村社区服务主要提供一些福利性服务,缺少其他高质量的社区服务项目,如涉及文化、卫生、科技、体育等方面的服务项目少之又少。通过深入分析,我们可以发现农村社区服务主

体的参与度直接影响着农村社区服务对象和服务内容。因此,解决好农村社区服务主体的问题至关重要。对此,我们有必要将大学生社会实践与农村社区服务联系起来,扩大农村社区服务主体参与,同时也可以扩大大学生社会实践的场域。

大学生深入农村社区,可以提供的社区服务内容多种多样,如社区文化服务:大学生可以到农村社区进行党和国家路线、方针、政策的宣讲活动,让广大村民了解国家的大政方针,紧紧团结在党中央周围,为实现中国梦汇聚力量;中文系的大学生可以到社区所辖学校进行普通话宣讲和普及活动,教农村学生和村民讲好普通话;教育学专业的大学生可以在社区开设大学生志愿者公益课堂,为农村留守家庭的孩子提供义务家教服务;音体美专业的大学生可以在农村社区开展丰富多彩的文体活动,丰富村民的精神文化活动,改善村民的精神风貌。这些活动对于打造文明乡风起着促进作用。

再如社区环境服务,环境工程专业的大学生可以与当地环保部门做好沟通、协调工作,帮助农村社区整治街道环境,改善农村环境质量,符合乡村生态宜居要求。此外还有社区体育服务,体育专业的大学生可以向村民普及体育常识,带领村民在闲余时间进行科学锻炼,改善村民的健康状况等;社区农业服务,农科类大学生应该充分发挥自己的专业特长,在村民种植农作物、改善农产品品种、改良土壤等方面提供必要的技术支持和指导,帮助村民增收;社区技术服务,计算机专业的大学生要为村民提供必要的技术帮助,帮助村民学习网络技术,结合当地的区位优势和特色产品发展农村电商,将特色农产品销往城市地区,帮助村民增收,过上富裕生活。总之,大学生在农村也可以大展才华,既锻炼了自己,又服务了村民。

3.规范大学生社区服务流程,提升大学生社会实践质量

大学生到社区参与实践活动是一项系统的工作,因此需要制定一套严密的工作流程,以确保活动有序开展以及充分发挥大学生社区服务的作用。

具体来讲,应做好以下几方面的工作:

第一,做好准备工作。在大学生走进社区之前,实践活动的组织者应安排相应的人员组成调研小组,如校团委中专门负责大学生社会实践的工作人员与专业的思想政治教育工作者联手,通过多种形式和途径进行广泛的社会调研。

第二,征集活动方案。在调研工作结束后,大学生社会实践组织者将调研结果公布出来,在全校各个院系公开征集活动方案。

第三,明确活动方案。全校各个院系根据自己的专业优势和专业特色,组织专业课教师、辅导员教师、思想政治教育理论课教师、学生代表反复设计论证,以确保活动方案的针对性和可行性。

第四,开展实践活动。在开展社会实践活动时,要坚持三个原则,即充分发挥学生专业特长的原则,提供社区服务内容与社区居民实际需求相结合的原则,创业教育与社会实践相结合的原则。高校在坚持这三个原则的前提下组织大学生按照活动方案和活动主题开展多种形式的社会实践活动,尽力满足社区居民的物质需求和精神需求。如组织师范类专业的大学生在社区开办公益课堂,为贫困家庭的孩子提供义务家教服务;组织思想政治教育专业的大学生同社区党组织合作,在社区开展习近平系列重要讲话精神以及党的第十九次代表大会会议精神的宣传和学习活动;组织物理系的大学生给居民讲解一些生活常识以及家用电器的使用与维护;组织食品科学专业的大学生向居民普及有关食品的科学知识,引导居民关注食品安全,科学合理搭配膳食;组织环境相关专业的大学生走进社区向居民普及环保知识,倡导居民树立环保意识,在生活、工作和学习中坚持"绿色原则",动员社区公民为建设美丽中国添砖增瓦。

第五,做好总结工作。总结工作并非是在整个活动结束之后才做的工作,它包括阶段性总结和终期总结。阶段性总结是对活动进行过程中的某个阶段所做的及时总结,这种总结一般是自我总结,它可以及时调控、监测个体的行为,及时纠正不良行为,从而为下一步实践活动提供动力。终期总结是社会实践活动结束后,由活动参与各方对整个实践过程进行经验总结与教训反思,涉及面比较广,参与人员比较多,因此其结果往往更加全面客观,通过这种总结,可以为今后的工作提供经验方法。大学生通过参与社区实践活动,可以激发其参与社会主义和谐社会建设的积极性和主动性,激励他们在为人民服务中实现自己的人生价值,在个人与社会的统一中实现人生价值,从而树立起正确的人生价值观,在实践中提升其思想政治素质和道德修养。

三、完善大学生社会实践运行机制,为大学生社会实践提供制度保障

大学生社会实践活动的顺利进行需要一整套完善的运行机制,无论是在活动组织之前、之中还是之后,都要有相应的工作机制作为保障,以确保高效率、高质量地完成此项工作。在实践活动开展之前,高校就应该结合时代特点,采用新手段、融合新技术,构建起科学合理的社会实践工作体系,使整个实践活动有章可循;为确保大学生社会实践的实效性,在实践活动进行的过程当中,高校和有关单位应加强对大学生社会实践的组织领导和监督实施;在大学生社会实践活动结束之后,高校应及时对活动成果进行科学、合理的评价,并做好社会实践总结和反思工作,以确保社会实践成果得以落实。

(一)构建科学合理的社会实践工作体系

1.实践活动目标体系

目标体系是大学生社会实践活动得以开展的前提和导向。有了目标,人

们的行为就会有明确的指向性。大学生社会实践的目标体系应划分为三个层级:第一层级为知识目标,即通过社会实践期望大学生巩固已有认知并在实践中获得新的认知;第二层级为能力目标,即通过社会实践期待大学生掌握有关学习、工作、正确处理人际关系、服务社会、服务人民等方面的能力;第三层级为情感、态度、价值观目标,即通过社会实践增强大学生对社会主义国家的认同感,激发他们的劳动热情,形成热爱生活的态度,树立正确的价值观等,这一层级的目标必须与高校思想政治教育目标保持一致。

2.实践活动组织管理体系

组织管理体系是大学生社会实践活动顺利展开的必要保障。笔者通过查阅相关资料发现,目前大部分高校在读大学生社会实践组织管理体系方面都实行校团委负责制,成立大学生社会实践中心和专门领导小组,由分管学生工作的党政领导、校党委宣传部、校团委、学生工作部、教务处、学院(系、部)等部门的负责人组成,这些共同构成大学生社会实践组织管理机构。为了有效地组织和管理大学生社会实践活动,各高校制定了严格的管理办法和详细的实施细则,具体包括活动的性质、目的、开展方式、策划书与审批、组织实施、登记等各个方面。目前各高校实行的这套社会实践组织管理体系比较完整,但我们有必要结合时代发展特点和高校实际情况以及大学生自身情况逐步改进、完善这套组织管理体系,使其充分发挥作用。

当今时代是一个依托互联网快速发展变化的时代,大学生对网络信息及网络管理比较感兴趣,因此大学生社会实践组织管理应根据这些新特点灵活地实施。这就需要高校切实从大学生出发,以大学生的个性需求为本,为其提供个性化的社会实践活动,从而有效提高其参与活动的积极性。在社会实践管理方面,为了保证让每一位大学生都有机会参与到社会实践活动当中,大学生社会实践活动中心应要求大学生入校时都完成大学生社会实践注册或登记工作,注册内容包括姓名、专业、学号、联系方式、兴趣爱好、特长等,并且提交自己的课程表,大学生社会实践管理中心应将这些信息保存为电子格式,并为每位大学生建立社会实践电子档案,以便管理,日后可以根据每位学生的自身情况合理地安排社会实践项目内容。

在社会实践组织方面,高校应适当改变过去以高校和社会实践接收单位意志为主的社会实践模式,应充分发扬民主,吸纳大学生参与到活动组织工作中。大学生除了参加高校组织的社会实践活动外,还可以自己联系社会实践单位,但必须报请相关部门或人员审查,如果审核通过,大学生也可以参与自发组织的社会实践活动,这样做使得过去的单向组织主体变为双向主体,可以有效发挥大学生的主体性,提高工作效率。

3.实践活动项目体系

实践活动项目体系是整个活动的支柱,主要包含三个方面的内容:第一是以社会实践接收单位实际需要作为安排大学生社会实践活动项目的指导方针,高校应深入了解实践接收单位的实际困难和实际状况,有针对性地组织开展活动,从而帮助其解决困难、渡过难关。第二是以大学生思想政治教育内容作为社会实践活动项目的参考,根据不同年级和专业学生的思想动态,有计划地将思想政治教育内容渗透到社会实践活动当中,发挥其隐性教育的功能特点。如针对大一新生容易出现的思想问题是面临新环境和新的人际关系往往会产生心理困惑,可以安排他们以小组方式进入社区进行社会实践,在服务社区人民的过程中增进彼此的感情,培养集体意识和合作意识,同时在同社区人民的交往中还可以学会处理复杂多变的人际关系。针对大二、大三学生关注自身成长和自身发展问题,高校可以安排他们进行志愿服务活动和社会调研活动,在帮助他人的过程中发展自己各方面能力,弥补自身不足,培养奉献精神和责任意识,体会人生价值。通过社会调研,了解社会所需人才,从而全面发展自己素养,树立正确的择业和就业观念。第三是以高校和大学生所具备的优势资源作为社会实践活动项目的补充,如大学生作为富有创新精神和具有先进思想的新青年，可以发动群众投身到劳动和创新、创业实践当中，鼓励他们大胆创新，努力创业，从而带动整个社会的发展、进步。

4.实践活动保障体系

大学生社会实践的保障体系主要包括人力资源保障、资金保障、技术保障。人力资源保障指高校应整合现有师资力量，在不影响正常教学和管理工作的前提下成立社会实践相应机构并配备专业人员，包括社会实践宣传人员、组织人员、管理人员、指导人员以及专业的思想政治教育工作者，全方位参与到大学生社会实践当中。此外，社会实践接收单位也要配备专兼职工作人员具体负责与高校的对接工作，从而提高工作效率。资金保障指高校应为大学生社会实践划拨专项资金，以用于科研项目和必要的活动经费。高校可以与社会实践接收单位及政府有关部门协商，共同为大学生社会实践活动经费出谋划策，为其提供必要的物质帮助。技术保障指高校应充分利用现代科技和媒体，实现对活动过程的远程监测和指导，并利用大数据对活动成果进行综合评估。

四、加强社会实践组织领导和监督实施

高校不仅应该重视大学生社会实践的体制机制建设，更应该高度重视其组织领导和监督实施，这才是整个活动的关键环节。在大学生社会实践活动正式开始后，即大学生与实践接收单位对接后，高校和实践接收单位双方都要加强责任意识，强化监督和管理，共同为活动的顺利完成保驾护航。高校应该根据大学生参与社会实践的地理区位分派专业的带队教师在相应地区，以确保大学生在有困难时带队教师能及时到达实践接收单位并提供帮助。在大学生参与社会实践的过程中，带队教师也不能松懈管理，要不定期

地前往学生实践地进行突击检查,以确保大学生实践的真实性。带队教师要随时了解大学生的各方面情况,结合实践接收单位和大学生自己的实际情况对实践内容进行精细指导和精心规划,以实践接收单位和大学生满意度为宗旨,促进大学生和实践接收单位的和谐发展和良性互动。实践接收单位在活动中也应该树立责任意识,加强对大学生的组织领导和管理监督工作,将其纳入实践接收单位日常管理体系当中,并严格按照相关规定进行管理。此外,还应该同专业带队教师和思想政治教育工作者一起为大学生社会实践出谋划策、答疑解惑,从而提高工作效率,推动活动的顺利进行并取得丰硕成果。

做好社会实践总结和评价工作。大学生在社会实践活动结束以后要及时地生成社会实践总结报告,将对社会实践过程中的经验、教训进行总结,写成社会实践报告或心得体会,使社会实践成果通过这种形式得以表现,从而为活动参与主体对活动进行评价时提供一个可供参考的指标。社会实践评价是在全面收集活动相关资料的基础上,参照预期的社会实践目标对其进行价值判断的过程。具体来说,它是依据一定的价值观或目标,通过对收集到的信息进行分析、整理,对实践过程与实践结果进行价值判断,以不断完善、发展社会实践的过程。

具体来讲有以下功能:①反馈功能,提供充足的反馈信息,促进大学生改变行为,从而为社会实践提供良好的指导。②鉴别功能,使大学生和高校社会实践组织者了解社会实践的具体情况并对此做出鉴别。③激励功能,评价通常与奖惩相联系,因此它与评价对象的各种利益和荣誉密切相关,通过对活动结果进行评价可以激发评价对象的成就动机。④诊断功能,通过评价能发现大学生社会实践过程中好的方面和不足之处,如对社会实践的组织领导和管理等方面存在的问题可以进行一定的判断。⑤改进功能,通过诊断大学生社会实践过程中出现的问题,高校可以针对问题采取有效的计划、方案来改进大学生社会实践,从而促进其效果的不断提升。

以上五个功能的实现是有条件的,即评价对象必须全面,评价内容必须具体,只有做到这两点,才能确保其功能的发挥。具体来讲,评价的对象包括一切参与到社会实践当中的人,即大学生、专业带队教师、思想政治教育工作者和社会实践接收单位。对大学生的评价内容主要参照实践活动的目标体系进行,考察其思想政治素质、专业知识掌握情况、综合能力发展状况等方面的情况。对专业带队教师的评价主要看其在社会实践过程中带领大学生进行了哪些项目、承担了哪些科研任务,帮助社会实践接收单位解决了哪些实际困难,这些都是可以量化的标准。对思想政治教育工作者的评价主要考察其在实际工作中是否起到引领、示范作用,是否积极联系实践接收单位以及时了解学生的思想动态和实际困难,是否根据实践情况生成新的课程资源等,着重看其工作的整体成效。对社会实践接收单位的评价主要考察其是否按照计划接收大学生到单位进行实践,是否配合高校有关人员完成社会实践工作,在出现问题时是否积极配合高校予以解决等。

对大学生社会实践活动进行评价,生成评价报告不是目的,不能为了评价而评价,因此在评价工作结束后,还应做好反思工作,具体包括:一是把社会实践评价结果反馈给社会实践参与者,使他们通过分析社会实践评价报告客观地认识和评价自己的表现,将其与社会实践本应达到的目标相比较,从而发现自己的收获与不足,总结经验与教训。二是高校应组织参与社会实践的大学生开展经验分享会。在会上,大学生可以敞开心扉地畅谈自己在社会实践过程中遇到的困难及解决方法,为其他没有遇到类似状况的大学生提供参考和经验借鉴,实现社会实践经验共享。三是高校应将评价结果及时地反馈给社会实践接收单位有关人员,使其对活动成果有个清晰的认识,从而为下一次社会实践活动的展开提供参考和借鉴。

第四节　地方课课程思政建设

一、建设突出课程思政

(一)高度关注,深入研究地方经济、文化、历史发展

《纲要》指出,加强中华优秀传统文化教育。大力弘扬以爱国主义为核心的民族精神和以改革创新为核心的时代精神,教育引导学生深刻理解中华优秀传统文化中讲仁爱、重民本、守诚信、崇正义、尚和合、求大同的思想精华和时代价值,教育引导学生传承中华文脉,富有中国心、饱含中国情、充满中国味。对地方课程资源开发是对传统课程资源开发的挑战,大量的地方文化资源处于闲置状态,许多有价值的文化遗产、遗址鲜为人知,缺少必要关注,不少遗址、文物、建筑、名胜的教育价值没有被充分挖掘。对地方文化的重视,一方面能够继承与发展中华优秀文化,另一方面,地方课程在提高人的文化品位的同时也起到了宣传地方文化的作用,能够促进地域旅游业的发展,从而促进地区经济的发展。例如,呼和浩特市新城区新华小学地方美术课的课例实践——"毛麻绣的教学尝试与创作"。毛麻绣课堂教学,以培养学生丰富多彩的校园生活为目标,以发展民间手工艺技法为基础,加以自己独特的教学理念与多种材料相结合的尝试,不断探索实践,师生共同学习、交流,发扬并传承了民族、民间美术文化,是追求美术地方课拓展的深刻体现。再如浙江《人·自然·社会》中《江南戏曲奇葩——越剧》、厦门市"闽南方言与文化"课程,新疆的《简明新疆地方史》教程等。正因为如此,地方文化作

为地方课程资源,对其进行开发才显得非常重要。

(二)激发学生对家乡的热爱

开放、包容、多元化的地方文化和地方人民的质朴,使地方课程资源的内涵更加饱满。然而部分教师在教学中注重对学生的统一要求,注重结果而轻视过程,使得教育内容脱离学生生活实际,难以调动学生学习的积极性,不利于学生个性形成与创造力发展。地方课程资源的开发就是要改变这种情况,从人的整体性、生成性的角度促进学生个性的发展和人文精神的培养,强调学生作为主体性的人存在的价值,促进学生理解、合作与创新意识的提升,彰显地方文化作为课程资源的学科价值。以地方文化为载体的地方课程作为国家课程的必要补充,能够担负起培养全面发展的人的责任,在课程资源开发的理念、课程设计的理念以及课程实施的过程中体现地方文化丰富、独特的地域风采,培养地方地区学生热爱家乡、服务家乡的精神品格。

(三)繁荣与丰富地方文化

作家冯骥才说过,文化似乎不直接关系国计民生,但却直接关系着民族的性格、精神、意识、思想、言语和气质。抽出文化这根神经,一个民族将成为植物人。这句话生动地阐明了文化的价值,不管是一个国家的主流文化,还是某个地域的地域文化,它都应该具备这样的功能。地方文化历经千百年的整合和积淀,它不是故步自封的,而是兼容并包,具有开放性特点的。

按照新课程改革的理念,地域文化作为一种极其宝贵又丰富的文化资源,借助课程将其继承与发展是一条重要的途径。作为中华民族文化的一部分,它是一个地方的人得以生存的精神支持,将它作为课程资源进行开发不仅是因为看中它的教育价值,我们更能够看到,随着社会的不断发展变迁,地方文化在多元文化的冲击下走向趋同,这又强化了它的封闭性与保守性。

通过对地方地域文化课程资源的开发,促进地方文化的觉醒,使一个地方的人明白地方文化的形成过程、特色和发展空间,在新时代的条件下进行文化选择和与不同文化之间接触、对话、相处的机会,并能理解其他民族文化,提升一个地方的人的文化批判和反思能力,从而增强自身文化转型的能力,使地方文化在多元文化发展的洪流中推陈出新,焕发生机。

二、开设导向

(一)体现促进地方学生发展的取向

通过地方课程的学习实现教育的本体功能——促进人的发展。传统的教育过于注重教育的"工具价值",学生失去了应该有的天真与快乐,就当前教育而言,课程改革力度不断加大,教学目标向"三维"目标过渡,又在努力实现核心素养。近年来,"撤点并校"在全国范围内展开,在一定程度上整合了教育资源、优化了教育结构,但是一些影响也接踵而来,尽管学校尽可能地提供优越的学习环境、创造良好的人文氛围,但寄宿制、封闭式管理使学生的生活环境趋于单一。地方课程的开发正好弥补了这一不足,因此在确定地方课程资源开发的理念上要突出地方人的地位,以地方学生的需要为根本出发点。我们应看到由于历史积淀、历史文化的影响,地方人形成了豪放、耿直、豁达的精神面貌,能歌善舞而心灵手巧,鲁莽冲动却又讲义气,忠厚老实而趋于保守等,如此多的性格特征突出了地方人的地域性,地方课程资源的开发,应尊重地方人的精神特性,促进地方人与外界多元文化的交流与沟通,在多元文化的碰撞与交流中更加独立与自信。

(二)体现地区经济、文化发展的取向

一方面,课程"回归"地方,增强了课程的地域适应性,地方课程也具备了为经济建设培养合格劳动者的重要职能。目前我国在就业政策上鼓励各类人才回生源地参加地方经济建设, 内在地要求地方课程资源开发在课程设置、课程目标、课程内容、课程评价上着眼于培养学生了解家乡、热爱家乡、服务家乡的情感和价值观,使其掌握必备的生活本领与生产技能,成才后能够积极投身于地方经济建设。另一方面,以文化为载体的课程促进了地方文化的整合与发展。地方课程资源开发把适合学生心理发展,个体需要能进入课堂的文化呈现给学生,使学生对地方文化的视野更加广泛,并且课程内在地将文化系统化,以学生对文化的理解与实践来实现文化的再构。通过学生与学生、学生与家长、家长与家长之间的交流,能够形成一种文化氛围,在一定程度上提升地方文化的影响力,促进地方文化的广泛传播。

(三)树立正确的课程开发理念

一是关注学生发展。地方课程资源的开发在努力实现新课改号召的前提下应该走务实之路,不能追求为了特色而特色,也不能只是"拿来主义"而没有创新,真正地实现了"一切为了学生"的目标就是我们地方课程的特色。在课程设计过程中,我们应该多考察、多调研、多总结、多反思,从"具体个人""主体间性"的角度出发,使学生通过了解地方文化,认识到地方文化的内在价值及其历史成就,增强学生热爱家乡、以家乡为荣的自豪感,更加自信、自尊。同时使学生通过对地方文化与现实处境的对比、反思,增强学生发扬地方优秀文化的危机意识,认识到文化的消极因素,提高学生的文化批判能力。地方课程资源开发只有真正关注了学生,才能促进学生健康、自由、独立地发展,体现地方课程的社会价值。

　　二是关注优秀文化传承。课程与文化有着天然的联系,文化作为课程的母体决定了课程的基础品性,课程作为文化发展的主要手段,传递着文化精神,课程来源于文化又重新建构文化。地方课程资源开发的设计理念理应传承和发扬地方优秀文化。如对地方文学的传承,对地方旅游文化的发扬,包括古遗址与碑刻文化、风景名胜与建筑文化等;对地方石窟文化的发扬;对地方艺术文化的传承与发扬,包括地方民间美术、民间音乐、舞蹈等。这些文化现象是地方独有的课程资源,以人文精神为特征的地方课程能给地方人提供一个重新思考和审视课程与文化关系的机会,建立起地方课程的文化性格。

第五章 教师队伍建设

《纲要》指出："全面推进课程思政建设,就是要寓价值观引导于知识传授和能力培养之中,帮助学生塑造正确的世界观、人生观、价值观,这是人才培养的应有之义,更是必备内容。这一战略举措,影响甚至决定着接班人问题,影响甚至决定着国家长治久安,影响甚至决定着民族复兴和国家崛起。要紧紧抓住教师队伍'主力军'、课程建设'主战场'、课堂教学'主渠道',让所有高校、所有教师、所有课程都承担好育人责任,守好一段渠、种好责任田,使各类课程与思政课程同向同行,将显性教育和隐性教育相统一,形成协同效应,构建全员全程全方位育人大格局。"教师队伍是"主力军",这支队伍如何完成课程思政建设的使命,至关重要。《纲要》指出:"提升教师课程思政建设的意识和能力"全面推进课程思政建设,教师是关键。

第一节　课程思政与师资队伍建设

一、课程思政建设的内在逻辑及其教师队伍建设的现实要求

在当下多元化价值观交织渗透的大背景下，高等院校必须发挥多学科优势，全课程、全方位对大学生进行价值引导。习近平指出"要用好课堂教学这个主渠道，思想政治理论课要坚持在改进中加强，提升思想政治教育亲和力和针对性，满足学生成长发展需求和期待，其他各门课都要守好一段渠、种好责任田，使各类课程与思想政治理论课同向同行，形成协同效应"，这正是对新时代课程思政化建设工作的客观要求。

（一）课程思政建设的内在逻辑

高校思想政治教育工作关系到"高校培养什么人、如何培养人以及为谁培养人"的根本问题，亦关系到中国特色社会主义事业后继有人的重大政治任务和战略工程。有别于以往思想政治教育工作单纯依托思政课的传统课程体系，"课程思政"是一种整体的以育人为核心目标的课程观，其贯通不同学科和课程的特性，使得各学科和课程都能真正参与到育人工作中来，实现育人价值。不仅如此，"课程思政"还极大地深化了思想政治教育的内涵并拓展了其外延，使得高校思想政治教育的内容由过去局限于马克思主义理论及其相关学说，转变为以马克思主义理论为主，包括全部人文社科和自然科学的内容体系。"课程思政"的实质是将高校思想政治教育融入课程教学的各个环节、多个方面，紧密契合高校"知识传授与价值引领相结合"的课程教

学方向,构建全课程育人格局。

思想政治理论课是落实立德树人根本任务的关键课程。课程思政是当前高等教育课程改革的热点词汇,是以立德树人为核心,将高校思想政治教育融入课程教学和改革各方面、各环节的一种实践探索。高校思政课程改革需改变传统方式,用科学合理的方式将思政内容融入课堂。党的十九大以来,以习近平总书记为领导的中央党组织不断加强教育的重要性,期间总书记对教育工作发表了一系列重要讲话,同时在北京高校召开了思想政治理论课教师座谈会,阐述了新时期我国教育改革发展需要解决的问题,形成了新的教育体系。高校教育又被赋予了全新的意义,高校是综合性人才培养的基地标识,国家对教育工作高度重视,要想办好思政课程关键在于教师,需要高校教师充分发挥积极性、主动性、创造性。推动思想政治理论课改革创新,要不断增强思政课的思想性、理论性、亲和力和针对性,体现了多样化和个性化的特点,为学生提供更高质量的专业教育和个性化发展空间,培养德智体美劳全面发展、具有强烈的社会责任感、创新思维和批判思维以及自主学习能力和创新创业能力的基础教育师资。实践深刻表明,在大中小学循序渐进、螺旋上升地开设思想政治理论课非常必要,是培养一代又一代社会主义建设者和接班人的重要保障。把思政课办得越来越好,是时代赋予我们的光荣责任。

课程思政建设的主要目的在于以"全课程育人"和"全员育人"的方式规范大学生思想道德行为,指引大学生人生奋斗的方向,其对新时期高校教师队伍建设也提出了更高的要求。提升"课程思政"与高校教师思想理论水平、道德素质建设、改进课堂教学方法,为当前高校教师队伍在落实"课程思政"过程中存在的主要问题提供解决办法。高校思想政治教育工作一度存在"孤岛"困境,思政教育与专业教学"两张皮"现象始终难以根本转变,"全课程、全员育人理念"尚未彻底贯彻统一,所以要坚持以马克思主义学科为引领。

在 2016 年的全国高校思想政治工作会议上,习近平强调要坚持以马克思主义学科为引领,构建哲学社会科学学科和其他各学科协同一致、合力育人的思想政治工作格局,调动学校多方资源和力量,充分发挥"协同效应"在各种课程发挥教书育人的体现。这对于高校教师的队伍建设在如下几个方面提出更高的要求:在思想层面,需要高校教师不断提升自身理论水平,并且能够正确认识知识传授与价值引领之间的关系;在职业素质层面,高校教师需要更加重视良好师德师风对学生的引领和导向作用,恪守职责和义务,形成教师内在的责任自觉;在课堂教学上,高校教师需要完善不同专业背景下的"课程思政"教学设计,在教授专业知识的同时增强学生价值判断能力、价值选择能力和价值塑造能力。

(二)课程思政建设的现实要求

课程思政化建设,一般是按照"党委统一领导、党政部门协同配合、以行政渠道为主组织落实"的思路,许多高校已经成立了"课程思政"改革领导小组,设立专职岗位并责成专门人员予以推进落实。在此基础上,高校各职能部门密切协同,明确将"课程思政"纳入年度重点工作计划当中,学校分管思政和教学工作的各部门整合资源,为"课程思政"工作的顺利实施提供制度支撑。同时,各高校坚持为党育人,为国育才,立德树人,把培育和践行社会主义核心价值观融入教书育人全过程,植根自身办学优势,以激发学生学习动力为主要目标,在"课程思政"创新和设计方面已经取得了比较显著的进步。以同济大学为例,设置的"中国道路"系列课程基于"创新、协调、绿色、开放、共享"五大发展理念,聘请相关领域的学者和专家传道授业,让大学生多方位多维度深入对"中国道路"的学习和理解。这种课程模式将专业技能知识的讲授作为载体,在潜移默化中对大学生进行思想政治教育,能够最大限度发挥课堂主渠道功能,具有其他教育方式不可替代的优势。

二、建设高素质师资队伍

习近平总书记在党的十九大报告中明确指出："加强师德师风建设,培养高素质教师队伍,倡导全社会尊师重教。"①同北京师范大学师生代表座谈时指出："教师重要,就在于教师的工作是塑造灵魂、塑造生命、塑造人的工作。一个人遇到好老师是人生的幸运,一个学校拥有好老师是学校的光荣,一个民族源源不断涌现出一批又一批好老师则是民族的希望。国家繁荣、民族振兴、教育发展,需要我们大力培养造就一支师德高尚、业务精湛、结构合理、充满活力的高素质专业化教师队伍,需要涌现一大批好老师。"②

百年大计,教育为本;教育大计,教师为本。教师工作的本质是塑造灵魂、塑造生命、塑造人,习近平总书记在与北京大学师生代表座谈时指出："教师要时刻铭记教育人的使命,甘当人梯,甘当铺路石,以人格魅力引导学生心灵,以学术造诣开启学生的智慧之门。"③

习近平总书记到北京市八一学校看望慰问师生时强调："教育决定着人类的今天,也决定着人类的未来。希望广大教师认清肩负的使命和责任,教育和引导学生热爱祖国、热爱人民、热爱中国共产党,教育和引导学生心中要有国家和民族,意识到肩负的责任,牢固树立为祖国服务、为人民服务的意识,立志成为党和人民需要的人才。"④教师工作的创造性体现在,教师面对的每一名学生,都是一个特殊的个体,既要了解学生的共性,掌握学生学习认知的科学规律,又要掌握其形形色色的个性,使每一名学生都得到充分

---

① 《党的十九大报告学习辅导百问》,党建读物出版社,2017年,第10页。

②③　习近平:《在北京大学师生座谈会上的讲话》,http://www.xinhuanet.com/politics/2018-05/03/c_1122774230.htm。

④　习近平:《在北京市八一学校考察时的讲话》,《人民日报》,2016年9月10日。

发展。教育过程是一个千变万化的过程,教育的内容和方法,必须随着科学技术的发展和学生的身心特点不断改变。

好老师应对学生的终生教育负责,对学生产生长期的、连续的影响。好老师带给学生的绝不仅仅是好分数,更是一生取之不尽用之不竭的成长力量,是好品质、好习惯、好能力。教师的舞台不仅在三尺讲台、一角课堂,还在于与各个学科、各个年级的教师通力合作,争取与家庭、社会共同配合。

教师的工作特点,决定了教育是一项极其复杂的劳动,需要全力投入。教师不仅是在塑造学生的灵魂,塑造人的生命,也在塑造未来社会的形象,创造未来社会的品质。

教师要成为学生做人的镜子。教师做的是传播知识、传播思想、传播真理的工作,是塑造灵魂、塑造生命、塑造人的工作。教师不能只做传授书本知识的教书匠,而要成为塑造学生品格、品行、品位的"大先生"。"教师教给学生的知识,多年以后可能会过时,可能会遗忘,但教给学生为人处世的道理是学生一生的财富,会让他们终生难忘。教师要成为学生做人的镜子,以身作则、率先垂范,以高尚的人格魅力赢得学生敬仰,以模范的言行举止为学生树立榜样,把真善美的种子不断播撒到学生心中。"①让教师成为让人羡慕的职业。广大教师要做学生锤炼品格的引路人,做学生学习知识的引路人,做学生创新思维的引路人,做学生奉献祖国的引路人。

习近平表示,我们的教育改革要坚持文化自信,好的经验要坚持,不足的要补齐。教师是传播知识、传播思想、传播真理的工作,是塑造灵魂、塑造生命、塑造人的工作,理应受到尊敬,要在全社会弘扬尊师重教的良好风尚。习近平指出,一个人遇到好老师是人生的幸运,一个学校拥有好老师是学校的光荣,一个民族源源不断涌现出一批又一批好老师则是民族的希望。各级

---

① 《习近平首次点评"95后"大学生》,《人民日报》,2017年1月3日。

党委和政府要满腔热情关心教师,让广大教师安心从教、热心从教、舒心从教、静心从教,让广大教师在岗位上有幸福感、事业上有成就感、社会上有荣誉感,让教师成为让人羡慕的职业。①

教师要时刻铭记教书育人的使命。梅贻琦先生说:"所谓大学者,非谓有大楼之谓也,有大师之谓也。"这样的大师,既是学问之师,又是品行之师。教师要时刻铭记教书育人的使命,甘当人梯,甘当铺路石,以人格魅力引导学生心灵,以学术造诣开启学生的智慧之门。②

三、做"四有"好老师

在中华民族五千多年文明发展史上,英雄辈出,大师荟萃,都是与一代又一代教师的辛勤培养分不开的。教师重要,就在于教师的工作是塑造灵魂、塑造生命、塑造人的工作。

第一,做好老师,要有理想信念。陶行知先生说,教师是"千教万教,教人求真",学生是"千学万学,学做真人"。老师肩负着培养下一代的重要责任。正确理想信念是教书育人、播种未来的指路明灯。不能想象一个没有正确理想信念的人能够成为好老师。唐代韩愈说:"师者,所以传道授业解惑也。""传道"是第一位的。一个老师,如果只知道"授业""解惑"而不"传道",不能说这个老师是完全称职的,充其量只能是"经师""句读之师",而非"人师"了。古人云:"经师易求,人师难得。"一个优秀的老师,应该是"经师"和"人师"的统一,既要精于"授业""解惑",更要以"传道"为责任和使命。好老师心中要有国家和民族,要明确意识到肩负的国家使命和社会责任。

---

① 参见习近平:《在北京市八一学校考察时的讲话》,《人民日报》,2016年9月10日。
② 参见习近平:《在北京大学师生座谈会上的讲话》,《人民日报》,2014年5月4日。

第二，做好老师，要有道德情操。师德是深厚的知识修养和文化品位的体现。师德需要教育培养，更需要老师自我修养。做一个高尚的人、纯粹的人、脱离了低级趣味的人，应该是每一个老师的不懈追求和行为常态。好老师要有"捧着一颗心来，不带半根草去"的奉献精神，自觉坚守精神家园、坚守人格底线，带头弘扬社会主义道德和中华传统美德，以自己的模范行为影响和带动学生。

第三，做好老师，要有扎实学识。扎实的知识功底、过硬的教学能力、勤勉的教学态度、科学的教学方法是老师的基本素质，其中知识是根本基础。学生往往可以原谅老师严厉刻板，但不能原谅老师学识浅薄。"水之积也不厚，则其负大舟也无力。"知识储备不足、视野不够，教学中必然捉襟见肘，更谈不上游刃有余。

第四，做好老师，要有仁爱之心。教育是一门"仁而爱人"的事业，爱是教育的灵魂，没有爱就没有教育。好老师应该是仁师，没有爱心的人不可能成为好老师。高尔基说："谁爱孩子，孩子就爱谁。只有爱孩子的人，他才可以教育孩子。"教育风格可以各显身手，但爱是永恒的主题。爱心是学生打开知识之门、启迪心智的开始，爱心能够滋润浇开学生美丽的心灵之花。老师的爱，既包括爱岗位、爱学生，也包括爱一切美好的事物。"老师在学生心目中具有重要位置，老师无意间的一句话，可能造就一个天才，也可能毁灭一个天才。好老师一定要平等对待每一个学生，尊重学生的个性，理解学生的情感，包容学生的缺点和不足，善于发现每一个学生的长处和闪光点，让所有学生都成长为有用之才。"①

① 《习近平同北京师范大学师生代表座谈时的讲话》，《人民日报》，2014年9月9日。

第二节　强化育人意识　树立"三全育人"理念

要推动广大教师进一步强化育人意识,找准育人角度,提升育人能力,确保课程思政建设落地落实、见功见效。"课程思政"背景下高校教师建设存在的关键问题从当下"课程思政"实践经验出发,可以看到,建立"课程思政"长效运行和协同创新机制,是确保"课程思政"取得实效的关键。高校教师在此过程中扮演着至关重要的角色,其不仅在价值引领、理论建设方面具有示范和导向作用,而且在促进机制体制创新、形成协同育人机制等方面担负着"奠基人"的职责。

一、高校教师需要提升自身思想理论水平并加强师德师风建设

高校教师对大学生思想政治素质的培育具有直接影响。而长期以来,高校教师,特别是专业课教师教学工作的重点更多是放在传授知识上,对学生情感、态度、价值观的引导工作不够重视。随着"课程思政"概念的提出,"全员育人"被摆到一个非常突出的位置,这就要求所有学科和课程都发挥思想政治教育功能,把思想政治教育贯穿于教学活动的全过程。

为了在课堂教学中能够更好地对学生进行教育和引导,高校教师应该不断提高理论水平并完善自身的专业知识体系,切实做到"认真看书学习,弄通马克思主义"。对于专业课教师来说,"课程思政"不仅要求其具备扎实的专业知识,同时还必须具备一定的马克思主义理论水平。高校教师需要秉持以学生为本的思想和实事求是的精神, 在日常教学活动中思考如何将专业课程内容与思想政治教育进行有机结合, 并且能够精准地运用马克思主

义的立场观点和方法分析教学中出现的实际问题。

高校教师对大学生思想政治素质的培育还起到示范效果。在课堂教学过程中，教师的言行举止会潜移默化地起到示范作用。同时教师在教书育人的过程中展露的理想信仰、品行修养、生活作风和工作态度等也会对学生产生一定的影响，学生会效仿任课教师并将其作为学习对象。随着社会大环境的变化发展，有的教师难以抵御外界不良因素的侵袭，逐渐产生拜金主义倾向，过度看重物质利益；有的教师对工作极度不负责任，不认真备课，不主动思考教学内容，对于学校或院系安排的学习机会不珍惜，导致思维僵化，知识陈旧；还有的教师教育方式方法单调枯燥，课堂讲授往往是照本宣科，对于学生的问题也是应付了事，很难调动学生的学习积极性；有的教师学术不端，论文剽窃抄袭，甚至为了一己之私剥削和压榨学生，强迫其为自己"打工"，丧失了对教育事业基本的责任心和使命感。有鉴于此，高校应该更加重视新时期高校教师形象的塑造，将师德师风建设贯穿于高校教育教学过程的始终。

二、增强专业课教师构建"课程思政"的意识

思想是行动的先导，指引着行动方向。增强专业课教师"课程思政"思想意识，是激发专业课教师构建"课程思政"的起点。

1.认识构建"课程思政"的必要性，增强"课程思政"构建意识

专业课教师充分认识构建"课程思政"的必要性，增强"课程思政"意识，领悟专业课程的思政价值和功能，是构建"课程思政"的思想前提。高校教育首先要明确回答"培养什么人、怎样培养人、为谁培养人"的根本问题。我国高校专业课程教育要坚持社会主义方向，要为中国特色社会主义培养合格的建设者和接班人。专业课程是高校教育体系中非常重要的组成部分，对学

生成长的影响相当大。大部分学生认为专业课程对其影响是最大的。因而专业课教师不仅要担负起教书的责任，更要担负起育人的责任，真正成为一名以德施教的好老师。专业课程虽然不是专门的思想政治教育课程，但同样具有育人功能，能影响学生的政治立场、价值取向和思想观念。因此，专业课程教师在传授专业知识的同时，必须承担一部分思想政治教育工作。习近平总书记曾在全国高校思政工作会议上强调："要用好课堂教学这个主渠道……其他各门课都要守好一段渠、种好责任田，使各类课程与思想政治理论课同向同行，形成协同效应。"①构建"课程思政"，就是要坚持专业课程教育的社会主义方向，发挥专业课程的育人功能，体现专业课程教育的价值所在，守好专业课程的渠、种好专业课程的田。

2.正确理解"课程思政"，把准"课程思政"的构建内涵

正确理解和把握"课程思政"是进行"课程思政"构建的认识准备。"课程思政"内涵认识不清楚、把握不好，就很难构建好，结果不仅对学生的思想政治教育做不好，也会冲击专业课程本身的讲授，使专业知识传授效果打折扣。"课程思政"不是"思政课程"。"思政课程"是专门进行思想政治教育的课程，是思想政治教育的主渠道、主阵地。思政课教师是思想政治教育的主力军。"课程思政"也不是新增设的一门课程，而是要以专业课程作为依托，专业课程内容体系作为主线，专业课程教师作为主导，在对学生进行专业知识教学过程中，有机融入思政因素，对学生进行思想政治教育，从而把专业课堂打造成为思想政治教育的重要阵地。换句话说，"课程思政"是要将专业课程内含的思政因素挖掘并展现出来，体现出专业课程的思想政治教育功能，实现专业课程教学的知识学理性与思政价值功能性的有机统一，促使专业课程教学真正升华成为完整的课程教育。"课程思政"的构建，不仅不会影响

---

① 《习近平谈治国理政》(第二卷)，外文出版社，2017年，第378页。

到专业课程教学,还会提升专业课程内涵,丰富教学内容,增强专业教学效能。同时"课程思政"的构建也能进一步促进教师对专业知识内容的深层次理解,提高专业课教师的综合素养。

3.挖掘专业课程思政因素,突破"课程思政"教学过程设计的难关

任何课程都与现实生活、人自身有紧密的关联,都蕴含着启人心智、促人思考的"道",都有影响人信念、道德和价值观念的因素,都是思政教育的"资源矿"。所以专业课教师要深入挖掘专业课程中思政的"矿藏",进而突破"课程思政"教学过程设计的难关。这是"课程思政"构建的关键点。

(1)挖掘专业课程蕴含的思政因素

"课程思政"构建是"深度开发"专业课程内容的一个过程。这个过程为构建"课程思政"提供必要的内容准备。专业课程与思政课程的知识内容、结构特点都不相同,所以蕴含在专业课程中的思政因素,不会像思政课那样成完整体系,也不可能均匀分布,而且少有显性呈现,主要以隐性的、点滴式存在,且以散乱分布为多。因此构建"课程思政"不仅要求教师要深入研究专业课程内容,更要跳出课程,立足专业课之上审视专业课,将蕴含于专业课中的思政因素发掘出来, 建立起专业课程思政图谱。不同专业课特点不尽相同,所内含的思政因素的多寡与内容也不完全一样。社会科学类课程所含思政因素相对要多,属于"富矿"。自然科学类课程,如物理、土木工程、计算机等专业的课程,虽然所含思政因素相对较少,是"思政因素贫矿",但绝不是一点没有。任何一门课程不仅含有系统的专业知识,也内含着其与自然、社会及人自身的关系。如人工智能涉及伦理问题、价值产生问题;城市规划涉及人的能动性与自然规律问题等;还有科学家为探索科学、追求真理所表现出来的不畏艰难、勇攀高峰的精神和热爱祖国、服务人民的精神等,都是蕴含在专业课程中的思政因素。专业课教师还可以发挥主观能动性,把思政内容科学合理地嵌入专业课教学中。

（2）突破课程教学过程设计难关

教学过程设计是依照课程体例、学生学习特点和成长规律,把教学内容按一定逻辑思路串联在一起,是教师开展教学的必要前提准备。教学过程设计的好坏直接影响教学效果。

教学过程设计是"课程思政"构建的难关。有教师在专业课中硬生生插入一段思政内容,把一堂原本应连续的专业课设计成"专业＋思政"内容的断档课,思政因素冲击了专业课内容,造成专业知识与思政因素两张皮的现象,教学效果不好。教师要认真设计教学过程,不能简单地将专业知识和思政因素放在一起,把"课程思政"设计成一锅难吃难咽的"杂菜汤",而要采用适当的融合方式,将思政因素融入专业课教学过程,把"课程思政"设计成好吃易咽的"美味汤"。"思政就像一把'盐',溶进专业教育的'汤','汤'变得更可口的同时,也能真正让学生获益,达到育人功效。"为此,教师在设计教学的过程时,必须深入研究各知识点与思政因素间的内在联系,厘清它们的关系,找准两者间的"内在契合点",而后依照专业知识内容逻辑体系,以专业知识为依托,注入思政因素,以无缝衔接方式,建立起"专业知识－思政因素"相互交融的统一体,将思政因素作为专业课的"造血基因"有机融入课程教学过程,把"知识模块"与"育人模块"有机融合。在"课程思政"构建中,如果说专业知识体系是一条"龙",那么思政因素就是在"为龙点睛"。

4.提供构建"课程思政"的外部支撑条件

构建"课程思政"需要外部条件支撑。思政专业教师的参与和制度条件保障是推动专业课教师构建"课程思政"的外部条件,是动力支撑点。

（1）思政专业教师的参与

"术业有专攻"。当前,大部分专业课教师的主要精力集中在对专业知识的研究,对于思政课知识和思想政治教育工作相对领会和掌握得较少,是教育"短板"。加之社会上还有一些似是而非,甚至错误的思想和言论的迷惑,令专业课教师更不敢轻易涉足思政教育。这种情况下,构建"课程思政"就迫切需要专业思政课教师的参与。思政课教师参与构建"课程思政",是要帮助专业课教师提高思政教育思想素养,协助其深入挖掘和发现专业课程中的思政因素,并进一步辨别和把控专业课教学中思政内容的政治站位,真正构建起中国特色社会主义的"课程思政"。构建"课程思政"始终要以专业课教师为主体,以思政课教师为协助,共同实现专业知识传授与思想政治教育的融合,缩短专业课程知识教学和课程素质教育间的差距,搭建起专业课程教学"协同育人"的有效渠道。

(2)制度条件保障

"课程思政"的构建是一个系统工程,需要整体规划专业课程,建立相应制度保障。专业课程各有其特点,课程中所含思政因素不尽相同,因此不同专业课程教师应与思政课程教师组建成课程建设团队协调推进。而且"课程思政"也不是一朝一夕就能构建起来的,还要随着中国特色社会主义的不断推进与时俱进,是一项常建常新的工程。专业课教师和思政课教师有没有动力,愿意把多少精力和时间投入到长期的"课程思政"构建的工作中,要依靠制定相关制度条件作保障。学校和学院要制定出相应的规章制度,肯定"课程思政"构建工作的价值和意义,把构建"课程思政"工作作为提升教学质量工程统筹规划,将构建"课程思政"工作纳入教师的工作量和科研量,并为"课程思政"构建提供专用资金,激发教师参与的积极性和主动性,确保教师愿意为之投入精力和时间,通过制度来为"课程思政"的构建保驾护航。

"课程思政"的构建不仅是一种课程理念,更是一种课程实践,它对于强化专业课程育人功能,突出教育立德树人的根本任务,形成全课程育人格局,意义重大。啃下"课程思政",构建"硬骨头",需要从增强专业课教师的意识,挖掘专业课程的思政因素,突破教学过程设计难关和提供外部条件支撑等三个关节点上展开推进。

三、高校教师需要将思政教育更好地融入课堂教学活动中

　　高校教师是提升"课程思政"教学质量的决定性要素。当前,"课程思政"建设仍处于探索阶段,学科德育工作尚未最终完成。在教学课堂现场,一定数量的专业课教师在思政教育、政治觉悟、德育意识上工作环节薄弱,缺乏专业课教学与思政教育相结合、专业课教学与德育相结合、改革创新教学方式和整合社会资源等能力。同时在专业课教学学时紧缺、授课任务量繁重的背景下,大学生的思政教育逐渐沦为"花架子",鲜有生动的案例来丰富课堂和教学内容,教师亦少有基于学生实际和课堂现场动态地调整教学内容,缺乏对教学内容与社会现实的深刻剖析。

　　同时,高校思政课教师对"课程思政"建设的辐射带动作用还有待进一步开发。在课堂教学方面,思政课教师可以利用自身理论知识深厚的优势针对专业课教师开展富有针对性、示范性的"课程思政"教学指导。专业课教师和思政课教师应在教学实践中不断交流,逐渐形成常态化的集体备课制度、教学激励制度,将教材话语转变为教学话语,提升课堂吸引力和感染力。在教学方法上,不同专业背景下的"课程思政"教学设计还不够完善,部分高校教师在讲授专业课程时依然忽视对学生价值判断能力、价值选择能力、价值塑造能力的培养,没有做到因地制宜、因事而异地对已有课程进行改革创新,直接导致"课程思政"建设进展缓慢,使大学生的思想政治修养与社会实际需求严重脱节。因此,对于教师如何真正实现"课程思政",如何在专业课中发挥马克思主义指导作用,还需要必要的教学督导。

四、提升高校教师思政教育水平的具体措施和方法

"思政工作从根本上说是做人的工作,必须围绕学生、关照学生、服务学生,不断提高学生的思想水平、政治觉悟、道德品质、文化素养,让学生成为德才兼备、全面发展的人才。"在高校当中,不同学院、不同专业的学生,其培养目标、人才标准、职业道德要求以及学生未来的职业走向等都有很大差异。因此,如何将高度概括的"课程思政"内容细化为对具体专业、具体职业的具体要求,深度融入课堂教学当中,提高"课程思政"的针对性和实效性,是对高校教师队伍的直接考验。

(一)不断强化高校教师的理论学习意识,力求做到与时俱进

自改革开放以来,功利主义、实用主义等价值取向使一部分高校教师对思想政治教育工作和理论研究缺乏热情,不注意学习党的理论方针政策,不了解国情民情,难以用科学的方法去分析判断新情况、新问题。高校教师薄弱的思政理论和教育能力且对思政工作态度冷漠的现状和事实,十分不利于大学生思想品德的培养教育。

"课程思政"建设新时代背景下,高校党政相关部门亟须给予高校教师队伍在思想理论方面建设的重点关注,深入学习体会党的指导思想,切实提升高校教师思想理论水平。各级党支部要在群众路线教育方针指导下,明确工作思路与工作方法,充分发挥基层党支部的主导作用。基层党支部要努力培养优秀的教师党员,让理论水平过硬、综合素质突出的教师党员充分发挥先锋模范带头作用。在专业课的教学和科研第一线,各级党组织应该确保思想政治工作与教学科研工作同步,增强教师党组织活力。此外,还应加强高校教师对思想政治理论课题的研究。党组织可加大力度对科研经费和人力

物力等资源的投入,并专门设立相关的专项研究课题,不断深入贯彻实施高校思政理论研究与科研教学研究等同重要的思想。由此,高校专业课教师也可以不断深入对思政教育的研究,提升教师思想政治理论水平。

(二)将提升高校教师自身素质作为重点,强调"立德树人"的理念

师德师风建设是一个老生常谈的"新"问题,加强教师思想政治教育和师德建设,完善重师德、重能力、重业绩、重贡献的教师考核评价标准,探索实行学校、学生、教师和社会等多方参与的评价办法,引导教师潜心教书育人,并明确提出要构建师德建设长效机制,迫在眉睫。师德师风建设是一项漫长、艰巨的系统工程,同时也是"立德树人"理念能否落到实处的关键所在。一段时间以来,高校学术腐败、学术造假事件频发,无不在警醒着教师群体"树人"先"立德"的重要性。

为了更好地实现"课程思政"对学生的教育引导作用,高校应该构建符合本校实际的、科学有效的师德师风考评机制。高校可以从多个方面分层次建构对教师的评价体系,并将评价结果作为教师年度考核、聘期考核以及评奖评优的重要依据。除此之外,为了进一步强调师德师风建设对于高校教师的特殊意义,还应当建立师德师风建设的长效机制。坚持将师德纳入考核奖惩体系、人才遴选办法、管理评价指标;坚持将师德师风教育贯穿教师职业生涯全过程和日常教育教学工作全过程;坚持在教师职务(职称)评审、岗位聘用和评优奖励等环节实行师德考核一票否决;坚持对教师失范言行零容忍。

(三)促进高校教师改进教学方法,将"课程思政"要求落到实处

理论联系实际是思政教育的环节,也是"课程思政"的根本方针。高校教师应以客观事实和客观条件为视角,在实际教学和工作中自觉践行和发扬

理论联系实际的作风，防止思政教育流于形式。高校应对"课程思政"的落实进度和教学效果进行检测评估，以此促进教师不断改进教学效果，不断提升教育质量。测评的指标体系和权重系数也不能千篇一律，而应坚持具体问题具体分析。要考虑到院系之间、学科之间、课程之间、班级学生之间的具体差异，否则"课程思政"的教学效果将难以保证。

在现阶段的"课程思政"建设中，存在部分教师沿用传统的教学手段，秉持"一本书、一支粉笔、一块黑板"就能够完成课堂教学任务。这样的教学手段和思想态度显然已无法保证并满足高校大学生的知识诉求，并且也很难吸引学生的兴趣和注意力。随着网络覆盖范围的不断扩大和智能设备的日益普及，新时代高校"课程思政"课堂教学活动中，教师可以借助互联网获取丰富的素材内容，紧密结合当下焦点事件或热门人物、热门话题来提升课堂教学质量，进而促进学生学习热情的提升。此外，教师在授课过程中可穿插一定的教学互动。比如，对某个名人的生平事迹介绍后，腾出时间让学生理解消化和讨论，启发学生思考与人物相关的事件经历及其背后所反映出的价值取向，鼓励学生利用网络平台交流学习。又如，在课堂内容讲授之外，教师还可以以师生平等的角度和方式与学生展开对话，让学生谈谈自己的感想体会，以及对于所学知识的认识和理解。通过这一形式，教师可以利用自身学识素养和理论基础不断影响学生的人生观、价值观，提升"课堂思政"的教学效率。

随着经济全球化进程的加快和我国与国际社会文化交流的扩大，东西方文化思潮、价值观念、生活方式不断碰撞交汇，社会成员的思想观念日益趋向多元化。这一切对当代大学生的影响极大。对此，作为"课程思政"主力军的高校教师群体面临着前所未有的机遇与挑战，同时也在呼唤高校教师与时俱进，创新思政教育新模式。"课程思政"在实践过程中需要教师不断充实新内容，由此，高校教师队伍的建设也需要具有前瞻性和针对性，要始终树立以学生为本的理念,把握"课程思政"体系建设的宗旨,增强广大教师教书育人的责任感和使命感,抓紧落实队伍建设中的关键问题,努力造就一支信仰坚定、师德高尚、业务精湛、结构合理、充满活力的高素质教师队伍。

第三节　提升教师课程思政能力

"课程思政"是新时代对高校教师提出的新课题,要求提升高校教师育才育人能力。开展"课程思政"建设,核心是要靠一支优秀的教师队伍去落实,进一步加强思想政治教育功能的自觉意识。

一、课程思政能力的理性审视

对新时代教师队伍建设而言,如何在当代大学生需求多元化的今天,在各种社会资讯纷繁涌现的今天,真正做好大学生的德育建设工作,这是一个深刻的课题。关键就是要抓住育德树人这个基础,统筹协调、齐头并进,在思想政治教育和专业能力建设上都不可偏废。课程思政能力必须要以课程本身为基础。

过去高校思政教育工作主要是以灌输、传授为主,这对新时代下多元化需求的高校学生而言,不免觉得枯燥无味,实际效果并不好。当论及课程思政建设时,就要针对性地加以改善,否则不免是换汤不换药,还是无法吸引高校学生的注意力。对此,首当其冲的就是要从课程本身入手,深入挖掘课程。高校学生在接受专业教育的同时,也同时接受了思政教育,一课两用。也就是说,在课程思政能力建设过程中,应当摒弃的是认为专业教育与思政教育各管一摊、各扫门前雪的割裂观点,要结合各自的课程内容特点与教育目标,主动将二者创造性地结合起来。比如近些年来有的高校开设的《科技文化通论》《中华文化通论》等课程,就是发掘出理工科、文史哲学科中的文化基因,在传授科技发展、历史发展的同时,将我国传统文化中的优秀价值观、人生观予以融入,进而培养出高校学生的文明意识,健全其人格,拓展其视野,充实其素养。为此,在课程设计上,应当注意如下几点。

(一)既要政治素养,也要人文素养

政治素养是高校教师提升课程思政能力的基础。很难想象一个没有坚定政治立场的人能够成为合格的高校教师。当前互联网时代,高校师生接触社会各类信息更丰富,这些信息中既有正向的,也有负向的,作为教书育人的高校教师,更要牢牢把握政治素养,坚定政治立场,自觉与党中央的方针政策保持一致,抵御西方不良言论的冲击。但在新时代下,高校思政教师也要注意避免这种倾向,即高校学生的想法与观念与十年前已经有了很大不同,对他们的思政教育工作而言,尤其要注意用他们能够接受的方法潜移默化地影响他们。这意味着空洞的思政教育工作很难受到欢迎,本书认为还是要通过寓教于乐的方式,以更富人文气息的教育手法与学生打成一片,在专业课的学习中引导学生树立起正确的人生观、世界观,而这本来也是课程思政协同联动,互串互联的本意。

(二)既要育德教育,也要育才教育

在高校教育工作中,育德与育才可以说是永恒话题,究竟是育德重要还是育才重要在我国不同历史时期都有不同争论。但在新时代下,应当坚持两者齐头并进,育德与育才都不可偏废。育德教育是根本,没有正确的育德教育,育才教育就没有"灵魂",导致课程教学中专业能力培养与价值观引领之间的割裂甚至冲突。然而现实教学中往往存在认识误区,认为"价值引领"仅仅是"思政课"的任务和责任,其他专业课程则只管知识传授和能力培养,这就无形中偏离了课程思政能力的核心要求。应当明确的是,育才教育与育德教育是不可分割的,所有的育才课程都内在蕴含着育德功能。每一门专业课程依据其学科规律,都能在育德培养方案中发挥作用,实施课程思政的能力建设。正是要在尊重育才教育自身规律的基础上,在传道授业解惑的前提下,为育才课程挖掘并凸显出育德价值。

(三)既要理想教育,也要责任教育

一说到思想政治课程,高校师生第一反应就是要树立远大的理想教育。这在当前时代背景下尤其具有现实意义。但对课程思政能力的提升来说,仅有理想教育是不够的,当代大学生是在网络环境下成长起来的,他们普遍对宏大叙事不感兴趣,如果继续沿用过去的理想教育方式去开展德育工作,教学效果可能并不是很好。在课程思政建设过程中,就要有针对性地在大学生群体中开展责任教育,以生活中鲜活的案例入手,吸引他们自觉、自愿地运用思政课程中的知识点,把握理想教育与责任教育的共同点,以责任教育作为理想教育的支撑,教育大学生们要以理想教育为导向,学会对自己的人生负责,无愧于这个时代赋予大学生们的历史使命。

以上是对高校教师队伍课程思政能力的理想要求。在高校的教育实践中,受限于各地高校的建设水平以及地方经济发展的不平衡,在不同程度上还存在着教师能力有待提高、对专业课程把握不准、过于偏重德育教育忽视育才教育等问题。而且围绕课程思政的总目标来看,很多地方高校的思政老师还是"独立作战",没有与其他课程"强强联手",对要求协同作战的课程思政来说,教师队伍的思政素质和专业素质都有待进一步提升。

二、课程思政能力的建设途径

理解了课程思政的内在要求,关键还是要落实教师队伍的工作建设。课程思政能力与传统思政教育存在不同的特点,客观上要求教师队伍在新的历史背景下,遵循立德育人的方针,尊重高校学生的内在成长规律,引领他们做出符合时代背景与国家期望的无悔选择。

(一)教师队伍要自觉提升对课程思政的真心认同

教育者需先受教育,这是新时代下课程思政能力对教师队伍的新要求。专业课程教师不能认为只要讲好专业知识就完成任务,思政课程教师也不能认为完成思政课程大纲就完成任务,这些都是片面的。专业课程教师也要发自内心地认同思政教育的重要性,思政课程教师也要认识到缺乏专业教育的支撑,思政教育难免沦为枯燥。不仅要强化专业教师对专业课程内在社会价值观的提炼,还要引导思政课程教师主动走出思政教育领域,与广阔的专业课程联动起来,发挥出这两者的协同效应,培养当代高校学生的社会责任感、使命感。

(二)教育队伍要自觉更新课程思政的传授模式

课程思政能力是以课程本身为基础,既要讲好专业课,还要传递思政教育。这对高校老师的综合素质提出了更高的要求。与此同时,随着高校信息化建设的深入开展,高校老师可以运用的教学手段也极大丰富了。通过多媒体教学手段的运用,在以形式创新吸引学生兴趣的同时,也为在同一个课堂上完成不同的教学内容创造了技术前提。比如以网络短片、PPT 演示,展现高校学生成长过程中都会遇到的难题,以小见大,深入浅出地将德育教育的知识点覆盖在成长环境中,以"如果是你,你怎么办"等课堂讨论等方式,调动学生们的思考热情,避免生硬说教,引发在场学生的价值共鸣与情感共鸣。为此,在课程思政课堂建设上,教师要放低身段,对自己的教学对象——大学生的所思所想、所惑所盼了如指掌。只有了解他们的真实想法,教师才能说出他们愿意听、主动听的话语,才能解决他们正在面临或即将面临的现实难题,进而才能产生课程本身的实效性。

过去许多高校教师抱怨当代大学生想法多、个性强、教育难度高,但如果我们总是以上个世纪的教学大纲来教育当代大学生,他们的抵触、反感与麻木似乎也是"情有可原"。因此,在课程思政的传授模式上,关键还是要以高校教师的同理心放在受教育者的位臵上,考虑课程设计是否关系高校学生的切实"痛痒",是否与高校学生的日常生活息息相关。

(三)教育队伍要自觉强化课程思政的师德修养

良好的师德修养对课程思政建设来说是必备的前提。而且随着专业课程与思政课程的打通授课,无论是专业教师还是思政教师都应当正视师德修养对学生的正面引领功能。很难想象,一个师德水平不高,学生认同度不高的高校教师,讲授的课程能赢得学生们的认同。高校教师不仅要以精湛的专业知识吸引学生,更要以其理想信念为当代大学生提供正面的榜样。

当前随着信息技术的发达,以及极少数网络媒体的推波助澜,对极少数不注重师德修养的高校教师,被网络舆论传播放大后,在当代学生群体中造成了非常恶劣的影响。这对高校教师来说固然是坏事,但也能时刻警醒广大高校教师队伍,在如今的环境下,如果稍微放松师德修养的修炼,就会被众人用放大镜审视。因此,在新时代高校教师的课程思政能力建设上,要求每一位教师都要以其人格魅力感召、影响当代学生的价值观、人生观,努力成为学生健康成长的指导者和引路人。

第四节 健全优质资源共建共享机制

《纲要》指出：要加强教师课程思政能力建设，建立健全优质资源共享机制，支持各地各高校搭建课程思政建设交流平台，分区域、分学科专业领域开展经常性的典型经验交流、现场教学观摩、教师教学培训等活动，充分利用现代信息技术手段，促进优质资源在各区域、层次、类型的高校间共享共用。依托高校教师网络培训中心、教师教学发展中心等，深入开展马克思主义政治经济学、马克思主义新闻观、中国特色社会主义法治理论、法律职业伦理、工程伦理、医学人文教育等专题培训。支持高校将课程思政纳入教师岗前培训、在岗培训和师德师风、教学能力专题培训等。充分发挥教研室、教学团队、课程组等基层教学组织作用，建立课程思政集体教研制度。鼓励支持思政课教师与专业课教师合作教学教研，鼓励支持院士、"长江学者""杰青"、国家级教学名师等带头开展课程思政建设。

强化"课程思政"的学术研究和效果评价。"课程思政"的提出是改进和加强高校思想政治工作的需要，是实现三全育人的必然要求，是全面提高高校思想政治工作水平和质量的强大推动力。"课程思政"是学习贯彻社会主义核心价值观的重要渠道，是实现思想政治理论课对其他学科与课程的引领作用，是推进教书育人有机统一的必由之路。目前对于"课程思政"的学术研究还存在大量空白，应该强化"课程思政"的学术研究，多组织相关研究团队、申请相关课题，做好实地调查并上升到理论高度，教育主管部门和高校也应该建立相关理论研究的激励机制和政策扶持，"课程思政"理论研究更上一个台阶，也更好地指导"课程思政"的课堂实践。"课程思政"在高校思想政治理论课的教育和学习效果评价中扮演着温度计的角色，通过学习效果评价能够提供大学生当前的学习情况以及教师教学质量的信息，通过评价明确课程的重点，激发教师和学生的责任心，推动思想政治理论课教学的改革。在评价高校思想政治教育效果时，应该采取多种评价方法。对不同的内容采用适合该评价内容特性的评价方法，以便实现更好、更准确、更有效的评价，最终提高高校思想政治理论课学习效果评价的实效性。

在评价内容上，改变以知识的获得、智育的发展为主要评价内容，逐渐融入情感、态度、价值观的改善，智育与德育汇为一体，使学生智育发展的过程同时成为德育成长的过程。在评价主体上，改变以教师为主体的评价方式，实现学生自评、同学他评、家长评价相结合，使教学评价能够全方位、立体化、客观地展现学生的整体面貌。如此，教学评价才能真正全面地考察学科的教学效果。

参考文献

一、专著

1.《共产党宣言》,人民出版社,2018 年。

2.《习近平谈治国理政》(第二卷),外文出版社,2017 年。

3.曹顺仙:《高校思想政治理论课疑点·难点·热点问题解析》,西安电子科技大学出版社,2019 年。

4.陈万柏:《思想政治教育学原理》,高等教育出版社,2015 年。

5.教育部思想政治工作司:《加强和改进大学生思想政治教育重要文献选编》,知识产权出版社,2015 年。

6.邱伟光、张耀灿:《思想政治教育学原理》,高等教育出版社,1999 年。

7.邵献平:《思想政治教育中介论》,中国社会科学出版社,2007 年。

8.沈壮海:《中国大学生思想政治教育发展报告》,北京师范大学出版社,2018 年。

9.孝宜、李萍:《人生观通论》,高等教育出版社,2001 年。

10.俞吾金:《问题域外的问题——现代西方哲学方法论探要》,上海人民出版社,1988 年。

11.张世明:《高校思政工作研究与教学思维创新》,吉林文史出版社,2018 年。

12.张亚丹:《大学生思想政治教育价值论》,人民出版社,2017 年。

13.中共中央党史和文献研究院:《十八大以来重要文献选编》,中央文献出版社,2018 年。

二、期刊文章

1.崔颖:《高校课程体系的构建研究》,《高教探索》,2009 年第 3 期。

2.高德毅、宗爱东:《从思政课程到课程思政:从战略高度构建高校思想政治教育课程体系》,《中国高等教育》,2017 年第 1 期。

3.高德毅、宗爱东:《课程思政:有效发挥课堂育人主渠道作用的必然选择》,《思想理论教育导刊》,2017 年第 1 期。

4.韩宪洲:《深化"课程思政"建设需要着力把握的几个关键问题》,《北京联合大学学报(人文社会科学版)》,2019 年第 2 期。

5.解建团、汪明:《基于核心素养的课程体系构建》,《当代教育与文化》,2016 年第 4 期。

6.刘承功:《高校深入推进"课程思政"的若干思考》,《思想理论教育》,2018 年第 6 期。

7.刘娜、吴纪龙:《提高思想政治理论课实效性应着力实现"六个转化"》,《思想政治教育研究》,2019 年第 3 期。

8.邱伟光:《论课程思政的内在规定与实施重点》,《思想理论教育》,2018 年第 8 期。

9.石丽艳:《关于构建高校课程思政协同育人机制的思考》,《学校党建与思想教育》,2018 年第 10 期。

10.石书臣:《正确把握"课程思政"与思政课程的关系》,《思想理论教育》,2018 年第 11 期。

11.王仕民、汤玉华:《新时代高校思想政治理论课创新发展探析》,《思想教育研究》,2018 年第 5 期。

12.吴月齐:《试论高校推进"课程思政"的三个着力点》,《学校党建与思想教育》,2018 年第 1 期。

三、报纸文章

1.习近平:《用新时代中国特色社会主义思想铸魂育人贯彻党的教育方针落实立德树人根本任务》,《人民日报》,2019 年 3 月 19 日。

2.姜澎:《上海高校:"思政课程"转身"课程思政"》,《文汇报》,2016 年 10 月 30 日。

3.唐芳云:《发挥"课程思政"培育时代新人的合力作用》,《广西日报》,2019 年 5 月 9 日。

4.郑晋鸣、许应田:《"思政课程"与"课程思政"双轮驱动》,《光明日报》,2019 年 4 月 2 日。

后　记

党的十八大以来,习近平总书记高度重视学校教育工作,先后提出了一系列关于教育的新理念新思想新观点,思政教育更是关注的重点,特别是习近平总书记在学校思想政治理论课教师座谈会上的讲话,从党和国家事业长远发展的战略高度出发,深刻阐明学校思政课的重要意义,就如何办好新时代思政课明确思路、作出部署、提出要求。

通过学习,我们深知中国共产党立志于中华民族千秋伟业,必须培养一代又一代拥护党领导和拥护社会主义制度、立志为中国特色社会主义事业奋斗终生的有用人才。青少年是祖国的未来、民族的希望。办好学校思政课,事关中国特色社会主义事业后继有人的重要保障。

本书以习近平总书记关于学校思想政治理论课教师座谈会上的讲话精神为指导,在深入分析思想政治理论课的重要性的基础上,对课程思政的时代背景、分类建设、分层级建设、教师队伍建设和优秀传统文化的植入等方面做了详细论述、论证,并提出完善课程思政的重要路径。本书对各级学校理解课程思政,把握其内涵实质、现实意义和实践方式,有一定的参考价值和意义。我们希望这本书能够为贯彻落实习近平总书记关于教育工作讲话精神、推进课程思政建设做出一点贡献。

本书由周达疆、王镭、崔静、王梦莹、张雅妮、王英姿共同撰写,周达疆设计了全书的总体思路和编写的基本原则,具体分工如下:第一章、第四章由周达疆(新疆艺术学院)撰写;第二章由王镭(新疆工程学院)撰写;第三章由崔静(新疆艺术学院)撰写;第五章由王梦莹(新疆艺术学院)、张雅妮(新疆艺术学院)、王英姿(新疆艺术学院)共同撰写。

本书在撰写过程中,参考和借鉴了大量资料和学者的成果,在此向各位学者表示衷心的感谢。由于作者水平有限,书中难免存在疏漏,恳请广大读者批评指正。

作 者

2020 年 10 月